SV

Band 6 der *Gesammelten Schriften* vereinigt kürzere Texte von Elias, die um die Themen Krieg und Tod kreisen: *Über die Einsamkeit der Sterbenden* in unseren Tagen thematisiert die Tendenzen zeitgenössischer Gesellschaften, die für Art und Ausmaß der sozialen Verdrängung des Todes verantwortlich sind. Elias ist hier über alle soziologischen Erkenntnisse hinaus ein beeindruckender Essay über die Themen »Tod« und »Sterben« gelungen.

Humana conditio ist eine eindringliche Stellungnahme gegen den Krieg, die Elias anläßlich des 40. Jahrestages des Kriegsendes formuliert hat: »Wir stehen vor der Wahl zwischen der weitgehenden Selbstzerstörung der Menschheit und der Abschaffung der Haltungen, die zu Kriegen als Lösung zwischenstaatlicher Konflikte führen. Die zweite Alternative verlangt eine weitere Zivilisierung.« Der Vortrag *Conditio humana* sowie der Text *Altern und Sterben* runden den Band ab.

Norbert Elias
Gesammelte Schriften

Herausgegeben im Auftrag
der Norbert Elias Stichting
Amsterdam
von
Reinhard Blomert
Heike Hammer
Johan Heilbron
Annette Treibel
Nico Wilterdink

Band 6

Bearbeitet von Heike Hammer

Die Erstausgabe von *Über die Einsamkeit der Sterbenden in unseren Tagen* ist 1982 im Suhrkamp Verlag Frankfurt am Main erschienen.

Die Erstausgabe von *Humana conditio* ist 1985 im Suhrkamp Verlag Frankfurt am Main erschienen.

Erste Auflage 2021

Satz: Hümmer GmbH, Waldbüttelbrunn
Printed in Germany
Umschlag: hißmann, heilmann, hamburg
ISBN 978-3-518-24277-3

Norbert Elias

Über die Einsamkeit der Sterbenden in unseren Tagen

Humana conditio

Suhrkamp

Inhalt

I.

II.

I.

Über die Einsamkeit der Sterbenden in unseren Tagen

I

Es gibt verschiedene Möglichkeiten, sich mit der Tatsache auseinanderzusetzen, daß jedes Leben, also auch das der Menschen, die man liebt, und das eigene Leben, ein Ende hat. Man kann das Ende des menschlichen Lebens, das wir Tod nennen, durch die Vorstellung eines gemeinsamen Weiterlebens der Toten im Hades, in Wallhalla, in Hölle oder Paradies mythologisieren. Das ist die älteste und häufigste Form des menschlichen Bemühens, mit der Endlichkeit des Lebens fertigzuwerden. Man kann versuchen, dem Gedanken an den Tod dadurch aus dem Wege zu gehen, daß man das Unerwünschte soweit als möglich von sich weist – es verdeckt und verdrängt; oder vielleicht auch durch den festen Glauben an die eigene persönliche Unsterblichkeit – »andere sterben, aber ich nicht« –; dazu gibt es in den entwickelten Gesellschaften unserer Tage eine starke Tendenz. Man kann schließlich dem Tod ins Auge sehen als einer Gegebenheit der eigenen Existenz, kann sein Leben, insbesondere auch sein Verhalten zu anderen Menschen, entsprechend der begrenzten Spanne einrichten. Man kann es als Aufgabe betrachten, anderen Menschen wie sich selbst den Abschied von Menschen, das Ende, wenn es kommt, so leicht und angenehm zu machen wie möglich, und die Frage aufwerfen, wie sich diese Aufgabe erfüllen läßt. Gegenwärtig ist das eine Frage, die allenfalls einige Ärzte klar und ohne Verdeckung stellen. Im Gremium der weiten Gesellschaft stellt man sich diese Frage kaum.

Auch geht es ja nicht nur um den endgültigen Abschluß des Lebens, um den Totenschein und die Urne. Viele Menschen sterben allmählich, sie werden gebrechlich, sie altern. Die letzten Stunden sind wichtig, gewiß. Aber oft beginnt der Abschied von Menschen viel früher. Schon Gebrechen sondern oft die Alternden von den Lebenden. Ihr Verfall isoliert sie. Ihre Kontaktfreudigkeit mag geringer, ihre Gefühlsvalenzen mögen schwächer werden, ohne daß das Bedürfnis nach Menschen erlischt. Das ist das Schwierigste – die stillschweigende Aussonderung der Alternden und der Sterbenden aus der Gemeinschaft der Lebenden, das allmähliche Erkalten der Beziehung zu Menschen, denen ihre Zuneigung gehörte, der Abschied von Menschen überhaupt, die ihnen Sinn und Geborgenheit bedeuteten. Schwer wird der Verfall nicht nur für die, die Schmerzen haben, sondern auch für die Alleingelassenen. Daß, ohne besondere Absicht, die frühzeitige Vereinsamung der Sterbenden gerade in den entwickelteren Gesellschaften besonders häufig vorkommt, ist eine der Schwächen dieser Gesellschaften. Sie zeugt von einer noch allzu begrenzten Identifizierung der Menschen miteinander.

Gewiß ist der Radius der Identifizierung heute größer als in früheren Zeiten. Wir betrachten es nicht mehr als ein Sonntagsvergnügen, Menschen gehenkt, gevierteilt und gerädert zu sehen. Wir sehen uns Fußballspiele, nicht Gladiatorenkämpfe an. Verglichen mit der Antike ist die Identifizierung mit andern Menschen, das Mit-Leiden mit ihrer Qual und ihrem Tod, gewachsen. Zuzusehen, wie hungrige Löwen und Tiger Stück für Stück lebende Menschen auffressen, wie Gladiatoren sich mit List und Tücke gegenseitig zu verwunden und ermorden suchen, wäre kaum noch eine Freizeitbelustigung, der wir mit ebenso freudiger Erwartung entgegensehen würden wie die purpurgeschmückten römischen Senatoren und das römische Volk. Kein Gefühl der Gleichheit verband, wie es scheint, diese Zuschauer mit den anderen Menschen, die unten in der blutigen Arena um ihr Leben kämpften. Wie bekannt, grüßten die Gladiatoren den Caesar beim Einmarsch mit dem Spruch: »Morituri te salutant.«[1]

1 »Die sterben werden, grüßen dich.«

Manche der Caesaren glaubten wohl tatsächlich, daß sie selbst, wie die Götter, unsterblich seien. Jedenfalls wäre es richtiger gewesen, wenn die Gladiatoren gerufen hätten: »Morituri moriturum salutant.«[2] Aber in einer Gesellschaft, in der man das sagen könnte, gäbe es wahrscheinlich keine Gladiatoren und keinen Caesar mehr. Um das den Regierenden sagen zu können – den Regierenden, die ja auch heute noch Gewalt über Leben und Tod zahlloser Mitmenschen haben –, dazu bedarf es einer weitgehenderen Entmythologisierung des Todes, eines weit klareren Bewußtseins, als es bis heute erreicht wurde, daß die Menschheit eine Gemeinschaft der Sterblichen ist und daß Menschen in ihrer Not Hilfe nur von Menschen erwarten können. Das gesellschaftliche Problem des Todes ist deswegen besonders schwer zu bewältigen, weil die Lebenden es schwer finden, sich mit den Sterbenden zu identifizieren.

Der Tod ist ein Problem der Lebenden. Tote Menschen haben keine Probleme. Unter den vielen Geschöpfen auf dieser Erde, die sterben, sind es allein die Menschen, für die Sterben ein Problem ist. Sie teilen Geburt, Jugend, Geschlechtsreife, Krankheit, Altern und Tod mit den Tieren. Aber sie allein unter allen Lebewesen *wissen*, daß sie sterben werden; sie allein können ihr eigenes Ende voraussehen, sind sich dessen bewußt, daß es jederzeit kommen kann, und treffen besondere Maßnahmen – als Einzelne und als Gruppen –, um sich vor der Gefahr der Vernichtung zu schützen. Das war durch die Jahrtausende hin die Zentralfunktion des gesellschaftlichen Zusammenlebens von Menschen und ist es bis heute geblieben. Aber zu den größten Gefahren der Menschen gehören die Menschen selbst. Im Namen der Zentralfunktion, sich selbst vor der Vernichtung zu schützen, bedrohen immer von neuem Gruppen von Menschen andere Gruppen von Menschen. Von jeher hatte die Vergesellschaftung von Menschen, ihr Zusammenleben

2 »Die sterben werden, grüßen den, der sterben wird.«

in Gruppen, ein Janushaupt: Befriedung im Innern, Bedrohung nach außen. Auch bei anderen Lebewesen hat der Überlebenswert der Vergesellschaftung zur Gruppenbildung und zur Abstimmung des Einzelnen auf das Zusammenleben als Dauererscheinung geführt. Nirgends aber hat diese Abstimmung auf das Leben in Gruppen einen so tiefgreifenden Einfluß auf Gestalt und Entwicklung des Einzelnen wie im Falle des Menschen. Schon die Lautgebung, um nur diese zu nennen, ist gruppenspezifisch so verschieden in verschiedenen Menschengruppen, obwohl sie alle biologisch von der gleichen Art sind, daß direkte sprachliche Kommunikation zwischen Mitgliedern verschiedener Gruppen oft nicht mehr möglich ist. Wie andere gruppenspezifische Verhaltensweisen muß die Sprache als Kommunikationsmittel einer Gesellschaft erlernt werden. Auch das Erleben des Todes ist verschieden in verschiedenen Menschengruppen. Es ist ebenfalls gruppenspezifisch und daher veränderlich; mag es auch den Menschen jeder bestimmten Gesellschaft als natürlich und unwandelbar erscheinen, es ist erlernt.

Nicht eigentlich der Tod, sondern das Wissen vom Tode ist es, das für Menschen Probleme schafft. Man lasse sich nicht täuschen: Die gefangene Fliege zwischen den Fingern des Menschen zappelt und wehrt sich wie ein Mensch in der Umschlingung seines Mörders, als ob sie wisse, welche Gefahr ihr droht; aber die Abwehrgesten der Fliege in Todesgefahr sind ein angeborenes Erbstück ihrer Art. Eine kleine Affenmutter mag ihr totes Junges noch eine Zeitlang mit sich tragen, bis sie es irgendwo am Wege fallen läßt und verliert. Sie weiß nichts vom Sterben, weder von dem ihres Kindes noch von dem eigenen. Menschen wissen dies, und darum wird für sie der Tod zum Problem.

2

Die Antwort auf die Frage, was es mit dem Sterben auf sich hat, wandelt sich im Zuge der Gesellschaftsentwicklung. Sie ist stufenspezifisch. Sie ist innerhalb jeder Stufe zugleich auch gruppenspezifisch. Vorstellungen vom Tode und die zugehörigen Rituale werden jeweils selbst zu einem Moment der Vergesellschaftung. Gleiche Vorstellungen und Riten verbinden Menschen, verschiedene trennen die Gruppen. Es würde sich lohnen, einen zusammenfassenden Überblick über all das zu geben, woran Menschen im Lauf der Jahrhunderte geglaubt haben, um mit dem Problem des Todes, mit der steten Gefährdung ihres Lebens zu Rande zu kommen, und dann zugleich auch über all das, was sie einander angetan haben im Namen eines Glaubens, der ihnen versprach, daß der Tod kein Ende sei, daß die zugehörigen Rituale ihnen ein ewiges Leben sichern könnten. Offenbar gibt es keine Vorstellung, wie seltsam sie auch sein mag, an die Menschen nicht mit inniger Liebe zu glauben bereit sind, wenn sie ihnen nur Erleichterung von dem Wissen verschafft, daß sie eines Tages nicht mehr existieren werden, wenn sie ihnen nur Hoffnung auf eine Form der Ewigkeit ihrer Existenz gibt.

Gewiß hat sich in entwickelteren Gesellschaften die Leidenschaftlichkeit erheblich vermindert, mit der Menschengruppen ehedem darauf bestanden, daß nur ihr eigener überweltlicher Glaube und sein Ritus den Zugehörigen ein unendliches Leben nach dem irdischen sichern könnten. Im Mittelalter wurden Andersgläubige häufig mit Feuer und Schwert verfolgt. In einem Kreuzzug gegen die südfranzösischen Albingenser vernichtete im 13. Jahrhundert die stärkere Glaubensgemeinschaft eine schwächere. Deren Mitglieder wurden stigmatisiert, von Haus und Hof vertrieben und zu Hunderten auf Scheiterhaufen verbrannt. »Mit Freude im Herzen sahen wir sie brennen«, sagte einer der Sieger. Kein Gefühl der Identität von Mensch und Mensch hier, Glauben und Riten trennten sie. Mit Austreibung, Kerker, Folter und Scheiterhaufen setzte die Inquisition den Feldzug der Kreuzfahrer gegen Andersgläubige fort. Die Religionskriege der frühen Neuzeit sind bekannt genug. Ihre Nachwehen spürt man bis in unsere Tage hinein, zum Beispiel in Irland. Auch der Kampf zwischen Priestern und weltlichem Herrscher in Persien in unseren Tagen erinnert an die leidenschaftliche Wildheit des Gemeinschaftsgefühls und der Feindschaft, die in mittelalterlichen Gesellschaften überweltliche Glaubenssysteme zu entfesseln vermochten, weil sie Rettung vom Tode und ein unendliches Leben versprachen.

In den entwickelteren Gesellschaften hat sich, wie gesagt, die Leidenschaftlichkeit, mit der Menschen Hilfe von Not und Tod in überweltlichen Glaubenssystemen suchen, etwas verringert; sie hat sich zum Teil auf innerweltliche Glaubenssysteme verlagert. Das Bedürfnis nach Garantien gegen die eigene Vergänglichkeit ist in den jüngsten Jahrhunderten, verglichen mit denen des Mittelalters, – als Symptom einer anderen Zivilisationsstufe – merklich abgeflacht. In den entwickelteren Nationalstaaten ist die Sicherheit der Menschen, ihre Absicherung gegen gröbere Schicksalsschläge wie Krankheit und plötzlicher Tod, erheblich größer als in früheren Zeiten, vielleicht größer als in der gesamten Geschichte der Menschheit. Verglichen mit früheren Stufen ist das Leben in diesen Gesellschaften vorhersehbarer geworden, verlangt allerdings auch von den einzelnen Menschen ein höheres Maß an Voraussicht und Leidenschaftskontrolle. Allein schon die relativ hohe Lebenserwartung des Individuums in diesen Gesellschaften zeugt von der größeren Lebenssicherheit. Unter den Rittern des 13. Jahrhunderts galt ein Mann von vierzig Jahren beinahe schon als ein alter Mann, in den Industriegesellschaften des 20. gilt er beinahe noch als jung – mit schichtenspezifischen Unterschieden. Vorbeugung und Behandlung von Krankheiten sind im 20. Jahrhundert besser organisiert als je, wie ungenügend sie auch noch sein mögen. Die Pazifizierung im Innern der Gesellschaft, der Schutz des Einzelnen vor staatlich nicht lizenzierter Gewalttat, wie auch vor dem Verhungern, hat ein Ausmaß erreicht, das die Vorstellungskraft von Menschen früherer Zeiten übersteigt. Gewiß zeigt die Nahsicht als Korrektur, wie groß die Unsicherheit des Einzelnen in dieser Welt noch immer ist. Auch trägt die Abtrift zum Kriege ständig eine große Bedrohung in das Leben der einzelnen Menschen hinein. Nur bei einiger Langsicht, beim Vergleich mit früheren Zeiten, wird man gewahr, wie sehr die Sicherheit gegen den Einbruch unvorhersehbarer physischer Gefahren, der Schutz gegenüber der unkalkulierbaren Bedrohung der eigenen Existenz gewachsen sind. Noch immer ist, so scheint es, das Verhaften an einem überweltlichen Glauben, der metaphysischen Schutz gegen die unberechenbaren Schläge des Schicksals und vor allem auch gegen die eigene Vergänglichkeit verspricht, bei denjenigen Schichten und Gruppen am leidenschaftlichsten, deren Lebenslage am ungewissesten und für sie am wenigsten kontrollierbar ist. Aber im großen und ganzen sind in den entwickelteren Gesellschaften die Lebensgefahren der Menschen, insbesondere auch die Gefahr des Sterbens, vorhersehbarer, die Intensität des Bedürfnisses nach schützenden übermenschlichen Gewalten entsprechend lauer geworden. Es versteht sich, daß bei steigender gesellschaftlicher Unsicherheit, bei wachsendem Unvermögen des Einzelnen, sein eigenes Schicksal langfristig zu überschauen und – in Maßen – zu steuern, diese Bedürfnisse sich ebenfalls wieder steigern.

Die Haltung zum Sterben, das Bild des Todes in unseren Gesellschaften ist ohne Bezug auf diese vergleichsweise größere Sicherheit und Vorhersehbarkeit des individuellen Lebenslaufs und der entsprechend höheren Lebenserwartung nicht ganz zu verstehen. Das Leben wird länger, das Sterben wird weiter hinausgeschoben. Der Anblick von Sterbenden und Toten ist nichts Alltägliches mehr. Man kann im normalen Gang seines Lebens den Tod leichter vergessen. Zuweilen spricht man heute davon, daß Menschen den Tod »verdrängen«. Ein amerikanischer Sargfabrikant stellte vor kurzem fest:

»Die zeitgenössische Haltung zum Tode überläßt im großen und ganzen das Planen für das Begräbnis, wenn es überhaupt erfolgt, dem späten Leben.«[3]

3

Wenn man heute von der »Verdrängung« des Todes spricht, so gebraucht man diesen Begriff, wie mir scheint, in einem doppelten Sinn. Man kann dabei eine »Verdrängung« auf der individuellen und auf der sozialen Ebene im Auge haben. Im ersten Falle gebraucht man den Begriff der Verdrängung mehr oder weniger im Sinne Sigmund Freuds. Man bezieht sich damit auf eine ganze Gruppe von sozial eingebauten psychologischen Abwehrmechanismen, durch die allzu schmerzlichen Kindheitserfahrungen, insbesondere frühkindlichen Konflikten und den mit ihnen verbundenen Schuldängsten, der Zugang zur Erinnerung versagt wird. Auf Umwegen und in verkleideter Form beeinflussen sie Empfinden und Verhalten einer Person; aber aus dem Gedächtnis sind sie verschwunden.

Auch in der Art, wie ein Mensch das Wissen von seinem kommenden Tod bewältigt, haben frühkindliche Erfahrungen und Phantasien einen sehr erheblichen Anteil. Manche Menschen können dem eigenen Tod mit Gelassenheit entgegensehen, andere haben eine starke, ständige Angst vor dem Tode, oft genug, ohne es auszusprechen oder es aussprechen zu können. Sie sind sich ihrer vielleicht nur als Angst vor dem Fliegen oder vor offenen Plätzen bewußt. Eine bekannte Form, große unbewältigte Kindheitsängste vor

3 Deborah Frazier, Your Coffin as Furniture – For Now, *International Herald Tribune*, 2. Okt. 1979, S. 7.

dem Tode für sich selbst erträglich zu machen, ist die Vorstellung, daß man unsterblich ist. Sie hat vielerlei Formen. Ich kenne Menschen, die nicht in der Lage sind, sich eines sterbenden Menschen anzunehmen, weil ihre kompensierende Unsterblichkeitsphantasie, die überwältigend starke Kindheitsängste in Schach hält, durch die Nähe des Sterbenden bedrohlich geschwächt wird. Durch diese Schwächung könnte die schwere Angst vor dem Tode – vor der Strafe – wieder unverhüllter ins Bewußtsein eindringen, und das wäre unerträglich.

Hier begegnet man in einer extremen Form einem allgemeineren Problem unserer Tage – der Unfähigkeit, Sterbenden diejenige Hilfe zu geben und diejenige Zuneigung zu zeigen, die sie beim Abschied von Menschen am meisten brauchen – eben weil der Tod des Andern als Mahnzeichen des eigenen Todes erscheint. Der Anblick eines Sterbenden rüttelt an der Phantasieabwehr, die Menschen wie eine Schutzmauer gegen den Gedanken des eigenen Todes aufzubauen neigen. Die Selbstliebe flüstert ihnen zu, sie seien unsterblich. Allzu nahe Berührung mit Sterbenden bedroht diesen Wunschtraum. Hinter einem überwältigend starken Bedürfnis, an die eigene Unsterblichkeit zu glauben und so das vorwegnehmende Wissen um den eigenen Tod zu negieren, stehen gewöhnlich schwere verdrängte Schuldgefühle, vielleicht im Zusammenhang mit Todeswünschen gegen Vater, Mutter oder Geschwister und mit der Furcht, von ihnen selbst totgewünscht zu werden. Nur durch einen besonders festen Glauben an die eigene Unsterblichkeit, dessen Gebrechlichkeit man sich dennoch nicht ganz verschweigen mag, kann man in diesem Fall der Schuldangst um das eigene Totwünschen besonders von Familienangehörigen und der Vorstellung ihrer Rache, der Angst vor der Strafe für die eigene Schuld entgehen.

Die Verbindung von Todesfurcht und Schuldgefühl zeigt sich schon in den alten Mythen. Adam und Eva waren im Paradies unsterblich. Zum Sterben wurden sie deswegen von Gott verurteilt, weil Adam, der Mensch, gegen das Gebot des göttlichen Vaters verstoßen hatte. Auch das Gefühl, daß der Tod eine Strafe ist, die eine Vater- oder Mutterfigur über Menschen verhängt hat, oder daß jeder Mensch nach dem Tode von dem großen Vater für seine Sünden bestraft werden wird, spielt seit langem bei der Todesfurcht der Menschen eine nicht unerhebliche Rolle. Man könnte gewiß manchen Menschen das Sterben erleichtern, wenn es gelänge, verdrängte Schuldphantasien dieser Art zu mildern und zu entkräften.

Aber Hand in Hand mit solchen individuellen Problemen der Verdrängung des Gedankens an den Tod gehen spezifisch soziale Probleme. Der Begriff der Verdrängung hat auf dieser Ebene eine andere Bedeutung. Allerdings wird man der Eigentümlichkeit des gegenwärtigen gesellschaftsüblichen Verhaltens in bezug auf den Tod erst gewahr, wenn man dieses Verhalten mit dem früherer Zeiten oder anderer Gesellschaften vergleicht; erst dann vermag man auch die Verhaltenswandlung, der man hier begegnet, in einen umfassenderen theoretischen Zusammenhang einzubauen und so der Erklärung zugänglicher zu machen. Um es vorwegnehmend zu sagen: Der Wandel im gesellschaftlichen Verhalten der Menschen, auf den man hinweist, wenn man in diesem Sinne von der »Verdrängung« des Todes spricht, ist ein Aspekt des umfassenderen Zivilisationsschubes, den ich ausführlicher an anderer Stelle untersucht habe.[4] In dessen Verlauf werden alle elementaren, animalischen Aspekte des menschlichen Lebens, die ja fast ausnahmslos für das Zusammenleben der Menschen wie für den Einzelnen selbst Gefahren mit sich bringen, umfassender, gleichmäßiger und differenzierter als zuvor von gesellschaftlichen Regeln und dann zugleich auch von Gewissensregeln eingehegt. Sie werden je nach den Machtverhältnissen mit Scham- und Peinlichkeitsempfindungen belegt und in

4 Siehe Norbert Elias, *Über den Prozeß der Zivilisation*, Bd. 1 und 2, Frankfurt am Main: Suhrkamp 1978, besonders Bd. 2, S. 321 ff.

bestimmten Fällen, besonders im Rahmen des großen europäischen Zivilisationsschubes, hinter die Kulissen des gesellschaftlichen Lebens verlagert oder jedenfalls aus dem öffentlichen Gesellschaftsleben ausgesondert. Der langfristige Wandel des Verhaltens der Menschen zu den Sterbenden geht in diese Richtung. Der Tod ist eine der großen bio-sozialen Gefahren des Menschenlebens. Gleich anderen animalischen Aspekten wird auch der Tod als Vorgang und als Gedanke während dieses Zivilisationsschubes in höherem Maße hinter die Kulissen des Gesellschaftslebens verlegt. Für die Sterbenden selbst bedeutet dies, daß auch sie in höherem Maße hinter die Kulissen verlagert, also isoliert werden.

4

Philippe Ariès, in seinem höchst anregenden und materialreichen Buch »Studien zur Geschichte des Todes im Abendland«, hat sich bemüht, seinen Lesern ein anschauliches Bild von den Wandlungen zu vermitteln, die das Verhalten der abendländischen Menschen zum Sterben, ihre Haltung beim Sterben, durchlaufen hat. Aber er versteht Geschichte noch rein als Beschreibung. Er reiht Bild an Bild und zeigt so mit breiten Strichen den Gestaltwandel auf. Das ist schön und anregend, aber es erklärt nichts. Ariès' Auslese der Fakten beruht auf einer vorgefaßten Meinung. Er sucht uns seine Annahme zu vermitteln, daß in früheren Zeiten die Menschen mit Gelassenheit und Ruhe starben. Nur in der Gegenwart, so unterstellt er, verhält es sich anders. Romantischen Geistes sieht Ariès im Namen der besseren Vergangenheit mit Mißtrauen auf die schlechtere Gegenwart. So reich sein Buch an historischen Belegen ist, seiner Auslese und Interpretation der Belege muß man mit großer Vorsicht begegnen. Es ist schwierig, ihm zu folgen, wenn er die »Romans de la Table Ronde«, das Verhalten von Isolde und

Erzbischof Turpin als Zeugen dafür aufruft, wie ruhig mittelalterliche Menschen ihren Tod erwarteten. Er weist nicht darauf hin, daß diese mittelalterlichen Epen Idealisierungen des Ritterlebens darstellen, selektive Wunschbilder, die oft mehr darüber aussagen, wie nach der Meinung des Dichters und seines Publikums das Ritterleben sein soll, als darüber, wie es ist. Ähnliches gilt von anderen literarischen Quellen, die Ariès benutzt.

Seine Schlußfolgerung ist bezeichnend. Sie zeigt seine Voreingenommenheit:

> »So«, nämlich ruhig, sagt Ariès, »ist man im Laufe von Jahrhunderten oder Jahrtausenden gestorben. (...) Diese alte Einstellung, für die der Tod vertraut und nahe und abgeschwächt, indifferent in eins war, stellt sich in schroffen Gegensatz zur unsrigen, bei der der Tod uns Angst einflößt, bis zu dem Grade, daß wir nicht mehr wagen, ihn beim Namen zu nennen. Deshalb heiße ich jenen vertrauten Tod den *gezähmten Tod*. Ich will damit nicht sagen, daß er *früher* wild gewesen sei (...). Ich will im Gegenteil sagen, daß er *heute* wild geworden ist.«[5]

Verglichen mit dem Leben in hochindustrialisierten Nationalstaaten war das Leben in mittelalterlichen Feudalstaaten ehemals – und ist, wo immer solche Staaten noch existieren, auch in der Gegenwart – leidenschaftlich, gewalttätig, daher unsicher, kurz und wild. Sterben kann qualvoll sein und voller Schmerzen. In früheren Zeiten hatten Menschen weniger Möglichkeiten, die Qual des Sterbens zu lindern. Nicht einmal heute ist die Kunst der Ärzte fortgeschritten genug, um allen Menschen ein schmerzloses Sterben zu sichern. Aber sie ist groß genug, um vielen Menschen, die früher in furchtbaren Qualen gestorben wären, einen stilleren Tod zu ermöglichen.

Sicher ist, daß man im Mittelalter unverhohlener und häufiger vom Tod und vom Sterben sprach, als das heute der

5 Philippe Ariès, *Studien zur Geschichte des Todes im Abendland*, München/Wien: Carl Hanser 1976, S. 25.

Fall ist. Die populäre Literatur der Zeit bezeugt es. Tote oder der Tod in Person erscheinen in vielen Gedichten. Da gehen drei Lebende bei einem offenen Grabe vorbei, und die Toten sagen zu ihnen: »Was ihr seid, das sind wir gewesen. Was wir sind, werdet ihr sein.« Da sind Leben und Tod in ein Streitgespräch verwickelt. Leben beklagt sich, daß Tod auf ihren Kindern herumtrampelt. Tod brüstet sich mit seinen Erfolgen. Verglichen mit der Gegenwart war das Sterben damals für jung und alt unverdeckter, allgegenwärtiger und vertrauter. Damit ist nicht gesagt, daß es friedlicher war. Auch war das soziale Niveau der Todesangst durch die vielen Jahrhunderte des Mittelalters hin nicht immer das gleiche. Es stieg merklich an im Laufe des 14. Jahrhunderts. Die Städte wuchsen. Die Pest fraß sich ein und fegte in großen Stößen über Europa hin. Menschen fürchteten sich vor dem Sterben ringsum. Prediger der Bettelorden verstärkten die Angst. Und in Bild und Schrift kam das Motiv der Totentänze auf, der dances macabres. Ruhiges Sterben in der Vergangenheit? Welche Einseitigkeit der historischen Perspektive! Es wäre nicht uninteressant, das soziale Niveau der Angst vor dem Sterben in unseren Tagen im Hinblick auf Umweltverschmutzung und Atomwaffen mit dem entsprechenden Niveau der Angst auf früheren Zivilisationsstufen bei geringerer innerer Pazifizierung der Staaten und geringerer Kontrolle epidemischer und anderer Krankheiten zu vergleichen.

Was in der Vergangenheit zuweilen trost- und hilfreich war, war die Gegenwart anderer Menschen beim Sterben. Aber es hing von deren Haltung ab. Von Thomas More, Kanzler Heinrichs VIII. von England, wird uns erzählt[6], daß er den sterbenden Vater, den er zeit seines Lebens verehrt und hochgeschätzt hatte, auf dem Sterbebett umarmte und auf den Mund küßte. Es gab andere Fälle, in denen die umstehenden Erben die sterbenden Alten verspotteten und

6 William Roper, *The Lyfe of Sir Thomas Moore*.

verlachten. Es hängt alles von den Menschen ab. Als Gesellschaft betrachtet, war das Mittelalter eine außerordentlich unruhige Epoche. Gewalt war alltäglicher, der Streit leidenschaftlicher, Krieg oft die Regel, Frieden eher die Ausnahme. Seuchen fegten über die Erde; Tausende starben in Qual und Schmutz ohne Hilfe und Trost. Mißernten verknappten das Brot für die Armen alle paar Jahre. Haufen von Bettlern und Krüppeln gehörten zur normalen Staffage der mittelalterlichen Landschaft. Menschen waren großer Güte fähig ebenso wie nackter Grausamkeit, offener Lust an der Qual anderer und völliger Gleichgültigkeit gegenüber ihrer Not. Die Kontraste waren stärker als heute – sowohl zwischen hemmungsloser Sättigung der Begierden und hemmungsloser Selbstzerknirschung, Askese und Buße unter dem Druck der furchtbaren Sündenangst als auch zwischen dem Prunk der Herren und dem Elend der Armen. Die Angst vor der Strafe nach dem Tode, die Angst um das Seelenheil, packte oft unversehens Arme und Reiche. Fürsten stifteten, um sicherzugehen, Kirchen und Klöster; die Armen beteten und bereuten.

Ariès, soweit ich sehen kann, spricht wenig von der kirchlich geförderten Angst vor der Hölle. Aber es gibt mittelalterliche Bilder, die zeigen, was nach der damaligen Vorstellung den Menschen nach dem Tode erwartete. Auf einem italienischen Friedhof – ist es Genua oder Pisa? – zeigt ein solches Bild aus dem späten Mittelalter höchst anschaulich die Schrecken, die den Menschen nach seinem Tode erwarten. Es zeigt die Engel, die die geretteten Seelen zum endlosen Leben ins Paradies führen, und die greulichen Dämonen, die die Verdammten in der Hölle peinigen. Mit solchen Schreckbildern vor Augen kann ein ruhiger Tod nicht leicht gewesen sein. Alles in allem war in dieser mittelalterlichen Gesellschaft das Leben kürzer, die Unkontrollierbarkeit der Gefahren größer, das Sterben oft schmerzhafter, die Schuldangst vor der Strafe nach dem Tode unverdeckter, aber die Mitbeteiligung anderer am Sterben des Einzelnen war größer. Heute weiß man die Qualen des Sterbens in manchen Fällen zu lindern; Schuldängste werden in höherem Maße verdrängt. Aber die Mitbeteiligung anderer am Sterben des Einzelnen ist geringer. Wie bei anderen Aspekten eines Zivilisationsprozesses ist es nicht ganz einfach, Gewinn und Kosten gegeneinander abzuwägen. Aber die Schwarzweiß-Zeichnung des Gefühls – »gute Vergangenheit, schlechte Gegenwart« – richtet wenig aus. Die primäre Frage ist, wie es war und warum es so war und warum es so geworden ist. Wenn man die Antwort zu diesen Fragen im Netz hat, ist man vielleicht in der Lage, die Wertbilanz zu ziehen.

5

Im Zuge eines Zivilisationsprozesses ändern sich die Probleme der Menschen. Aber sie ändern sich nicht strukturlos und chaotisch. Bei näherem Zusehen erkennt man auch in der Abfolge der menschlich-gesellschaftlichen Probleme im Zuge eines solchen Prozesses eine spezifische Ordnung des Nacheinander. Auch diese Probleme haben jeweils eine stufenspezifische Gestalt.

So wurden sich Menschen etwa der Virenkrankheiten als eines Eigenproblems erst bewußt, nachdem es ihnen gelungen war, das Problem der großen bakteriellen Infektionskrankheiten zu klären und so ein relativ hohes Maß an Kontrolle über sie zu gewinnen. Der Gewinn war nicht vergeblich, weil er einen Fortschritt, aber er war auch nicht absolut, weil er nicht das Ende des Kampfes mit infektiösen Krankheitserregern bedeutete. Ähnliches gilt von dem Bevölkerungswachstum der Menschheit. Der Fortschritt der Krankheitsbekämpfung, insbesondere die Bändigung der großen Infektionsepidemien, ist in hohem Maße mitverantwortlich für diesen blinden, ungeplanten und gefährlichen Wachstumsprozeß. Was würde man von einem Menschen denken, der angesichts dieser Gefahr des explosiven Bevölkerungswachstums die »bessere Vergangenheit« mit ihren Malthusischen Wachstumshemmungen, ihren apokalyptischen Reitern: Pest, Krieg, Hunger und frühem Tod zurückwünscht?

Im Zuge des verstärkten Zivilisationsschubes, der in europäischen Gesellschaften vor vier- bis fünfhundert Jahren einsetzte, veränderte sich unter anderem auch die Haltung der Menschen zum Tode und der Modus des Sterbens selbst. Die große Linie, die Richtung dieser Veränderung ist recht unzweideutig. Man kann sie durch ein paar Beispiele veranschaulichen, selbst in einem Zusammenhang, in dem man der komplexen Struktur dieses Wandels nicht gerecht zu werden vermag.

Ehemals war das Sterben der Menschen eine weit öffentlichere Angelegenheit als heute. Das konnte schon deswegen nicht anders sein, weil es ungewöhnlicher für Menschen war, allein zu bleiben. Mag sein, daß Nonnen und Mönche in ihrer Zelle allein waren. Aber gewöhnliche Menschen lebten ständig bei- und miteinander. Schon die Räumlichkeiten ließen ihnen kaum eine andere Wahl. Auch Geburt und Tod – wie andere animalische Aspekte des Menschenlebens – waren in höherem Maße als heute öffentliche, also auch gesellige Ereignisse, in geringerem Maße privatisiert. Nichts ist charakteristischer für die gegenwärtige Haltung zum Tode als die Scheu der Erwachsenen, Kinder mit den Fakten des Todes bekannt zu machen. Als Symptom für das Ausmaß und die Gestalt der Verdrängung des Todes auf der individuellen wie auf der sozialen Ebene ist sie besonders bemerkenswert. Aus einem dunklen Gefühl heraus, daß man die Kinder schädigen könne, versteckt man vor ihnen die einfachen Fakten des Lebens, die sie ja doch unweigerlich kennenzulernen und zu begreifen haben. Dabei liegt die Gefahr für die Kinder durchaus nicht darin, daß sie mit der einfachen Tatsache der Endlichkeit jedes Menschenlebens, also auch des Lebens der Eltern und ihres eigenen Lebens, bekannt werden; kindliche Phantasien kreisen sowieso um dieses Problem und überhöhen es häufig genug mit Furcht und Angst, aufgrund der leidenschaftlichen Stärke ihrer Vorstellungskraft. Die Bekanntschaft mit der Tatsache, daß sie normalerweise ein langes Leben vor sich haben, kann, verglichen mit den beängstigenden Phantasien, eine Wohltat sein. Die Schwierigkeit liegt mehr in dem Wie als dem Was der Mitteilung über den Tod. Erwachsene, die sich scheuen, mit ihren Kindern über den Tod zu sprechen, fühlen vielleicht nicht zu Unrecht, daß sie ihre eigenen Ängste, ihre Furcht vor dem Tode, beim Sprechen auf die Kinder übertragen könnten. Ich kenne Fälle, in denen ein Elternteil bei einem Autounfall ums Leben kam. Die Reaktion der Kinder hängt von ihrem Alter und ihrer Persönlichkeitsstruktur ab, aber der tiefe traumatische Effekt, den eine solche Erfahrung für Kinder haben kann, läßt mich glauben, daß die selbstverständliche Bekanntschaft von Kindern mit der schlichten Tatsache des menschlichen Todes, mit der Endlichkeit ihres eigenen Lebens wie des Lebens aller anderen Menschen, für Kinder heilsam wäre. Sicherlich ist die Scheu der Erwachsenen in unseren Tagen, Kinder die biologischen Fakten des Todes zu lehren, eine stufenspezifische Eigentümlichkeit des vorherrschenden Zivilisationsmusters. Früher waren auch Kinder gegenwärtig, wenn Menschen starben. Wo sich alles in höherem Maße vor den Augen der Mitmenschen abspielt, vollzieht sich auch das Sterben von Menschen vor den Augen der Kinder.

6

Man war auf den vorangehenden Stufen der Gesellschaftsentwicklung im ganzen Umkreis des gesellschaftlich-geselligen Lebens weniger zurückhaltend, auch im Sprechen, im Denken und Dichten. Der eigene Zensor wie der der Mitmenschen hatte eine andere Gestalt. Ein Gedicht aus einer relativ späten Zeit – aus dem 17. Jahrhundert – mag helfen, diesen Unterschied zu veranschaulichen. Es stammt von dem schlesischen Dichter Christian Hofmann von Hofmannswaldau und trägt den Titel »Vergänglichkeit der schönheit«:

»Es wird der bleiche todt mit seiner kalten hand
Dir endlich mit der zeit umb deine brüste streichen /
Der liebliche corall der lippen wird verbleichen;
Der schultern warmer schnee wird werden kalter sand /
Der augen süsser blitz / die kräffte deiner hand /
Für welchen solches fällt / die werden zeitlich weichen /
Das haar / das itzund kan des goldes glantz erreichen /
Tilgt endlich tag und jahr als ein gemeines band.
Der wohlgesetzte fuß / die lieblichen gebärden /
Die werden theils zu staub / theils nichts und nichtig werden /
Denn opfert keiner mehr der gottheit deiner pracht.
Diß und noch mehr als diß muß endlich untergehen /
Dein hertze kan allein zu aller zeit bestehen /
Dieweil es die natur aus diamant gemacht.«

Leser unserer Tage mögen die Metapher von dem bleichen Tod, der mit seiner kalten Hand über die Brüste der Geliebten streicht, als etwas kraß empfinden, vielleicht auch als geschmacklos. Sie mögen umgekehrt in dem Gedicht eine tiefe Beschäftigung mit dem Problem des Todes sehen. Aber vielleicht ist es überhaupt erst aufgrund des eigentümlichen Informalisierungsschubes, der sich nach 1918 anbahnte, 1933 ins Gegenteil umschlug und von 1945 an neu an Stärke gewann, möglich, diesem Gedicht Beachtung zu schenken. Wie viele Barockgedichte verstößt es gegen eine Reihe viktorianischer und wilhelminischer Tabus. So detailliert, so unromantisch und dazu noch etwas schäkernd auf den Tod der Geliebten hinzuweisen mag selbst heute bei dem gelinden Tauwetter viktorianischer Tabus als etwas ungewöhnlich erscheinen. Solange man die zivilisatorische Veränderung nicht in Rechnung stellt, die in der gegenwärtigen, der eigenen Persönlichkeitsstruktur einen Ausdruck findet, bleibt man als Interpret der Vergangenheit, als historischer Hermeneut, im Ungewissen stecken. Willkürliche Interpretationen werden dann zur Norm, Fehlschlüsse zur Regel. Daß frühere Generationen unverhüllter von Tod, Grab und den Würmern sprachen, mag man dann als morbides Interesse am Tod deuten; daß man offener von den körperlichen Beziehungen der Männer und Frauen sprach, als Zeichen der Lüsternheit oder der lockeren Moral. Erst wenn man größerer Distanz zu sich selbst, zu der eigenen Zivilisationsstufe fähig und des stufenspezifischen Charakters der eigenen Scham- und Peinlichkeitsschwelle gewahr ist, vermag man den Taten und Werken von Menschen anderer Stufen gerecht zu werden.

Ein Gedicht wie dieses ging wahrscheinlich weit unmittelbarer aus dem gesellschaftlich-geselligen Verkehr von Männern und Frauen hervor als die höher individualisierten und privatisierten Gedichte unserer Tage. In ihm verbinden sich Ernst und Scherz in einer Weise, zu der es heute kaum noch Parallelen gibt. Vielleicht war es ein Gelegenheitsgedicht, das in Hofmannswaldaus Kreisen zirkulierte, das seinen Freunden und Freundinnen viel Spaß machte. Die feierliche oder sentimentale Note, die sich später oft mit Mahnungen an Tod und Grab verband, fehlt in diesem Falle. Daß sich eine solche Mahnung hier überdies noch mit einer witzigen Pointe verbindet, zeigt die Verschiedenheit der Haltung besonders deutlich. Im Kreise des Dichters wird man über die Pointe des Gedichtes geschmunzelt haben, dem gegenwärtigen Leser entgeht sie allzu leicht. Hofmannswaldau sagt der spröden Schönen, daß ihre ganze Schönheit im Grabe vergehen wird, ihre Korallenlippen, ihre schneeweißen Schultern, ihre blitzenden Augen, ihr ganzer Körper wird zerfallen – bis auf das Herz, das offenbar steinhart ist wie ein Diamant, da sie ihn ja nicht erhören will. Auf der Palette zeitgenössischer Empfindungen – und Gedichte – gibt es kaum eine Parallele zu dieser Mischung von Grabeston und Schelmerei, detaillierter Beschreibung des menschlichen Zerfalls als Schachzug in einem Flirt.

Man könnte denken, das Thema dieses Gedichts sei eine individuelle und persönliche Erfindung seines Verfassers. Literarhistorisch kann es allzu leicht in diesem Sinne interpretiert werden. Aber in diesem Zusammenhang, als Zeugnis für die Haltung zum Tode auf einer anderen Zivilisationsstufe, erhält dieses Gedicht gerade dadurch seine Bedeutung, daß sein Thema alles andere als eine individuelle Erfindung ist. Es ist ein gängiges Thema der europäischen Barockdichtung im weitesten Sinne des Wortes, das uns etwas von der Art des Liebesspiels der Männer und Frauen in der höfisch-patrizischen Gesellschaft des 17. Jahrhunderts vermittelt. In dieser Gesellschaft gab es zahlreiche Gedichte über das gleiche Thema. Nur seine jeweilige dichterische Ausgestaltung ist individuell und von unterschiedlichem Format. Das schönste und berühmteste Gedicht über dieses Thema stammt von dem Engländer Andrew Marvell und trägt den Titel: »An seine spröde Geliebte«. Es zeigt die gleiche ungenierte Erinnerung an das, was mit ihrem schönen Leibe im Grabe geschehen wird, als Mahnung an die hartherzige Frau, ihn nicht so lange warten zu lassen. Auch dieses Gedicht blieb für mehrere Jahrhunderte fast unbeachtet. Heute gehören Zeilen aus diesem Gedicht zu dem gängigen englischen Zitatenschatz – etwa die Verse:

»The grave's a fine and private place,
But none, I think, do there embrace.«[7]

Bei Pierre de Ronsard, bei Martin Opitz und anderen Dichtern der Epoche finden sich Variationen über das gleiche Thema. Es repräsentiert eine andere Scham- und Peinlich-

7 »Das Grab ist ein feiner und privater Ort, doch niemand, denke ich, umarmt sich dort.« Andrew Marvell, »To His Coy Mistress«.

keitsschwelle als die unsere, also eine andere soziale Persönlichkeitsstruktur, nicht ein vereinzeltes Individuum. Das Sprechen von Tod, Grab und von all den Einzelheiten dessen, was im Grabe mit dem toten Menschen vor sich geht, unterlag noch nicht einer so strikten sozialen Zensur. Der Anblick verfaulender Menschenleichen war alltäglicher. Jedermann, auch die Kinder, wußte, wie das aussah; und da es jedermann wußte, sprach man auch relativ unbefangen davon, im geselligen Verkehr wie in Gedichten.

Heute verhält sich das anders. Niemals zuvor in der Geschichte der Menschheit wurden Sterbende so hygienisch aus der Sicht der Lebenden hinter die Kulissen des gesellschaftlichen Lebens fortgeschafft; niemals zuvor wurden menschliche Leichen so geruchlos und mit solcher technischen Perfektion aus dem Sterbezimmer ins Grab expediert.

7

Eng verbunden mit der größtmöglichen Relegierung des Sterbens und des Todes aus dem gesellschaftlich-geselligen Leben der Menschen und mit der entsprechenden Verschleierung des Sterbens, insbesondere auch vor den Kindern, ist in unseren Tagen eine eigentümliche Verlegenheit der Lebenden in der Gegenwart eines Sterbenden. Sie wissen oft nicht recht, was zu sagen. Der Sprachschatz für den Gebrauch in dieser Situation ist verhältnismäßig arm. Peinlichkeitsgefühle halten die Worte zurück. Für die Sterbenden selbst kann das recht bitter sein. Noch lebend, sind sie bereits verlassen. Aber auch in dieser Hinsicht steht das Problem, das Sterben und Tod den Zurückbleibenden stellt, nicht für sich. Diese Wortkargheit, der Mangel an Spontaneität beim Ausdruck des Mitgefühls in Krisensituationen anderer Menschen, beschränkt sich nicht auf die Gegenwart eines Sterbenden oder etwa auch eines Trauernden. Sie zeigt sich auf unserer Stufe des Zivilisationsprozesses bei vielen Gelegenheiten, die den Ausdruck einer starken emotionalen Anteilnahme ohne Verlust der Selbstkontrolle verlangen. Ähnliches gilt wohl auch für Situationen der Liebe und der Zärtlichkeit. In allen solchen Fällen sind insbesondere die jüngeren Generationen unserer Tage in höherem Maße, als das in früheren Jahrhunderten der Fall war, bei der Suche nach den rechten Worten für ihr Empfinden auf ihre eigenen Reserven, ihre eigene individuelle Erfindungsgabe angewiesen. Das gesellschaftliche Herkommen stattet den einzelnen Menschen in geringerem Maße als zuvor mit stereotypen Redeweisen, mit vorgegebenen Verhaltensweisen aus, die die Bewältigung des starken emotionalen Anspruchs solcher Situationen erleichtern können. Die konventionellen Redewendungen und Riten sind gewiß noch in Gebrauch, aber mehr Menschen als früher fühlen, daß es etwas peinlich ist, sich ihrer zu bedienen, eben weil sie ihnen als schal und abgedroschen erscheinen. Die rituellen Floskeln der alten Gesellschaft, die die Bewältigung kritischer Lebenssituationen erleichterten, klingen für das Ohr vieler jüngerer Menschen abgestanden und falsch. An neuen Ritualen, die dem gegenwärtigen Empfindens- und Verhaltensstandard entsprechen und die Bewältigung wiederkehrender kritischer Lebenssituationen erleichtern können, fehlt es noch.

Man gäbe ein falsches Bild, wenn man den Eindruck erweckte, die stufenspezifische Problematik im Verhältnis der Gesunden und der Sterbenden, der Lebenden und der Toten, stände für sich. Was hier zutage tritt, ist ein Teilproblem, ein Aspekt der umfassenden Zivilisationsproblematik unserer Stufe.

Vielleicht sieht man die Eigentümlichkeit der gegenwärtigen Lage besser, wenn man auch für dieses Problem ein Beispiel aus der Vergangenheit heranzieht. Im Oktober 1758 lag die Markgräfin von Bayreuth, die Schwester Friedrichs II., des Königs von Preußen, im Sterben. Er war nicht in der Lage, zu ihr zu fahren, aber er sandte ihr eilends seinen Leibarzt Cothenius, damit er vielleicht doch noch helfen könne. Zugleich sandte er ihr Verse und den folgenden Brief, datiert vom 12. Oktober 1758:

»Zärtlichgeliebteste Schwester
Würdige die Verse, die ich dir hier überschicke einer gütigen Aufnahme. Ich bin von dir, von deiner Gefar und von meiner Erkenntlichkeit so angefüllet, das dein Bild immer in meiner Seele herrsche und alle meine Gedanken bestimmt; ich mag wachen oder träumen, ich mag Pros oder Poesie schreiben. Wollte doch der Himmel die Wünsche erhören, die ich täglich für deine Genesung zu ihm schicke! Cothenius ist auf dem Wege; ich werde ihn vergöttern, wenn er diejenige Person erhält, die mir auf der ganzen Welt am meisten am Herzen liegt, die ich hochschätze und verehre, und der ich bis auf den Augenblick, da auch ich meinen Leib den Elementen zurückgeben werde, verharre,
Zärtlichgeliebteste Schwester
Dein getreuer und ergebener Bruder
und Freund Friedrich«

Der König schrieb diesen Abschiedsbrief an seine Schwester in deutscher Sprache, was er nicht oft tat. Man könnte sich vorstellen, daß dieser Brief der Sterbenden Trost brachte und ihr den Abschied von den Menschen erleichterte – wenn sie ihn noch zu lesen vermochte.

Die deutsche Sprache ist nicht besonders reich an nuancierten Ausdrücken für nicht-sexuelle Gefühlsbindungen zwischen Menschen – nicht-sexuell, was immer ihr Ursprung sein mag. Eine Entsprechung zu dem englischen »affection« und »affectionate« fehlt. »Zuneigung« und »zugetan« kommen an die Wärme des englischen Ausdrucks nicht ganz heran, sind auch wohl weniger gebräuchlich. Friedrichs »zärtlichgeliebteste Schwester« ist wohl ein sehr genauer Ausdruck seines Empfindens. Würde man ihn heute noch gebrauchen? Die Gefühlsbindung Friedrichs an seine Schwester war wahrscheinlich die stärkste Bindung an eine Frau und an einen Menschen überhaupt in seinem Leben. Man kann annehmen, daß es aufrichtige Gefühle waren, die er in diesem Brief zum Ausdruck brachte. Die Zuneigung zwischen Bruder und Schwester war gegenseitig. Er verstand offenbar auch, daß die Versicherung seiner unverminderten Zuneigung der Sterbenden wohltun würde. Ihm aber wird das Aussprechen der Gefühle offensichtlich dadurch erleichtert, daß er sich unbedenklich bestimmten Sprachkonventionen seiner Gesellschaft anvertraut und ihnen erlaubt, die Feder zu führen. Der heutige Leser, scharfhörig gegenüber den Klischees der Vergangenheit, mag »dein Bild«, das »immer in meiner Seele herrsche«, als konventionell empfinden und »Wollte doch der Himmel die Wünsche erhören« als barock-theatralisch, vor allem im Munde eines nicht als besonders gläubig bekannten Monarchen. Friedrich gebraucht in der Tat hier konventionelle Floskeln als Ausdruck seiner Gefühle. Aber er versteht sie so zu gebrauchen, daß die Aufrichtigkeit seiner Gefühle durchscheint, und man kann annehmen, daß die Empfängerin des Briefes die Aufrichtigkeit hörte. Das Kommunikationsgefüge war so eingerichtet, daß die Rezipienten zwischen dem aufrichtigen und unaufrichtigen Gebrauch der höflichen Redensarten zu unterscheiden vermochten, während unser Ohr solche Nuancen der Höflichkeit nicht mehr recht hört. Damit fällt zugleich ein Schlaglicht auf die gegenwärtige Situation. Der kurze Informalisierungsschub[8], in dem wir stehen, macht uns besonders mißtrauisch gegenüber den festgeprägten Ritualen und Floskeln früherer Generationen. Viele gesellschaftlich vorgeschriebenen Formeln tragen die Aura vergangener Herrschaftssysteme mit sich, sie las-

8 Zur Informalisierung siehe: Cas Wouters, »Informalisierung und der Prozeß der Zivilisation«, in: *Materialien zu Norbert Elias' Zivilisationstheorie*, hg. v. Peter Gleichmann, Johan Goudsblom und Hermann Korte, Frankfurt am Main: Suhrkamp 1977.

sen sich nicht mehr mechanisch gebrauchen wie das *omani patme um* der Gebetsmühlen buddhistischer Mönche. Aber zugleich erzeugt die zivilisatorische Veränderung auf der gegenwärtigen Stufe bei vielen Menschen eine erhebliche Scheu und oft genug ein Unvermögen, starken Emotionen Ausdruck zu geben, sei es in der Öffentlichkeit, sei es auch im Privatleben. Nur in politisch-sozialen Kämpfen, so scheint es, finden sie noch ein Ventil. Im 17. Jahrhundert konnten Männer noch öffentlich weinen, heute ist das schwieriger und seltener geworden. Nur Frauen besitzen noch das Vermögen, nur ihnen ist es noch gesellschaftlich erlaubt – wie lange noch?

In der Gegenwart von Sterbenden – auch von Trauernden – zeigt sich daher mit besonderer Schärfe ein für die heutige Stufe des Zivilisationsprozesses charakteristisches Dilemma. Ein Informalisierungsschub im Rahmen dieses Prozesses hat dazu geführt, daß eine ganze Reihe herkömmlicher Verhaltensroutinen, darunter auch der Gebrauch ritueller Floskeln, in den großen Krisensituationen des menschlichen Lebens für viele Menschen suspekt und zum Teil peinlich geworden ist. Die Aufgabe, das richtige Wort und die richtige Geste zu finden, fällt also, wie gesagt, auf den Einzelnen zurück. Das Bemühen, gesellschaftlich vorgegebene Rituale und Formen zu vermeiden, vergrößert die Anforderung an die persönliche Erfindungs- und Ausdruckskraft des Individuums. Dieser Aufgabe aber sind Menschen derzeit gerade im Zusammenhang mit einer Eigentümlichkeit der gegenwärtigen Zivilisationsstufe oft nicht recht gewachsen. Die Art des Zusammenlebens, die diese Zivilisationsstufe begründet, verlangt und erzeugt ein recht hohes Maß an selbsttätiger Reserve gegenüber dem Ausdruck starker spontaner Affekte und Emotionen bei den so miteinander verbundenen Menschen. Oft vermögen sie nur unter besonderem Druck die Schranke zu überwinden, die das Handeln im Zuge starker Gefühle und deren Verbalisierung verbietet. So wird unbefangenes Sprechen mit oder zu Sterbenden, dessen sie doch bedürfen, schwierig. Nur die institutionalisierten Routinen der Krankenhäuser geben der Sterbesituation eine gesellschaftliche Gestalt. Sie sind gefühlsarm und tragen viel zur Vereinsamung der Sterbenden bei. Anhängern eines überweltlichen Glaubens können Sterberituale vielleicht die Empfindung vermitteln, daß Menschen persönlich um sie besorgt sind, und das ist sicherlich ihre reale Funktion. Im übrigen ist die Sterbesituation in unseren Tagen weitgehend ungeformt, ein weißer Fleck auf der sozialen Landkarte. Die weltlichen Rituale sind zum guten Teil gefühlsleer geworden, den traditionellen weltlichen Formeln fehlt die Überzeugungskraft. Tabus verbieten das allzu starke Zeigen starker Gefühle, obwohl sie vorhanden sein mögen. Auch die traditionelle Aura des Geheimnisvollen, die das Sterben umgibt, mit den Überbleibseln magischer Gesten – man öffnet die Fenster, hält die Uhren an –, entrückt den Tod der Behandlung als ein menschlich-gesellschaftliches Problem, das Menschen im Verkehr miteinander und füreinander zu lösen haben. Gegenwärtig haben die den Sterbenden verbundenen Menschen wohl oft nicht mehr das Vermögen, ihnen Halt und Trost zu geben durch den Beweis ihrer Zuneigung und Zärtlichkeit. Sie finden es schwer, Sterbenden die Hand zu drücken oder sie zu streicheln, um ihnen das Gefühl der unverminderten Zugehörigkeit und Geborgenheit zu geben. Das überhöhte Zivilisationstabu gegen den Ausdruck starker, spontaner Empfindungen bindet ihnen oft Zunge und Hand. Auch mögen die Lebenden Sterben und Tod halb unbewußt als anstekkend und so als Bedrohung empfinden; unwillkürlich ziehen sie sich dann von den Sterbenden zurück. Dabei ist, wie bei jedem Abschied von vertrauten Menschen, deren Geste unverminderter Zuneigung für die endgültig Scheidenden vielleicht die größte Hilfe, abgesehen von der Linderung der physischen Schmerzen, die die Zurückbleibenden ihnen geben können.

8

Der Rückzug der Lebenden von den Todgeweihten und das Schweigen, das sich allmählich um sie verbreitet, setzen sich fort, wenn das Ende gekommen ist. Sie zeigen sich zum Beispiel in der Behandlung der Leichen und in der Grabpflege. Beide sind heute in hohem Maße aus den Händen der Familie, der Angehörigen und Freunde in die Hände bezahlter Spezialisten übergegangen. Im Bewußtsein der ersteren mag die Erinnerung an den toten Menschen frisch und lebendig bleiben; die Bedeutung der Leichen und der Gräber als Focus der Gefühle ist geringer geworden. Michelangelos Pietà, die trauernde Mutter mit dem Leichnam ihres Sohnes, ist als Kunstwerk verständlich geblieben, als wirkliches Ereignis kaum vorstellbar.

Wie weit die Pflege des Grabes aus den Händen der Familie in die der Spezialisten übergegangen ist, zeigt unter anderem eine Broschüre der Friedhofsgärtner.[9] Es versteht sich, daß sie vor Konkurrenten und Gegnern warnen, die die Ausschmückung der Gräber mit einem reichen Blumenschmuck schmälern könnten. Im übrigen, so darf man annehmen, ist die Broschüre von der Marketinggesellschaft so gut wie möglich auf die Mentalität der erhofften Kunden abgestellt. Das Schweigen über die Bedeutung von Gräbern als Beerdigungsplätzen toter Menschen ist dementsprechend beinahe total. Ausdrückliche Hinweise darauf, daß die Berufsarbeit der Friedhofsgärtner etwas mit der Begrabung eines Leichnams zu tun hat, fehlen verständlicherweise völlig. Die sorgfältig durchgeführte Verdeckung, die die Mentalität der potentiellen Kunden im Spiegelbild zeigt, tritt besonders deutlich hervor, wenn man sich an die Mentalität der oben zitierten Gedichte aus dem 17. Jahrhundert

9 *Friedhof. Grüner Raum in der Stadt*, hg. v. d. Zentralen Marketinggesellschaft der deutschen Agrarwirtschaft mbH, in Zusammenarbeit mit dem Zentralverband Gartenbau e.V. Bundesfachgruppe Friedhofsgärtner.

erinnert. Die Offenheit, mit der man dort von dem spricht, was mit dem Leichnam im Grabe vor sich geht, steht in schärfstem Kontrast zu der hygienischen Verdrängung der peinlichen Assoziationen aus dem Schrifttum und ganz gewiß auch aus den gesellschaftlich-geselligen Gesprächen unserer Tage. Daß Marvell hoffen konnte, die Gunst seiner Angebeteten durch den Hinweis zu gewinnen, daß ihre allzu lang bewahrte Jungfräulichkeit im Grabe von den Würmern erprobt werden wird[10], gibt einen Anhaltspunkt dafür, wie weit in diesem Bereiche die Peinlichkeitsschwelle im Zuge des ungeplanten Zivilisationsprozesses inzwischen vorgerückt ist. Dort sprechen selbst Dichter unbehindert von den Grabwürmern, hier vermeiden selbst Friedhofsgärtner alles, was daran erinnern könnte, daß Gräber etwas mit dem Tod von Menschen zu tun haben. Das bloße Wort Tod wird nach Möglichkeit vermieden; es erscheint in der Broschüre nur einmal – bei der Erwähnung der Totengedenktage; und der schlechte Eindruck dieses Wortes wird sofort durch den Hinweis auf Hochzeitstage ausgeglichen, für die man ja ebenfalls Blumen braucht. Den gefährlichen Assoziationen des Friedhofs wird dadurch begegnet, daß man ihn einfach als einen »grünen Raum in der Stadt« hinstellt:

> »Die deutschen Friedhofsgärtner (...) möchten den Friedhof als Kultur- und Traditionsraum, als Stätte der Besinnung und als Teil des städtischen Grüns stärker in das öffentliche Bewußtsein rücken. Denn ein geschärftes öffentliches Bewußtsein ist der beste Garant dafür, daß das traditionelle Bild vom grünen und blühenden Friedhof nicht eines Tages gefährdet wird durch fremde Bestattungsgebräuche, durch ökonomisch begründete Gestaltungsauflagen, durch ungehinderten gestalteri-

10 Andrew Marvell, »To His Coy Mistress«:
»then worms shall try
That long-preserv'd virginity,
And your quaint honour turn to dust«.

> schen Wildwuchs oder durch technokratische Friedhofsplanungen unter reinen Rationalisierungsgesichtspunkten.«

Es würde sich lohnen, die Technik des Kampfes mit den verschiedenen Geschäftsgegnern im einzelnen zu diskutieren, aber nicht hier. Jedenfalls rückt man die Erinnerung an den Tod und an alles, was damit zusammenhängt, so weit wie möglich aus dem Gesichtskreis. Für den erwarteten Kundenkreis ist sie peinlich geworden. Aber die Vermeidungs- und Verdeckungsaktion wirkt nun selbst etwas peinlich.

Es wäre recht schön, wenn man die Erinnerungsstätte an die Toten wirklich als Park für die Lebenden einrichten würde. Das ist das Bild, das die Friedhofsgärtner erwecken möchten – »eine ruhige, grüne, blühende Insel im Lärm unseres hektischen Alltags«. Wenn es nur wirklich Parks für die Lebenden wären, die da geplant sind, Parks, wo Erwachsene ungehindert ihre Stullen verzehren und Kinder frei miteinander spielen können. Früher war das vielleicht einmal möglich, heute verbietet es die Neigung zur Feierlichkeit, die Tendenz, Scherz und Lachen als unziemlich aus der Nähe der Toten zu verbannen – Symptome des halb unbewußten Bestrebens der Lebenden, sich von den Toten zu distanzieren und auch diese peinlich gewordene Seite der menschlichen Animalität so weit als möglich hinter die Kulissen des gewöhnlichen Lebens zu verlagern. Kindern, die fröhlich um die Gräber spielen wollten, würden die Hüter der gepflegten, blumengeschmückten Anlagen wohl die Leviten lesen, wegen mangelnder Ehrfurcht gegenüber den Toten. Aber wenn Menschen gestorben sind, dann wissen sie nichts mehr davon, ob die Lebenden sie mit Ehrfurcht behandeln oder nicht. Auch die Feierlichkeit, mit der man Begräbnis und Gräber umgibt, die Vorstellung, daß es um die Gräber still sein muß, daß man auf dem Friedhof mit gedämpfter Stimme sprechen sollte, um die Ruhe der Toten nicht zu stören, alles das sind im Grunde Formen der Distanzierung der Lebenden von den Toten, Mittel, eine empfundene Bedrohung durch die Nähe der Toten von den Lebenden fernzuhalten. Es sind die Lebenden, die Ehrfurcht vor den Toten verlangen, und sie haben ihre Gründe. Zu ihnen gehört die Angst der Lebenden vor dem Tod und den Toten; sie aber dient oft genug als Mittel zur Erhöhung der Macht von Lebenden.

9

Bereits die Art, wie man den Ausdruck »die Toten« gebraucht, ist merkwürdig und bezeichnend. Sie erweckt den Eindruck, daß tote Menschen in irgendeinem Sinne noch existieren, nicht allein im Gedächtnis der Lebenden, sondern auch unabhängig von ihnen. Aber die Toten existieren nicht. Oder sie existieren, wie gesagt, nur in der Erinnerung der Lebenden, der gegenwärtigen wie der zukünftigen. Besonders an die unbekannten Lebenden der zukünftigen Generationen wenden sich die Menschen der gegenwärtigen mit allem, was sie als sinnerfüllend leisten und schaffen. Aber sie sind sich dessen gewöhnlich noch nicht recht bewußt. Die Angst vor dem Sterben ist gewiß auch eine Angst vor dem Verlust und der Zerstörung dessen, was Sterbende selbst als sinnvoll und lebenserfüllend empfinden. Aber es kann sich erst vor dem Forum der Ungeborenen erweisen, ob das, was ihnen selbst als sinnvoll erscheint, auch noch über ihr eigenes Leben hinaus für andere Menschen sinnvoll ist. Selbst die Grabsteine in ihrer Einfalt richten sich an dieses Forum – vielleicht liest noch einmal jemand, der vorübergeht, auf dem als unvergänglich gedachten Stein, daß hier die Grabstätte von diesem bestimmten Elternpaar, jenen Großeltern und Kindern ist. Was auf dem nicht sterblichen Grabstein steht, ist eine stumme Botschaft der Verstorbenen an die jeweils Lebenden – Symbol eines vielleicht noch unartikulierten Empfindens dafür, daß die einzige Art, in der ein Toter weiterlebt, die im Gedächtnis der Lebenden ist. Wenn die Kette der Erinnerung abbricht, wenn die Kontinuität einer bestimmten Gesellschaft oder der menschlichen Gesellschaft überhaupt abbricht, erlischt auch der Sinn alles dessen, was deren Menschen durch die Jahrtausende hin getan haben und was ihnen jeweils als sinnvoll erschien.

Heute ist es noch etwas schwer, sich verständlich zu machen, wie tiefgreifend die Abhängigkeit der Menschen voneinander ist. Daß der Sinn alles dessen, was ein Mensch tut, in dem liegt, was er für andere bedeutet, und zwar nicht nur für die Gegenwärtigen, sondern auch für die Kommenden, also seine Abhängigkeit von dem Fortgang der menschlichen Gesellschaft durch die Generationen hin, gehört sicherlich zu den fundamentalen Abhängigkeiten der Menschen voneinander. Das Verständnis für diese Abhängigkeit aber wird gegenwärtig gerade dadurch ganz besonders erschwert, daß man so sehr zu vermeiden sucht, der Begrenztheit des einzelnen menschlichen Lebens, also auch der des eigenen, und dem kommenden Zerfall der eigenen Person ohne Verdeckung ins Auge zu sehen, und es daher unterläßt, sie bei der Art, wie man sein Leben – seine Arbeit, seine Freuden – einrichtet, insbesondere auch, wie man sich zu anderen Menschen verhält, in Rechnung zu stellen.

Allzu oft sehen sich Menschen heute als vereinzelte, von anderen total unabhängige Individuen. Den eigenen, als isolierbar verstandenen Interessen nachzugehen erscheint dann als das Sinnvollste, was ein Mensch tun kann. Als wichtigste Lebensaufgabe stellt es sich dann dar, nach einer Art von Sinn für sich allein zu suchen, einem Sinn, der unabhängig von allen andern Menschen ist. Kein Wunder, daß Menschen bei der Suche nach dieser Art von Sinn ihr Leben als absurd erscheint. Vorerst können Menschen sich selbst offenbar nur mit Schwierigkeiten und daher nur selten im Geflecht ihrer Abhängigkeit von anderen Menschen, die gegenseitig sein kann, sehen, also als begrenztes Glied in der

Kette der Generationen, als Fackelläufer in der Stafette, der am Ende die vorwärtsgetragene Fackel an andere weitergibt.

Dabei ist die Verdrängung und Verdeckung der Endlichkeit des einzelnen menschlichen Lebens ganz gewiß nicht, wie es manchmal hingestellt wird, erst eine Eigentümlichkeit des 20. Jahrhunderts. Sie ist wahrscheinlich so alt wie das Bewußtsein dieses Endes – wie die Voraussicht des eigenen Sterbens – selbst. Im Zuge der biologischen Evolution, so kann man annehmen, entwickelte sich bei menschlichen Lebewesen eine Art des Bewußtseins, die es ihnen ermöglichte, das Ende, das sie von anderen Lebewesen kannten – von anderen, die ihnen zum Teil als Speise dienten –, auch auf sich selbst zu beziehen. Dank einer unter Lebewesen einzigartigen Vorstellungskraft lernten sie allmählich, dieses Ende vorwegnehmend als unvermeidlichen Abschluß jedes menschlichen Lebenslaufs, auch des eigenen, zu erkennen. Aber Hand in Hand mit der Voraussicht des eigenen Endes ging vermutlich von jeher das Bemühen, dieses unwillkommene Wissen durch willkommenere Vorstellungen zu verdrängen und zu überdecken; und das einzigartige Phantasievermögen der Menschen stand ihnen bei. Das unwillkommene Wissen und die verdeckenden Phantasien sind also wahrscheinlich Geburten der gleichen Stunde der Evolution. Heute, im Besitz eines gewaltigen Erfahrungsschatzes, kann man es nicht länger unterlassen zu fragen, ob die wohltuenden Lügen auf die Dauer für Menschen beim Zusammenleben miteinander nicht weit unwillkommenere und gefährlichere Folgen haben als das Wissen ungeschminkt.

Die Verdeckung und Verdrängung des Todes, also der Einmaligkeit und Endlichkeit jeder menschlichen Existenz, im Bewußtsein der Menschen ist ein sehr alter Sachverhalt. Die Art der Verdeckung aber hat sich im Laufe der Zeit in spezifischer Weise gewandelt. In früheren Zeiten herrschten kollektive Wunschphantasien als Mittel der Bewältigung des menschlichen Wissens vom Tode vor. Sie spielen gewiß auch heute noch eine gewichtige Rolle. Man erleichtert sich auf diese Weise die Angst vor der eigenen Vergänglichkeit mit Hilfe eines kollektiven Wunschbildes von dem unendlichen Weiterleben an einem anderen Ort. Da die Bewirtschaftung der menschlichen Ängste zu den bedeutendsten Quellen der Macht von Menschen über Menschen gehört, entwickelten und erhalten sich auf dieser Basis Herrschaftssysteme in Hülle und Fülle. Heute treten im Zuge eines besonders umfassenden Individualisierungsschubes aus der Hülle der kollektiven Unsterblichkeitsphantasien häufiger ganz persönliche und vergleichsweise private Unsterblichkeitsphantasien der einzelnen Menschen in den Vordergrund.[11] Freud glaubte, daß die psychische Instanz, die er

11 Ich habe das Gefühl, daß Ariès trotz seiner bewundernswürdigen Gelehrsamkeit auch im Hinblick auf die Unsterblichkeitsphantasien zeitgenössischer Menschen der Struktur der Veränderung, um die es sich handelt, nicht gerecht wird – wiederum, da ihm ja theoretische Modelle langfristiger Prozesse und dementsprechend auch der Begriff eines Individualisierungsschubes fehlen. Er spricht mit merklicher Verachtung, beinahe mit Abscheu, von den Unsterblichkeitsphantasien zeitgenössischer Menschen, stellt sie schroff der, wie er glaubt, traditionellen Haltung von Menschen, die dem Tode ruhig entgegensehen, gegenüber. Und zustimmend, mit einem deutlichen Seitenhieb gegen die Zeitgenossen, zitiert er Alexander Solschenizyns »Krebsstation«: »Sie hatten sich«, heißt es dort von den traditionellen Menschen, »nicht aufgebäumt, gewehrt, geprahlt, daß sie niemals sterben würden« (a. a. O., S. 25). Ich weiß wirklich nicht, ob sich zeitgenössische Menschen in höherem Maße aufbäumen. Die meisten Menschen mit Unsterblichkeitsphantasien, die ich kenne, sind sich ihrer recht wohl als Phantasien bewußt. Jedenfalls läßt sich der Sachverhalt, um den es hier geht, in seiner Struktur relativ einfach erfassen. In früheren Zeiten hatten in hohem Maße institutionalisierte kollektive Phantasien, die dem einzelnen Menschen Unsterblichkeit garantierten, den Vorrang, und gerade die Verstärkung durch Institutionalisierung und Gruppenglauben machte die Erkenntnis des Phantasiecharakters dieser Vorstellungen fast unmöglich. Heute hat sich die Macht dieser kollektiven Unsterblichkeitsvorstellungen über die Gemüter etwas verringert, und individuelle Unsterblichkeits-

»Es« nannte, also die physis-nahste, animalischste Schicht des psychischen Haushalts, die er ein wenig wie eine kleine Person behandelte, sich selbst unsterblich wähne. Aber ich glaube nicht, daß man ihm das abnehmen kann. Allein auf der Es-Ebene hat ein Mensch keine Voraussicht, also auch kein vorwegnehmendes Wissen von der eigenen Sterblichkeit. Ohne vorwegnehmendes Wissen von der eigenen Sterblichkeit läßt sich auch der kompensierende Trostgedanke der eigenen Unsterblichkeit nicht fassen, er wäre funktionslos. Freud unterstellt in dieser Hinsicht den ganz auf das Hier und Jetzt abgestellten Es-Impulsen des Menschen eine Reflexionshöhe, die ihnen nicht zugänglich ist.

Auch viele andere Phantasien, die Freud entdeckte, gruppieren sich um die Todesvorstellung. Ich sprach bereits von den Schuldgefühlen, von der Phantasievorstellung des Sterbens als einer Strafe für Missetaten, die man begangen hat. Wieviel Hilfe man Sterbenden zu geben vermag durch die Besänftigung tiefliegender Schuldängste vor der Strafe für eingebildete – oft frühkindliche – Missetaten, ist ein offenes Problem. Die kirchliche Einrichtung der Sündenvergebung, der Absolution des Sterbenden, zeigt ein intuitives Verständnis für die Häufigkeit von Schuldängsten im Zusammenhang mit dem Vorgang des Sterbens, für die eigentlich erst Freud eine wissenschaftliche Erklärung anbot.

phantasien, die zum Teil als solche erkannt werden, treten demgemäß etwas mehr in den Vordergrund. Theoretische Modelle langfristiger Prozesse, wie sie in dem Begriff des Individualisierungsschubes zum Ausdruck kommen, sind keine Dogmen. Man braucht – und darf – mit ihrer Hilfe den beobachtbaren Tatsachen keine Gewalt antun. Solche Modelle lassen sich ändern; Dogmen als Theorieersatz sind unnachgiebig. Es ist schade um all das reiche Wissen von Ariès. Es wäre schön, wenn er sich davon überzeugen könnte, daß vorgefaßte Dogmen einen Gelehrten blind machen gegenüber Strukturen, auch wenn sie fast greifbar zutage liegen, wie die des Wandels der Unsterblichkeitsphantasien von einer Stufe, auf der hoch institutionalisierte, kollektive Unsterblichkeitsphantasien vorherrschen, zu einer anderen Stufe, in der der Auftrieb individueller und vergleichsweise privater Unsterblichkeitsphantasien stärker wird.

Es kann hier nicht die Aufgabe sein, all den verschiedenen Phantasiemotiven nachzugehen, die sich mit der Vorstellung des eigenen Sterbens wie mit dem Prozeß des Sterbens selbst verbinden. Aber man kann nicht ganz an der Tatsache vorbeigehen, daß in der magischen Vorstellungswelt einfacherer Völker wie in den entsprechenden individuellen Phantasien unserer Tage der Tod von Menschen sich aufs engste mit dem Töten von Menschen verbindet. Einfacheren Völkern stellt sich der Tod zum mindesten aller sozial mächtigeren Personen als etwas dar, das jemand dem Toten angetan hat, also als eine Art von Mord. Die Gefühle der Zurückbleibenden sind engagiert. Man stellt nicht die unpersönliche und gefühlsarme Frage nach der Ur-sache des Todes. Wie immer bei starkem emotionalem Engagement fragt man nach dem Schuldigen, nach dem Ur-heber. Nur wenn man ihn kennt, kann man hoffen, sich an ihm zu rächen und so die durch den Tod erregten Leidenschaften zu entladen. An einer Ur-sache kann man sich nicht rächen. Impulse wie diese, die bei Menschen einfacherer Gesellschaften noch ganz direkt an der Steuerung des Handelns wie des Denkens beteiligt sind, spielen gewiß auch bei Erwachsenen entwickelterer Gesellschaften ihre Rolle. Aber bei ihnen haben sie normalerweise keinen direkten Zugang zur Handlungssteuerung. Bei kleinen Kindern ist das zwar noch der Fall, aber ihre Schwäche verdeckt gewöhnlich die Leidenschaftlichkeit ihrer Triebimpulse für das Verständnis der Erwachsenen. Überdies können die kleinen Kinder selbst zwischen Wunsch und Handlungsvollzug, zwischen Phantasie und Realität noch nicht recht unterscheiden. Spontan aufwallende Haßgefühle und Todeswünsche haben für ihr eigenes Empfinden magische Kraft; der Wunsch zu töten tötet. Bei Kindern treten auch in unserer Gesellschaft solche Impulse oft noch recht offen zutage. »Dann packen wir Vati in die Mülltonne«, sagte der kleine Sohn eines Freundes mit offensichtlicher Befriedigung, »und machen den Deckel zu.« Wahrscheinlich würde er sich schuldig gefühlt haben, wäre der Vater tatsächlich weggegangen. Die kleine Tochter eines anderen versicherte jedem, der es hören wollte, sie sei nicht daran schuld, daß Mutti so krank sei und operiert werden müsse.

Hier trifft man auf eine weitere Komponente der besonderen Scheu, die Menschen heute oft in der Gegenwart eines Sterbenden befällt, oder – man muß das hinzufügen – der besonderen Attraktion, die Sterbende, Gräber und Friedhöfe für manche Menschen haben. Man könnte die Phantasien der letzteren etwa durch den Satz wiedergeben: »*Ich* habe sie nicht ermordet!« Auf der anderen Seite rührt die Nähe von Sterbenden oder von Gräbern bei Menschen zuweilen nicht nur die eigenen Todesängste, sondern auch vergrabene Todeswünsche und Schuldängste auf, zusammengefaßt etwa in der Frage: »Bin *ich* vielleicht an seinem beziehungsweise ihrem Tod schuld? Habe *ich* ihn durch meinen Haß totgewünscht?«

Auch erwachsene Personen in den entwickelten Industriegesellschaften haben magisch erlebende Schichten, die sich unpersönlichen, sachbezogenen Erklärungen von Krankheiten und Todesfällen widersetzen. Die Stärke der Erschütterung, die der Tod eines Elternteils oft bei Erwachsenen auslöst, ist ein Beispiel. Sie hängt gewiß zum Teil mit der tiefverwurzelten Identifizierung von Kindern und Eltern oder, je nachdem, auch von anderen emotional eng verbundenen Menschen zusammen, das heißt mit dem Erlebnis von anderen Menschen als Teil oder Erweiterung seiner selbst. Dem Gefühl des guten Kameraden im Angesicht des Gefallenen an seiner Seite, »als sei's ein Stück von mir«, begegnet man bei Beziehungen der verschiedensten Art – bei lange Verheirateten, bei Freunden und Freundinnen, bei Söhnen und Töchtern im Angesicht ihrer Toten. Aber gerade bei den letzteren rührt der Tod von Vater und Mutter häufig auch vergrabene und vergessene Todeswünsche samt den damit verbundenen Schuldgefühlen auf und, je nachdem, auch die Angst vor der Strafe. Deren Verstärkung schwächt dann die kompensatorische Besänftigung durch persönliche Unsterblichkeitsphantasien.

Solche Phantasien sind, wie gesagt, im Zuge der entschiedeneren sozialen Individualisierung der Einzelperson in unseren Tagen häufiger geworden. Ganz gewiß aber leben in unseren Gesellschaften auch hoch institutionalisierte, kollektive Unsterblichkeitsphantasien mit nur wenig verminderter Stärke fort. Ein recht verständiges Schulbuch berichtet unter anderem auch, was die Leute zu Kindern sagen, wenn ein Mensch gestorben ist:

> »Dein Opa ist jetzt im Himmel.« – »Deine Mutti blickt vom Himmel auf dich herab.« – »Dein Schwesterchen ist jetzt ein Engel.«[12]

Das Beispiel zeugt davon, wie fest und routiniert in unserer Gesellschaft noch die Tendenz ist, die unwiderrufliche Begrenztheit der menschlichen Existenz besonders vor Kindern durch kollektive Wunschvorstellungen zu verdecken und die Verdeckung selbst durch eine recht strenge soziale Zensur abzusichern.

10

In einem anderen sozio-biologischen Bereich, der durch ein differenziertes Regelwerk gesellschaftlicher Gebote und Verbote eingehegt ist, in dem Bereich der Geschlechterbeziehung, hat sich in jüngster Zeit eine merkliche Veränderung vollzogen. In diesem Bereich sind eine Reihe von Zivilisationsschranken, die zuvor als selbstverständlich und unentbehrlich galten, abgebaut worden. Es ist möglich geworden, ehemals schlechthin tabuierte Verhaltensweisen sozial zu akzeptieren. Man kann in der Öffentlichkeit von Sexualproblemen auf einer neuen Ebene auch mit Kindern

12 *Religion: Bilder und Wörter*, hg. v. Hans-Dieter Bastian, Hana Rauschenberger, Dieter Stoodt und Klaus Wegenast, Düsseldorf: Pro-Schule Verlag 1974, S. 121.

unverdeckter sprechen. Die funktionslose, allenfalls nur machtpolitisch begründete Verheimlichung und Verdekkung des geschlechtlichen Tuns und Lassens der Erwachsenen ist in Maßen einer offeneren und nüchterneren Verhaltens- und Sprechweise gewichen. Die größere Offenheit hat in diesem Bereich zu neuen Problemen und einer Periode des Experimentierens mit neuen Lösungen geführt, sowohl in der sozialen Praxis selbst wie in der empirischen und theoretischen Forschung. Vielleicht gelingt es dabei, die Funktionen der gesellschaftlichen Ge- und Verbote innerhalb des Sexualbereichs genauer zu bestimmen – ihre Funktionen für die Entwicklung des einzelnen Menschen wie für die ihres Zusammenlebens miteinander. Aber schon heute ist klar, daß eine ganze Reihe der herkömmlichen Sexualgebote und -verbote, die sich im Zuge des ungeplanten Zivilisationsprozesses herausgebildet hatten, eine Funktion nur für bestimmte hegemoniale Gruppen im Zusammenhang mit spezifischen Herrschaftsverhältnissen hatten, etwa dem von Monarch und Untertan, von Männern und Frauen oder von Eltern und Kindern. Sie erschienen als ewig menschliche moralische Gebote, solange das Übergewicht der Machtchancen, die den jeweiligen Etabliertengruppen zur Verfügung standen, sehr groß und unerschüttert war, und verloren viel von ihrer Funktion und ihrer Überzeugungskraft, als diese Übermacht sich verringerte und einer etwas weniger ungleichen Verteilung der Machtgewichte Platz machte. Dadurch wurde es möglich, mit anderen Kanons des Verhaltens im Bereich der Geschlechterbeziehung, insbesondere auch mit andern Kanons der Selbstkontrolle zu experimentieren, die mit einem gleichgewichtigeren Zusammenleben von Menschen vereinbar sind und zugleich eine weniger frustrierende individuelle Balance von Triebregelung und -erfüllung möglich machen.

Die Lockerung von funktionslos gewordenen Sexualtabus macht sich mittlerweile ganz besonders auch in der Erziehung heranwachsender Menschen und im Verhalten

Erwachsener zu ihnen bemerkbar. Am Beginn des Jahrhunderts war im Verkehr von Erwachsenen und Kindern die Mauer des Schweigens, die das Verhalten und Sprechen Erwachsener in diesem Bereich vor den Heranwachsenden verbarg, für diese Außenseiter beinahe undurchdringlich. Sexuelle Beziehungen Heranwachsender zueinander, wenn entdeckt, wurden aufs schwerste bestraft. Sexualität war eine Sphäre der Heimlichkeit, von der Kinder allenfalls unter sich, aber selten mit Erwachsenen, besonders selten mit Eltern und ganz und gar nicht mit Lehrern sprechen konnten. Die Strenge des gesellschaftlichen Verdeckungszwanges, der hohe soziale Druck, der die Sexualimpulse belastete, und die sozialen Gefahren, denen Kinder und Heranwachsende, aber natürlich auch Erwachsene selbst, allseitig ausgesetzt waren, wenn sie Sexualimpulse nicht entsprechend dem Normengefüge zu zügeln verstanden, warfen das einzelne Kind, den einzelnen Heranwachsenden in hohem Maße auf sich selbst zurück, ließen ihn mit sich selbst, mit den oft wilden und leidenschaftlichen Phantasien seines Alters allein und führten zu jener besonders krisenreichen Form der verlängerten Pubertät, deren Konflikte und Erregungen man damals als eine naturgegebene Eigentümlichkeit dieses Alters betrachtete. Heute erweist sie sich immer deutlicher als eine durch den Kanon der gesellschaftlichen Vorschriften erzeugte Form der Pubertät.

Inzwischen hat sich die Heimlichkeit, die die Sexualsphäre umgab, gemildert. Für Eltern und Lehrer wird es, generationsmäßig abgestuft, in höherem Maße als früher möglich, ohne Durchbrechung sozialer Tabus, ohne Überwindung hoher persönlicher Scham- und Peinlichkeitsschranken über sexuelle Probleme zu sprechen. Man braucht Kinder nicht mehr mit halbverdeckten Andeutungen oder kleinen Lügen abzufertigen, wenn sie fragen, woher die Kinder kommen. Kurzum, in diesem Gefahrenbereich des menschlichen Zusammenlebens, im Bereich der Sexualität, haben sich die Muster der gesellschaftlichen Regelung ebenso wie die soziale Praxis und die persönliche Gewissensbildung im Verein miteinander während dieses Jahrhunderts sehr erheblich gewandelt. Eine Verdeckungs- und Verdrängungsstrategie, besonders im Verhältnis der jeweils hegemonialen zu den heranwachsenden Generationen, die den derart erzogenen Menschen schließlich als selbstverständlich, als unerläßlich für das Bestehen jeder menschlichen Gesellschaft, also als schlechthin moralisch erschien, erwies sich in der Praxis als Glied im Funktionsgefüge einer menschlichen Gesellschaft mit ganz spezifischen Herrschaftsstrukturen. Als diese sich im Sinne einer weniger ungleichmäßigen Verteilung der Machtgewichte, etwa im Verhältnis von Regierenden und Regierten oder in dem der Geschlechter und der Generationen, änderten, änderte sich auch jene. Ordnung löste sich nicht in Chaos auf, als die Hochflut der viktorianischen Scham- und Peinlichkeitsgefühle um das Geschlechtsleben im Sprechen und Handeln etwas zurückwich und die formalisierte Heimlichkeit in diesem Bereich einer unverstellteren Redeweise und einer etwas weniger verdeckenden Handlungsweise Platz machte.

II

In bezug auf den Tod der Menschen ist die Tendenz zur Aussonderung, zur verdeckenden Verwandlung in einen Spezialbereich, seit dem vorangehenden Jahrhundert kaum geringer und möglicherweise größer geworden. Man wird vielleicht erst bei einem Vergleich der verschiedenen bio-sozialen Gefahrenzonen und ihrer Entwicklung gewahr, wie ungleichmäßig die große Linie und das Auf und Ab von Tabuisierung und Enttabuisierung, Formalisierung und Informalisierung in diesen verschiedenen Funktionsbereichen des menschlichen Zusammenlebens sein kann, wenn auch gewiß Todesgefahr und Triebgefahr in der Verarbeitung durch die erlebende Person des einzelnen Menschen jeweils ganz unabtrennbar sind. Die Abwehrtendenz und die Peinlichkeitsgefühle, mit denen man Sterben und Tod gegenwärtig oft begegnet, können sich recht wohl mit denen messen, die im viktorianischen Zeitalter die Sexualsphäre umgaben. In bezug auf das Geschlechtsleben der Menschen ist eine begrenzte, aber merkliche Entspannung eingetreten; die soziale Verdrängung, und vielleicht auch die individuelle, ist nicht mehr ganz so handfest und hart. In bezug auf Sterben und Tod haben sich Verdrängung und Peinlichkeitsgefühle eher noch verstärkt. Offenbar ist der Widerstand gegen eine Enthüllung des Todes und ein entspannteres Verhältnis zum Sterben größer als der gegen die Enthüllung und Entspannung im Bereich der Geschlechterbeziehung.

Man könnte sich denken, daß Unterschiede im Ausmaß der erlebten Gefahr dabei eine Rolle spielen. Die Gefahr, die eine ungezähmte oder eine allzu stark gezähmte Geschlechtlichkeit für Menschen bedeutet, ist, so könnte man sagen, eine partielle Gefahr. Vergewaltiger oder Frustrierte mögen eine Bedrohung für andere wie für sich selbst darstellen – das Leben geht weiter. Verglichen mit dieser Art der Bedrohung ist die des Todes total. Der Tod ist das absolute Ende der Person. So entspricht vielleicht der größere Widerstand gegen die Entmystifizierung des Todes der Größe der erlebten Gefahr.

Aber wenn man über solche Fragen nachdenkt, kann man sich der Tatsache nicht mehr verschließen, daß es nicht eigentlich der Tod an sich ist, der Furcht und Schrecken erregt, sondern die vorwegnehmende Vorstellung vom Tode. Wenn ich hier und jetzt auf der Stelle schmerzlos tot wäre, so wäre das für mich selbst ganz und gar nichts Schreckliches. Ich wäre nicht mehr da, könnte also auch keinen Schrecken empfinden. Schrecken und Angst kann allein die Vorstellung des Todes im Bewußtsein der Lebenden erregen. Für die Toten gibt es weder Furcht noch Freude.

So existiert also doch eine grundlegende Gemeinsamkeit der beiden Aspekte des Lebens, von denen zuvor die Rede war. Sie kann leicht übersehen werden. Im Falle der Sexualität wie in dem des Todes handelt es sich um biologische Gegebenheiten, die im Erleben und Verhalten der Menschen jeweils gesellschaftsspezifisch, also entsprechend der betreffenden Stufe der Menschheitsentwicklung und, als deren Aspekt, der Zivilisation, verarbeitet und gestaltet werden. Jeder einzelne Mensch verarbeitet dann die gemeinsamen sozialen Muster in seiner eigenen Weise. Wenn man sich dessen bewußt wird, daß entscheidend für das Verhältnis der Menschen zum Tode nicht einfach der biologische Vorgang des Todes an sich ist, sondern die sich entwickelnde, jeweils stufenspezifische Vorstellung vom Tode und die mit ihr verbundene Haltung der Menschen zum Tode, dann tritt auch die soziologische Problematik des Todes schärfer zutage. Dann wird es besser möglich, zum mindesten einige der Eigentümlichkeiten zeitgenössischer Gesellschaften und der ihnen zugehörigen Persönlichkeitsstrukturen wahrzunehmen, die für die Besonderheit des Todesbildes und so auch für Art und Ausmaß der sozialen Verdrängung des Todes in den entwickelteren Nationalgesellschaften verantwortlich sind.

12

Da ist erstens die bereits erwähnte Länge des Einzellebens in diesen Gesellschaften. In einer Gesellschaft mit einer durchschnittlichen Lebenserwartung von fünfundsiebzig Jahren liegt der Tod für einen zwanzigjährigen, selbst für einen dreißigjährigen Menschen ganz erheblich ferner als in einer Gesellschaft mit einer durchschnittlichen Lebenserwartung von vierzig Jahren. Es ist leicht verständlich, daß im ersteren Falle ein Mensch den Gedanken an den eigenen Tod für den größeren Teil seines Lebens von sich zu weisen vermag.[13] Eine faktische Todesgefahr ist auch hier, wie für Lebende

13 Aber vielleicht gäbe es weniger Verkehrsunfälle in dieser Gesellschaft, wenn man ihn nicht ganz so weit von sich weisen würde.

überhaupt, immer vorhanden. Aber man kann sie vergessen. Der Tod liegt für einen beträchtlichen Sektor dieser Gesellschaften in verhältnismäßig großer Ferne. Im anderen Falle, in weniger entwickelten Gesellschaften mit einer niedrigeren Lebenserwartung, ist die Unsicherheit größer. Das Leben ist kürzer, die Todesgefahr wird den Menschen eindringlicher zum Bewußtsein gebracht, der Gedanke an den Tod ist allgegenwärtiger, und magische Gebräuche zur Bewältigung der allseitigeren Lebensangst, die mit größerer Unsicherheit Hand in Hand gehen, sind weit verbreitet.

Da ist zweitens die Vorstellung von dem Tode als der Endstation eines Naturablaufs, die durch die Fortschritte der medizinischen Wissenschaften und der praktischen sozialen Maßnahmen zur Hebung des hygienischen Niveaus an Bedeutung gewonnen hat. Der Begriff eines gesetzmäßigen Naturablaufs ist selbst charakteristisch für eine bestimmte Stufe der Wissens- und der Gesellschaftsentwicklung. Gegenwärtig ist dieser Naturbegriff in den entwickelteren Gesellschaften so selbstverständlich geworden, daß man sich kaum noch dessen bewußt ist, wie viel das Vertrauen in die unerschütterliche Regelmäßigkeit der Naturabläufe zu dem relativ großen Sicherheitsgefühl in bezug auf Naturvorgänge beiträgt, das für Menschen wissenschaftlicher Gesellschaften charakteristisch ist. Da ihnen dieser Grad von Sicherheit als selbstverständlich und vielleicht gar als Ausfluß der menschlichen Rationalität erscheint, verstehen sie gewöhnlich auch nicht die Größe der Ungewißheit von Menschen vorwissenschaftlicher Gesellschaften im Erleben dessen, was wir – aber nicht sie selbst – als Naturzusammenhänge erleben. Die Vorstellung vom Tode, die in den entwickelten Gesellschaften vorherrscht, ist aufs stärkste von diesem sicherheitsgebenden Wissen beeinflußt. Man weiß wohl, daß der Tod kommen wird; aber das Wissen, daß es sich um das Ende eines Naturablaufs handelt, trägt viel dazu bei, die Beunruhigung zu dämpfen. Der Gedanke an die Unerbittlichkeit der Naturabläufe wird durch den ihrer

Kontrollierbarkeit gemildert. Mehr als zuvor kann man heute hoffen, durch die Kunst der Ärzte, durch Diät und Medikamente den eigenen Tod hinauszuschieben. Noch nie zuvor in der Geschichte der Menschheit wurden mehr oder weniger wissenschaftliche Methoden der Lebensverlängerung so unablässig durch die ganze Breite der Gesellschaft hin erörtert wie in unseren Tagen. Der Traum vom Lebenselexier und vom Jungbrunnen ist gewiß recht alt. Aber erst in unseren Tagen nimmt er wissenschaftliche oder, je nachdem, auch pseudo-wissenschaftliche Gestalt an. Das Wissen, daß der Tod unabwendbar ist, wird durch das Bemühen, ihn mit ärztlicher und mit Versicherungshilfe mehr und mehr hinauszuschieben, und die Hoffnung, daß es gelingen könne, überlagert.

13

Eng verbunden mit dieser Struktureigentümlichkeit zeitgenössischer Gesellschaften ist eine dritte, die für gemeinsame Züge der Todesvorstellung und der Haltung zum Tode verantwortlich ist – das relativ hohe Maß der inneren Befriedung dieser Gesellschaften. Mit ihm hängt es zusammen, daß die Menschen, die diese Gesellschaften bilden, zumeist eine ganz bestimmte Form des Sterbens vor Augen haben. Wenn sie sich diesen Prozeß vorzustellen suchen, dann denken sie wohl in erster Linie an das friedliche Sterben im Bett durch Krankheit und Altersgebrechen. Dieses Bild vom Sterben, das den naturalen Charakter des Prozesses unterstreicht, erscheint als Normalfall, gewaltsamer Tod, besonders von der Hand eines anderen Menschen, als Ausnahme und als Verbrechen. Daß die physische Sicherheit, die Absicherung gegen Gewalttätigkeiten anderer Menschen, nicht in allen menschlichen Gesellschaften so groß ist wie in der eigenen, dessen ist man sich gewöhnlich nur unklar bewußt.

Es ist also nötig zu sagen, daß der relativ hohe Schutz

gegen Gewalttätigkeiten anderer Menschen, den ein Mensch in den entwickelten Staatsgesellschaften genießt, und die Behandlung von Gewalttätigkeiten als etwas Außergewöhnlichem, als Verbrechen, nicht der menschlichen Vernunft, nicht der Einsicht der beteiligten Menschen entspringen, sondern auf eine ganz spezifische Organisation der Gesellschaft zurückgehen – auf eine relativ effektive Monopolisierung der physischen Gewalt. Eine solche Monopolisierung aber kann nicht von heute auf morgen herbeigeführt werden; sie geht auf eine lange, größtenteils ungeplante Entwicklung zurück. In Gesellschaften dieser Art ist es dazu gekommen, daß die jeweiligen Regierungsträger nur ganz bestimmten, von ihnen kontrollierten Gruppen die Erlaubnis zur Gewaltausübung geben. In vielen Fällen sind nur sie, nur Polizei und Heer, berechtigt, tödliche Waffen zu tragen und bei bestimmten Gelegenheiten zu gebrauchen, ohne bestraft zu werden. Im großen und ganzen erreichten europäische Staatsorganisationen erst in den letzten zwei- oder dreihundert Jahren dasjenige Maß und Muster von Wirksamkeit als Monopolinstitute der körperlichen Gewalt, das die relativ hohe Zurückhaltung der Leidenschaften, die relativ hohe Gewaltlosigkeit der menschlichen Beziehungen möglich machte, die heute in den entwickelteren Gesellschaften beinahe als selbstverständlich erscheint, und dem dann auch die menschlichen Beziehungen der Produktion und Verteilung von Gütern den spezifischen Charakter ökonomischer Beziehungen verdankten. Denn wo direkter Zwang durch physische Gewalt die Erzeugung und Verteilung von Gütern bestimmt, also etwa Raubzüge, Kriege und Sklavenarbeit, da haben diese Produktions- und Verteilungsprozesse noch nicht eigentlich denjenigen Charakter, auf den wir durch den Begriff der Ökonomie hinweisen; sie haben noch nicht ihre spezifischen Maßzahlen und Gesetzlichkeiten, die zu dem Charakter der gewaltfreien »Wirtschaft« als einer Spezialsphäre der Gesellschaften gehören und die, dem bisherigen Verständnis nach, eine spezialisierte

Wissenschaft von der »Ökonomie« überhaupt erst möglich machen.

In Gesellschaften ohne solche hochspezialisierten Monopolinstitute der physischen Gewalt, also besonders in Kriegergesellschaften, gehören physische Angriffe von Menschen auf Menschen in weit höherem Maße zu den Normalfällen des gesellschaftlichen Lebens. Wenn nicht alle Menschen solcher Gesellschaften, so doch jedenfalls Angehörige ihrer Oberschicht, tragen als unentbehrliche Begleiter Waffen mit sich beim Umgang miteinander. Körperlich schwache oder behinderte Menschen, alte Männer, Frauen und Kinder bleiben in höherem Maße auf den engen Lebensraum von Haus oder Burg, Stammesdorf oder Stadtteil, wo ihresgleichen wohnen, beschränkt; sie können sich nur unter besonderem Schutz darüber hinauswagen.

Die Entwicklung der Persönlichkeitsstruktur nimmt in solchen Gesellschaften eine andere Richtung als in den hoch organisierten Industriestaaten. Die Bereitschaft zum Angriff oder zur Verteidigung im körperlichen Kampf, zum mindesten bei Männern, ist größer, die Erwartung des Todes in einer blutigen Auseinandersetzung mit anderen Menschen ist allgegenwärtiger, die Vorstellung von dem friedlichen Tode im Bett eher die Ausnahme. Auch hier sieht man, in welchem Maße Persönlichkeitsstrukturen samt den zugehörigen Vorstellungen, darunter dem Bild vom Tode, die man in der eigenen Gesellschaft als selbstverständlich und vielleicht gar als allgemein menschlich anzusehen geneigt ist, durch Eigentümlichkeiten der sozialen Struktur beeinflußt sind, die sich erst sehr allmählich im Laufe eines langen Gesellschaftsprozesses herausgebildet haben.

Allerdings ist auch in den intern relativ hoch pazifizierten Gesellschaften die Erwartung des Bett-Todes trügerischer, als es auf den ersten Blick erscheinen mag. Ganz abgesehen von der relativ hohen Unfall- und Totschlagrate, mehren sich in unserer Epoche die Gruppenkonflikte, die auf eine gewalttätige Auseinandersetzung zutreiben, also Konflikte, von denen die Beteiligten glauben, sie ließen sich nur mit Hilfe des Tötens von Gegnern und des entsprechenden Opfers von Menschen der eigenen Gruppe austragen, und die gewöhnlich bereits in den kollektiven Handlungsprogrammen offen oder verschleiert als gewalttätige Konflikte auf Tod und Leben angelegt sind.

Zu den Problemen unserer Tage, die vielleicht mehr Beachtung verdienen, gehört dementsprechend das der psychischen Transformation, die sich mit Menschen vollzieht, wenn sie aus einer Situation, in der das Töten von anderen Menschen streng verboten ist und aufs schwerste bestraft wird, in eine Situation geraten, in der das Töten von Menschen gesellschaftlich, sei es vom Staat, sei es von einer Partei oder von einer Gruppe, nicht nur erlaubt, sondern ganz ausdrücklich gefordert wird.

Wenn man von dem Zivilisationsprozeß spricht, in dessen Verlauf Sterben und Tod mit größerer Entschiedenheit hinter die Kulissen des gesellschaftlichen Lebens verlegt und von relativ hohen Peinlichkeitsgefühlen, von relativ strengen verbalen Tabus eingehegt werden, dann muß man einschränkend hinzufügen, daß die Erfahrungen der zwei großen europäischen Kriege, und vielleicht noch weit mehr die der Konzentrationslager, die Gebrechlichkeit der Gewissensbildung zeigen, die das Töten verbietet und dann darüber hinaus auch zur Aussonderung Sterbender und Toter aus dem normalen gesellschaftlichen Leben drängt. Die Selbstzwangapparaturen, die bei der Verdrängung des Todes in unseren Gesellschaften im Spiele sind, lösen sich offenbar verhältnismäßig schnell auf, wenn die staatliche Fremdzwangapparatur – oder, je nachdem, auch die von Sekten und Kampfgruppen – auf überzeugende kollektive Glaubensdoktrinen gestützt, das Steuer herumwirft und den Befehl zum Töten von Menschen gibt. In den Kriegen verlor sich die Sensibilität gegenüber dem Töten, den Sterbenden und Toten bei den meisten Menschen offenbar verhältnismäßig rasch. Wie das Personal der Konzentrationslager das tägliche Massentöten psychisch verarbeitete, ist eine offene Frage, die genauerer Untersuchung wert wäre. Sie ist oft verdeckt durch die Frage nach der Schuld an solchen Geschehnissen. Für die gesellschaftliche Praxis aber, also auch im Hinblick auf die Verhütung solcher Geschehnisse, ist gerade die erstere, gerade die Tatsachenfrage, von besonderer Bedeutung. Die stereotype Antwort auf sie: »Ich gehorchte Befehlen« zeigt, in welchem Ausmaße hier die individuelle Gewissensbildung noch von der staatlichen Fremdzwangapparatur abhängig blieb.

14

Die vierte Besonderheit entwickelterer Gesellschaften, die als Bedingung für die Eigentümlichkeit ihres Bildes vom Tode erwähnt zu werden verdient, ist der hohe Grad und das eigentümliche Muster der Individualisierung. Das Bild vom Tode im Bewußtsein eines Menschen ist aufs engste verbunden mit dem Bilde von sich selbst, vom Menschen, das in der Gesellschaft dieses Menschen vorherrscht. In den entwikkelteren Gesellschaften verstehen sich Menschen weithin als von Grund auf unabhängige Einzelwesen, als Monaden ohne Fenster, als vereinzelte »Subjekte«, denen die ganze Welt, also auch alle anderen Menschen, als »Außenwelt« gegenübersteht und deren »Innenwelt« wie durch eine unsichtbare Mauer von dieser »Außenwelt«, also auch von anderen Menschen, abgetrennt ist.

Diese Art, sich selbst zu erleben, das für eine bestimmte Zivilisationsstufe charakteristische Selbstbild des »homo clausus«, steht gewiß in engster Verbindung mit einer ebenso spezifischen Art, vorwegnehmend den eigenen Tod und, in der akuten Situation, das eigene Sterben zu erleben. Aber die Sterbeforschung steht – im Zusammenhang mit der sozialen Verdrängung – noch ganz in den Anfängen. Viel bleibt zu tun, um das Erlebnis von Sterbenden und dessen

Zusammenhang mit der Art ihres Lebens und ihrem Selbstbild besser zu verstehen. In verschleierter Form, etwa mit Hilfe von Begriffen wie »Geheimnis« oder »Nichts«, implizieren existenzphilosophische Betrachtungen zuweilen die Projektion eines quasi-solipsistischen Menschenbildes auf den Tod. Ähnliches gilt von dem »Theater des Absurden«. Auch dessen Vertreter gehen implicite – und manchmal ausdrücklich – von der Voraussetzung aus, daß das Leben eines Menschen, so wie sie es verstehen, also als Leben eines im Grunde vereinzelten, hermetisch von der Welt abgeschlossenen Wesens, ganz für sich allein einen Sinn und vielleicht sogar einen vorgegebenen Sinn haben müsse. Wenn sie diese Art von Sinn nicht zu finden vermögen, erscheint ihnen die menschliche Existenz als sinnlos, sie fühlen sich desillusioniert; und die so begründete Sinnleere des menschlichen Lebens wird dann zumeist in ihrer Vorstellung durch das Wissen besiegelt, daß jeder Mensch sterben muß.

Es ist wohl zu verstehen, daß ein Mensch, der als sinnloses, vereinzeltes Wesen zu leben meint, auch als solches stirbt. Aber diese Fassung des Sinnbegriffs ist nicht weniger irreführend als das Menschenbild, zu dem sie gehört. Auch die Kategorie »Sinn« erhält hier ihr Gepräge durch das Menschenbild des »homo clausus«. Die eigentümliche Tatsache, daß durch die Vermittlung der Sprache Gegebenheiten jeglicher Art, das eigene Leben mit eingeschlossen, für Menschen Sinn haben können, ist seit geraumer Zeit Gegenstand ausgiebiger philosophischer Reflexionen geworden. Aber von ganz wenigen Ausnahmen abgesehen, sucht man in diesen Überlegungen dadurch Zugang zu dem Problem des Sinnes zu gewinnen, daß man als »Subjekt« des Sinnes – in der traditionellen philosophischen Manier – ein vereinzeltes menschliches Individuum, eine isolierte Monade, ein versiegeltes »Ich« ansetzt und von daher vielleicht dann noch auf einer höheren Stufe der Allgemeinheit *den* vereinzelten Menschen, das universale Ich oder, je nachdem, auch das »Bewußtsein überhaupt«. Ausdrücklich oder nicht erwartet man dann auch, daß jeder Mensch ganz für sich, eben als isolierte Monade, einen Sinn haben müsse, und beklagt die Sinnlosigkeit des menschlichen Daseins, wenn man diese Art von Sinn nicht findet.

Aber die Kategorie »Sinn« läßt sich nicht verstehen, wenn man sie auf einen einzelnen Menschen oder eine von ihm abgezogene Universalie bezieht. Konstitutiv für das, was wir Sinn nennen, ist eine Vielheit von Menschen, die in dieser oder jener Weise voneinander abhängig sind und miteinander kommunizieren. »Sinn« ist eine soziale Kategorie; das zugehörige Subjekt ist eine Pluralität miteinander verbundener Menschen. In deren Verkehr miteinander erhalten Zeichen, die sie einander geben – und die in jeder Gruppe von Menschen verschieden sein können –, einen Sinn, und zwar zunächst einmal einen gemeinsamen Sinn. Jeder einzelne Mensch mag ihn – in Maßen – individuell abwandeln; aber wenn er in dieser Abwandlung zu weit geht, verliert sich – in Gegenwart oder Zukunft – die Kommunizierbarkeit seiner Zeichen und damit ihr Sinn.

Auch der Versuch, in dem Leben eines einzelnen Menschen einen Sinn zu finden, der unabhängig von dem ist, was dieses Leben für andere Menschen bedeutet, ist vergeblich. In der Praxis des gesellschaftlichen Lebens ist der Zusammenhang zwischen dem Empfinden eines Menschen, daß sein Leben einen Sinn hat, und seiner Vorstellung von der Bedeutung seiner selbst für andere Menschen – und anderer Menschen für ihn selbst – recht klar. Auf dieser Ebene versteht man gewöhnlich auch ohne weiteres, daß Ausdrücke wie »sinnvolles Leben«, wie »sinnerfüllt«, »sinnlos«, »sinnleer« in bezug auf ein menschliches Leben aufs engste mit der Bedeutung dessen zusammenhängen, was ein Mensch für andere Menschen ist und tut. Aber in der Selbstreflexion verdunstet dieses Verständnis leicht. Da gewinnt in entwickelteren Gesellschaften das weitverbreitete Empfinden ihrer hoch individualisierten Mitglieder, daß jeder von ihnen ganz für sich und absolut unabhängig von anderen Menschen, von der »Außenwelt« überhaupt, existiere, gewöhnlich die Oberhand, und im Verein damit auch die Vorstellung, daß ein Mensch – man selbst – ganz für sich allein einen Sinn haben müsse. Die traditionelle Art des Philosophierens, die sich auf dieser Art des Selbsterlebens aufbaut und zugleich eine ihrer repräsentativsten Manifestationen ist, blockiert allzu oft die Einbeziehung dessen, was auf der Praxisebene unmittelbar einsichtig ist, die Zugehörigkeit eines Menschen zu Menschen und »Objekten«, in die Reflexion der höheren Ebenen.

Jeder Mensch lebt von »äußeren« Pflanzen und Tieren. Er atmet die »äußere« Luft, hat Augen für »äußere« Lichter und Farben. Er ist von »äußeren« Eltern geboren und liebt oder haßt, befreundet oder befeindet »äußere« Menschen. Auf der Ebene der sozialen Praxis weiß er das alles. Aber in der distanzierenden Reflexion werden diese Erfahrungen oft verdrängt. Da erleben sich Menschen der differenzierteren Gesellschaften oft als Wesen, deren »Inneres« von dieser »äußeren« Welt völlig abgetrennt ist. Die klassische Philosophie hat diese Art der sozialen und individuellen Verdrängung dessen, was in der Praxis jedermann weiß, gleichsam legitimiert.

In dem derart entstellten Selbstbild eines Menschen als eines ganz für sich allein existierenden Wesens spiegeln sich höchst reale Vereinsamungstendenzen, die für die spezifische Persönlichkeitsstruktur, insbesondere für die Art der Individualisierung, von Menschen entwickelterer Gesellschaften auf der bisher erreichten Stufe recht charakteristisch sind. Die Selbstkontrollen werden in diesen Gesellschaften häufig derart in die heranwachsenden Menschen eingebaut, daß sie von den Betreffenden wie eine tatsächlich existierende Mauer erlebt werden, die ihre auf andere Menschen und Dinge gerichteten Triebe und Affekte einsperrt und sie so von ihnen abschneidet.

Zuvor ist das Problem der Vereinsamung der Sterbenden vor allem im Zusammenhang mit der Haltung der Überlebenden betrachtet worden. Aber diese Betrachtung bedarf der Ergänzung. Vereinsamungstendenzen sind in solchen Gesellschaften begreiflicherweise oft auch in der Persönlichkeitsstruktur der Sterbenden selbst angelegt. Sicherlich sind sie in allen Fällen sowohl schichtspezifisch wie geschlechtsspezifisch und generationsspezifisch differenziert. Man könnte sich denken, daß sie in Akademikerkreisen besonders stark ausgeprägt sind, in bürgerlichen Kreisen allgemein stärker als in Arbeiterkreisen, stärker vielleicht bei Männern als bei Frauen. Aber das ist grobes Ratewerk, lediglich dazu bestimmt, auf kaum bearbeitete Probleme hinzuweisen, die sich hier eröffnen, und zu sagen, daß sie nicht vergessen sind.

Immerhin gibt es wohl in diesen intensiv pazifizierten Gesellschaften, in denen das Zusammenleben eine allseitige und gleichmäßig hohe Kontrolle aller vulkanischen Triebimpulse, eine stete Dämpfung wilder Gefühlsregungen von allen Menschen, die zu ihnen gehören, verlangt, über solche schichten- und gruppenspezifischen Unterschiede hinweg auch bestimmte Gemeinsamkeiten der Persönlichkeitsstruktur. Allerdings treten sie deutlich erst zutage beim Vergleich mit Gesellschaften einer anderen Zivilisationsstufe. Zu ihnen gehören die relativ sehr hohe Individualisierung der Einzelperson, die verhältnismäßig hohe allseitige und gleichmäßige Zurückhaltung aller starken Trieb- und Gefühlsimpulse und die Vereinsamungstendenzen, die mit diesen Strukturen bei deren bisherigen Mustern Hand in Hand gehen.

Auch bei Sterbenden kann man diese Tendenz spüren. Sie mögen sich ihr resigniert ergeben oder gerade im Sterben noch einmal danach trachten, die Mauer zu durchbrechen. Wie es auch ist, sie bedürfen mehr als je des Empfindens, daß sie ihre Bedeutung für andere Menschen noch nicht verloren haben – in Maßen: zuviel Sympathiebezeugung mag ebenso unerträglich für sie sein wie zu wenig. Es wäre unrichtig, von der spezifischen zivilisatorischen Scheu und

Zurückhaltung der Überlebenden gegenüber den Sterbenden in Gesellschaften unserer Art zu sprechen, ohne zugleich auch an die mögliche Scheu und Zurückhaltung der Sterbenden gegenüber den Überlebenden zu erinnern.

15

Die Besonderheit der Art des Sterbens und auch der Vorstellung vom Tode in entwickelteren Gesellschaften läßt sich nicht recht verstehen, wenn man nicht dem gewaltigen Individualisierungsschub Rechnung trägt, der in der Renaissance einsetzt und der mit vielen Schwankungen bis heute andauert. In den frühen Phasen findet er einen Ausdruck in der Kontrastvorstellung von dem geselligen Leben und dem einsamen Tode – etwa in den Worten von Opitz:

»Laß' ich schon nicht viel zu erben /
Ey so hab ich edlen Wein;
Wil mit andern lustig seyn /
Wann ich gleich allein muß sterben.«[14]

Dieses »allein«, die Vorstellung, daß man wohl mit anderen lustig sein könne, aber allein sterben müsse, mag heute so selbstverständlich erscheinen, daß man vielleicht geneigt ist, darin eine Vorstellung von Menschen aller Zeiten und Räume zu sehen. Aber auch sie findet sich durchaus nicht auf allen Stufen der Menschheitsentwicklung. Sie ist weit weniger universal als etwa das Bemühen der Menschen, eine Erklärung dafür zu finden, daß sie sterben müssen. Dieses Warum spielt bereits in der frühsten Fassung der sumerischen Gilgameschepen, die wir besitzen, etwa vom Anfang des 2. Jahrtausends v. u. Z., eine zentrale Rolle. Dagegen ist

14 Martin Optiz, »Oden oder Gesänge XVIII«, in: *Weltliche Poemata. Zum Viertenmal vermehret und übersehen.* Frankfurt am Mayn: Thomas Matthias Götzen 1644, S. 351.

die Vorstellung, *allein* sterben zu müssen, charakteristisch für eine vergleichsweise recht späte Stufe der Individualisierung und des Selbstbewußtseins.

Dieses »allein« weist auf einen ganzen Komplex miteinander verbundener Bedeutungen hin. Es kann auf die Erwartung hinweisen, daß man den Sterbeprozeß mit niemandem teilen könne. Es kann dem Gefühl Ausdruck geben, daß mit dem eigenen Tod die kleine Welt der eigenen Person mit ihren einzigartigen Erinnerungen, mit ihren einem selbst allein bekannten Gefühlen und Erfahrungen, mit ihrem eigenen Wissen und ihren eigenen Träumen für immer verschwinden werde. Es kann sich auf das Empfinden beziehen, daß man im Sterben von allen Menschen, mit denen man sich verbunden fühlt, allein gelassen werde. Was immer die Akzente sein mögen, dieses Erlebnismotiv des Allein-Sterbens tritt in der Neuzeit häufiger zutage als je zuvor. Es gehört zu den wiederkehrenden Erlebensformen von Menschen einer Periode, in der das Bild eines Menschen von sich selbst als einer ganz auf sich gestellten Person, die von anderen Menschen nicht nur sehr verschieden, sondern auch getrennt ist, die völlig unabhängig von ihnen existiert, zunehmend an Schärfe und Ausprägung gewinnt. Der besondere Akzent, den in der neueren Zeit die Vorstellung erhält, daß man im Sterben allein ist, entspricht dem stärkeren Akzent, den in dieser Periode das Empfinden gewinnt, daß man im Leben allein sei. Auch in dieser Hinsicht ist das Bild von dem eigenen Tode aufs engste verbunden mit dem Bild von sich selbst, von dem eigenen Leben, und zugleich auch von der Art dieses Lebens.

Leo Tolstoi hat in einer kleinen, nicht ganz durchsichtigen Erzählung »Herr und Arbeitsmann« das Sterben des aus dem Bauerntum aufgestiegenen Kaufmanns dem seines bäuerlichen Knechts gegenübergestellt. Der Kaufmann hat es zu etwas gebracht – durch seine Energie, seine ständige Aktivität, immer auf der Suche nach einem günstigen Geschäft, immer im Kampf mit Konkurrenten, die es ihm wegschnappen wollen. Nikita, sein Knecht, den er versorgt, aber den er auch ein wenig um seinen Lohn betrügt, gehorcht seinen Befehlen. Er nimmt Gutes und Schlechtes hin, wie es kommt, denn es bleibt ihm nichts anderes übrig. Es gibt für ihn keinen Ausweg aus diesem Leben, keine Flucht – außer der Flucht in den Schnaps. Manchmal betrinkt er sich sinnlos. Dann wird er wild und gefährlich. Nüchtern ist er geduldig, fügsam, freundlich und seinem Herrn zugetan. Beide fahren zusammen mit dem kräftigen Pferd vor dem Schlitten ins Schneegestöber hinaus. Ein Geschäftsabschluß, der Kauf eines Waldes, den er nicht den Konkurrenten überlassen möchte, wartet auf den Kaufmann an einem nicht sehr weit entfernten Ort. Das Schneegestöber verschlimmert sich während der Reise. Sie verirren sich, bleiben schließlich während der Nacht in einer Schlucht stecken und schneien langsam ein. Sie errichten noch, wie es Sitte ist, auf einer Stange eine Art von Fahne, damit man sie am Tage ausgraben kann. Der Kaufmann bleibt beinahe bis zum Ende recht aktiv, so gut er es eben kann. Er träumt von allem, was er erreicht hat, und von allem, was er noch zu tun hat, rafft sich wieder auf, als er merkt, daß sein Knecht am Erfrieren ist, legt sich über ihn mit seinem dicken Pelz, um ihn warm zu halten, schläft dabei langsam ein und erfriert. Nikita, sein bäuerlicher Hausknecht, ergibt sich dem Tode geduldig und ohne Widerstand:

> »Der Gedanke an den Tod, der ihn wahrscheinlich noch in dieser Nacht ereilen würde, stieg in ihm auf, aber er hatte gar nichts Peinliches oder Furchtbares für ihn. Das lag daran, daß er sein Lebtag wenig frohe Feste, dafür aber viele saure Wochen gehabt hatte, und er war der ununterbrochenen Arbeit müde.«

Tolstoi beschreibt die gewohnheitsmäßige Unterwürfigkeit des Arbeitsmannes unter seinen irdischen Herrn, die nur von der des getreuen Pferdes übertroffen wird, und so auch unter den Herrn im Himmel. Er bemüht sich also ganz ausdrücklich, den Zusammenhang zwischen der Art des Lebens und der Art des Sterbens deutlich zu machen.[15] Für den Herrn, den aufstrebenden Kaufmann, hat das Leben, also auch das Weiterleben, einen hohen Sinn und Wert. Er bleibt aktiv, sucht auch seinen Knecht und Helfer am Leben zu erhalten, bis die Kälte ihn übermannt. Der Knecht, dem das Leben viel Arbeit, Mühsal und Bedrückung, aber kaum eine eigene Aufgabe, ein eigenes Ziel gibt, träumt sich geduldig in den Tod hinein, dem er dann – nach dem Willen Tolstois – durch den Körper und den warmen Pelz seines Dienstherren geschützt, doch noch entgeht.

Die Art des Sterbens hängt in der Tat nicht zuletzt auch davon ab, ob und wieweit ein Mensch die Möglichkeit hat, sich für sein Leben Ziele zu setzen und sie zu erreichen, sich Aufgaben zu stellen und sie zu erfüllen. Sie hängt davon ab, ob und wieweit der Sterbende das Empfinden hat, sein Leben sei ein erfülltes, ein sinnvolles, oder, je nachdem, auch unerfüllt und sinnleer gewesen. Die Gründe dieses Empfindens sind durchaus nicht immer klar – auch das ist ein Problembereich, der noch weit offen ist. Aber was immer die Gründe, man kann vielleicht annehmen, daß das Sterben für jemanden leichter wird, der empfindet, er habe das Seine getan, und schwerer ist für jemanden, der fühlt, er habe sein Leben versäumt, besonders schwer wohl für jemanden, der, was immer die Erfülltheit seines Lebens gewesen, fühlt, die Art seines Sterbens selbst sei sinnlos.

Der sinnvolle Tod – das sinnlose Sterben – auch diese Begriffe öffnen die Tür zu Problemen, über die, so könnte man denken, zu wenig öffentlich nachgedacht wird. Zum Teil ist das offenbar deswegen der Fall, weil sie einem andern Pro-

15 Auch als Ergänzung zu dem, was Ariès über die in der russischen Literatur aufgezeigte Gelassenheit und Ruhe des sterbenden russischen Bauern gesagt hat, mag der Hinweis auf dieses Zitat von Nutzen sein. Es zeigt den bei Ariès etwas vernachlässigten Zusammenhang zwischen der Art des Lebens und der Art des Sterbens recht deutlich.

blem zum Verwechseln ähnlich sehen, das dem Wortlaut nach fast identisch, der Bedeutung nach durchaus verschieden ist. Wenn man von jemandem sagen will, er beschäftige sich mit etwas ganz Nutzlosem, dann mag man wohl berichten, er denke über den Sinn des Lebens nach. Die Nutzlosigkeit beruht dabei darauf, daß es sich um die Suche nach einem metaphysischen Sinn des menschlichen Lebens handelt, der dem einzelnen Menschen, sei es von außermenschlichen Gewalten, sei es von der Natur, gewissermaßen vorgegeben ist. Über einen solchen metaphysischen Sinn aber kann man in der Tat bestenfalls nur philosophisch spekulieren; man kann seinen Wünschen und Phantasien bei der Suche nach dieser Art von Sinn freien Lauf geben – die Antworten können nicht mehr als willkürliche Erfindungen sein. Was sie besagen, läßt sich weder erhärten noch widerlegen. Aber der Sinn, von dem hier gesprochen wurde, ist anderer Art. Menschen erleben Ereignisse, die sie betreffen, als sinnvoll oder sinnlos, als sinnerfüllend oder sinnentleerend. Von diesem erlebten Sinn ist hier die Rede. Wenn ein dreißigjähriger Mann, der Vater von zwei kleinen Kindern und Mann einer Frau, die er und die ihn liebt, von einem Geisterfahrer auf der Autobahn in einen Unfall verwickelt wird und stirbt, dann sagt man, es ist ein sinnloser Tod. Nicht weil der Sterbende einen vorgegebenen außermenschlichen Sinn unerfüllt ließ, sondern weil ein Lebenslauf, der keinerlei Beziehungen zu dem der betroffenen Familie hatte, der Lebenslauf des Geisterfahrers, gleichsam von außen und zufällig den Lebenslauf, die Ziele und Pläne, die glücklich verankerten Empfindungen und Gefühle eines Menschen und somit etwas, was für diese Familie eminent sinnvoll war, mit einem Schlag über den Haufen wirft und zerstört. Nicht nur Lebenserwartungen, Hoffnungen und Freuden des Toten sind zerstört, sondern auch die der Überlebenden, die seiner Kinder und die seiner Frau. Für die Menschen, die diese Familie bildeten, hatte diese Gruppierung eine mit hohen positiven Werten besetzte Funktion. Wenn etwas eine solche Funktion für den Lebenslauf eines Menschen besitzt und ein Ereignis fördert oder stärkt es, dann sagt man, es ist sinnvoll für ihn. Umgekehrt, wenn etwas, das für einen Menschen oder eine Gruppe von Menschen eine solche Funktion besitzt, ausfällt, nicht realisierbar ist oder zerstört wird, dann sprechen wir von Sinnentleerung.

Das Wenige, was zur Natur des Sinnes, also auch zum »Sinn eines Lebens«, hier gesagt werden kann, mag nicht ganz ohne Wert für das Verständnis eines besonderen Problems von Sterbenden sein. Die Sinnerfüllung des Einzelnen, so sah man, hängt aufs engste mit der Bedeutung zusammen, die ein Mensch im Laufe seines Lebens, sei es durch seine Person, sei es durch sein Verhalten und seine Arbeit, für andere Menschen erlangt hat. Heute sucht man Sterbenden vor allem dadurch Hilfe zu geben, daß man ihre Schmerzen lindert und, so gut es geht, für ihr körperliches Wohlbefinden sorgt. Durch dieses Bemühen zeigt man ihnen bereits, daß man nicht aufgehört hat, ihnen als Menschen Beachtung zu schenken. Aber in vielbeschäftigten Krankenhäusern geschieht das begreiflicherweise oft etwas mechanisch und unpersönlich. Auch Familien sind heute oft um die rechten Worte verlegen, die man in dieser relativ unfamiliären Situation gebrauchen kann, um den Sterbenden Hilfe zu geben. Es ist nicht immer ganz leicht, Menschen auf dem Wege zum Tode zu zeigen, daß sie ihre Bedeutung für andere Menschen nicht verloren haben.

Wenn das geschieht, wenn ein Mensch im Sterben fühlen muß, daß er – obwohl noch am Leben – kaum noch Bedeutung für die umgebenden Menschen besitzt, dann ist er wirklich einsam. Gerade für diese Form der Einsamkeit aber gibt es viele Beispiele in unseren Tagen, einige alltäglich, andere außergewöhnlich und extrem. Der Begriff der Einsamkeit hat ein ziemlich weites Spektrum. Er kann sich auf Menschen beziehen, deren auf Andere gerichtetes Liebesverlangen frühzeitig so verletzt und gestört worden ist, daß sie es später kaum noch auf andere auszurichten vermögen, ohne die Schläge zu spüren, die sie früher empfangen haben, ohne die Schmerzen zu fühlen, die ihnen ehemals dieses Verlangen eingebracht hat. Unwillkürlich ziehen die so getroffenen Menschen ihre Gefühle von anderen Menschen ab. Das ist eine Form der Vereinsamung. Eine andere, im engeren Sinne soziale Form der Vereinsamung stellt sich dann ein, wenn ein Mensch an einem Ort lebt oder eine Position hat, die es ihm nicht ermöglicht, Menschen von der Art zu begegnen, von der er fühlt, daß er ihrer bedarf. In diesem und in vielen verwandten Fällen bezieht sich der Begriff der Einsamkeit auf einen Menschen, der aus diesem oder jenem Grunde allein gelassen wird. Er mag unter Menschen leben, doch sie haben keine affektive Bedeutung für ihn.

Aber das ist nicht alles. Der Begriff der Einsamkeit bezieht sich auch auf einen Menschen inmitten vieler anderer, für die er selbst ohne jede Bedeutung ist, für die es gleichgültig ist, ob er existiert oder nicht existiert, die die letztliche Gefühlsbrücke zwischen sich selbst und ihm abgebrochen haben. Die Stadtstreicher, die Methylalkoholtrinker, die in einem Türeingang sitzen, während die geschäftigen Fußgänger an ihnen vorbeigehen, gehören in diese Gruppe. Die Gefängnisse und Folterkammern der Diktatoren sind Beispiele für diese Art der Einsamkeit. Der Weg zu den Gaskammern ist ein anderes. Kinder und Frauen, junge und alte Männer wurden hier nackt dem Tode entgegengetrieben von Menschen, die jedes Empfinden der Identität, jedes Mitempfinden abgebrochen hatten. Da überdies die hilflos in den Tod Getriebenen auch zumeist noch selbst durch Zufall zusammengewürfelt und einander unbekannt waren, war jeder von ihnen, mitten unter Menschen, in höchstem Maße einsam und allein.

Das extreme Beispiel mag daran erinnern, wie fundamental die Bedeutung der Menschen für Menschen ist. Es weist zugleich darauf hin, was es für Sterbende bedeutet, wenn sie – noch lebend – fühlen müssen, daß sie von den Lebenden bereits aus ihrer Gemeinschaft ausgeschlossen sind.

16

Der Tod ist nichts Schreckliches. Man fällt ins Träumen, und die Welt verschwindet – wenn es gutgeht. Schrecklich können die Schmerzen der Sterbenden sein und der Verlust der Lebenden, wenn ein geliebter oder befreundeter Mensch stirbt. Schrecklich sind oft die kollektiven und individuellen Phantasien, die den Tod umgeben. Sie zu entgiften, ihnen die einfache Realität des endlichen Lebens gegenüberzustellen, ist eine Aufgabe, die noch vor uns liegt. Schrecklich ist es, wenn Menschen jung sterben müssen, ehe sie ihrem Leben einen Sinn geben und von den Freuden des Lebens kosten konnten. Schrecklich ist es auch, wenn Männer, Frauen und Kinder hungernd durch ein leeres Land ziehen, wo der Tod keine Eile hat. Es gibt in der Tat viele Schrecken, die das Sterben umgeben. Was Menschen tun können, um Menschen ein leichtes und friedliches Sterben zu ermöglichen, bleibt noch herauszufinden. Die Freundschaft der Überlebenden, das Gefühl der Sterbenden, daß sie ihnen nicht peinlich sind, gehört sicher dazu. Auch die soziale Verdrängung, der Schleier des Unbehagens, der in unsern Tagen häufig die ganze Lebenssphäre des Sterbens umgibt, ist wenig hilfreich für Menschen. Vielleicht sollte man doch offener und klarer über den Tod sprechen, sei es auch dadurch, daß man aufhört, ihn als Geheimnis hinzustellen. Der Tod verbirgt kein Geheimnis. Er öffnet keine Tür. Er ist das Ende eines Menschen. Was von ihm überlebt, ist das, was er anderen Menschen gegeben hat, was in ihrer Erinnerung bleibt. Das Ethos des »homo clausus«, des sich allein fühlenden Menschen, wird schnell hinfällig, wenn man das Sterben nicht mehr verdrängt, wenn man es als einen integralen Bestandteil des Lebens in das Bild von den Menschen mit einbezieht. Wenn die Menschheit untergeht, wird alles, was je ein Mensch getan, alles, wofür Menschen je miteinander gekämpft haben, werden auch alle weltlichen oder übermenschlichen Glaubenssysteme sinnlos.

Altern und Sterben: Einige soziologische Probleme

I

Ein Erlebnis aus meinen jüngeren Jahren hat, jetzt wo ich älter bin, für mich eine gewisse Bedeutung gewonnen. Ich besuchte in Cambridge die Vorlesung eines weit bekannten Physikers. Er kam herein, schlurfend, die Füße nachziehend, ein sehr alter Mann. Ich ertappte mich dabei, daß mir der Gedanke durch den Kopf schoß: Warum schlurft er denn? Warum geht er nicht wie ein vernünftiger Mensch? Ich wies mich sogleich zurecht. Er kann nichts dafür, sagte ich mir. Er ist ja schon recht alt.

Meine spontane jugendliche Reaktion auf den Anblick eines alten Menschen ist recht charakteristisch für die Art der spontanen Gefühle, die gegenwärtig und vielleicht erst recht in früheren Zeiten der Anblick alter Menschen in gesunden Menschen der normalen Altersklassen heraufbeschwört. Man weiß, daß alte Menschen, auch wenn sie ganz gesund sind, oft Schwierigkeiten haben, sich so zu bewegen, wie sich, außer den Kleinkindern, alle anderen Altersklassen normalerweise bewegen. Man weiß es. Aber es ist ein fernes Wissen. Man kann es nicht recht nachvollziehen, daß die eigenen Beine oder auch der eigene Rumpf dem Kommando des eigenen Willens nicht mehr so gehorchen, wie es normal ist. Ich gebrauche in diesem Zusammenhang mit Absicht den Ausdruck normal. Daß Menschen im Alter anders werden, wird oft unwillkürlich als Abweichung von der gesellschaftlichen Norm verstanden. Die anderen, die normalen Altersgruppen, haben oft Schwierigkeiten, sich in das Erleben des Altwerdens bei anderen Menschen einzufühlen – begreiflicherweise; denn die meisten jüngeren Menschen haben in ihrem eigenen Erleben keinerlei Anhaltspunkte dafür, wie sich das anfühlt, wenn sich allmählich die Muskelgewebe verhärten und vielleicht auch verfetten, wenn das Bindegewebe sich vermehrt und die Zellerneuerung nachläßt. Die physiologischen Vorgänge sind wissenschaftlich bekannt genug und zum Teil auch recht wohl verstanden. Darüber gibt es eine große Literatur. Weit weniger verstanden und weit seltener berührt in der Literatur ist das Erleben des Alterns durch die Alternden selbst. Das ist ein vergleichsweise wenig behandeltes Thema. Gewiß ist es für die Behandlung der Alten durch die nicht oder noch nicht Alten – und gewiß nicht allein für die ärztliche Behandlung – nicht ohne Bedeutung, die Erlebensseite des Alternsprozesses und dann auch des Sterbensprozesses genauer zu verstehen. Aber, wie gesagt, hier bestehen offenbar ganz besondere Schwierigkeiten für das Bemühen um Einfühlung. Man kann sich nicht recht vorstellen, daß der eigene Körper, der so frisch und oft voller Wohlgefühle ist, träge und müde und schwerfällig werden könne. Man kann sich das nicht recht vorstellen und im Grunde will man es sich auch nicht vorstellen. Anders ausgedrückt, die Identifizierung mit den Alternden und Sterbenden bereitet anderen Altersgruppen verständlicherweise besondere Schwierigkeiten. Ob bewußt, ob mehr unbewußt wehrt man den Gedanken an das eigene Altwerden, an das eigene Sterben so gut es geht von sich ab.

Diese Abwehr, dieser Verdrängungsprozeß, ist aus Gründen, von denen ich noch sprechen werde, in den entwickelteren Industriegesellschaften wahrscheinlich ausgeprägter als in weniger entwickelten Gesellschaften. Jetzt, wo ich selbst alt bin, weiß ich gleichsam von der anderen Seite her, wie schwierig es für junge Menschen oder Menschen mittleren Alters ist, die Situation und das Erleben alter Menschen zu verstehen. Viele meiner Bekannten bedenken mich mit so freundlichen Bemerkungen wie: »Erstaunlich! Wie schaffen Sie es nur, so gesund zu bleiben? Und das in Ihrem Alter!« oder: »Sie gehen *immer noch* schwimmen? Wie wunderbar!« Man fühlt sich wie ein Seiltänzer, der mit dem Risiko seines Lebenswandels recht vertraut ist und ziemlich sicher ist, daß er die Leiter am anderen Ende des Seils erreichen und ruhig in seinem eigenen Tempo wieder auf den Boden gelangen wird. Die Menschen aber, die ihm unten zusehen, wissen, daß er jederzeit von dort oben herunterfallen könnte, und beobachten ihn gespannt und ein wenig ängstlich.

Ich erinnere mich eines anderen Erlebnisses, das als Beispiel für diese Nicht-Identifizierung der jüngeren mit den älteren Menschen dienen kann. Ich war als Gastprofessor an einer deutschen Universität und wurde dort von einem Kollegen im besten Mannesalter zum Abendbrot eingeladen. Vor dem Abendbrot gab es noch einen Aperitif und er wies mir eines dieser sehr niedrigen, mit Leinwand bespannten modernen Objekte als Sitzgelegenheit zu. Seine Frau rief zum Abendbrot. Ich stand auf; und er sah mich etwas erstaunt und vielleicht auch etwas enttäuscht an: »Na, Sie haben sich ja noch ganz gut gehalten«, sagte er. »Neulich hatten wir den alten Plessner hier zum Abendbrot eingeladen. Der saß auch in diesem niedrigen Stuhl, aber er konnte gar nicht wieder daraus heraus, so sehr er sich auch mühte. Sie hätten ihn sehen sollen. Wir mußten ihm schließlich helfen.« Und dann lachte und lachte er: »Hahahahaha! Er konnte nicht wieder heraus.« Mein Gastgeber schüttelte sich vor Lachen. Offensichtlich bereitete auch in diesem Falle die Identifizierung der Nicht-Alten mit den Alten Schwierigkeiten.

Das Gefühl: »Ich kann ja vielleicht selber einmal alt werden« kann, wie diese kleine Episode zeigt, völlig fehlen. Es bleibt nur der spontane Genuß der eigenen Überlegenheit und auch der eigenen Macht der Jüngeren im Verhältnis zu den Alten. Die Grausamkeit, die in der Verhöhnung der hilflosen Alten, in dem Abscheu vor alten häßlichen Frauen und Männern Ausdruck finden kann, war wahrscheinlich in früheren Zeiten ganz erheblich größer als in unseren Tagen. Aber sie ist gewiß nicht verschwunden. Sie hängt aufs engste mit einer sehr charakteristischen Veränderung der zwischenmenschlichen Beziehungen zusammen, die sich vollzieht, wenn Menschen altern oder im Sterben liegen: Wenn Menschen altern, werden sie im Verhältnis zu den jeweils jüngeren potentiell oder aktuell machtloser. Sie werden von anderen Menschen zusehends abhängiger. Die Art, wie Menschen beim Altwerden den zunehmenden Verlust ihrer Unabhängigkeit, der immer auch ein Machtverlust ist, jeweils verarbeiten, das ist von einer Person zur anderen höchst verschieden. Das hängt in hohem Maße von dem Gesamtverlauf ihres Lebens und dementsprechend von ihrer Persönlichkeitsstruktur ab. Aber vielleicht ist es nützlich, sich daran zu erinnern, daß manches, was alte Menschen tun, insbesondere auch manches Seltsame, mit ihrer Angst über den Verlust an Macht und Unabhängigkeit, insbesondere vor dem Verlust ihrer Verfügungsgewalt über sich selbst zusammenhängt.

Eine der Anpassungsformen an diese Lage ist die Regression auf infantile Verhaltensweisen. Ich mache nicht den Versuch zu entscheiden, ob es sich bei diesem Wiederauftreten kleinkindlicher Verhaltensweisen bei alten Menschen einfach um Symptome einer physischen Degeneration handelt oder ob man es hier mit einer unbewußten Flucht alter Menschen in frühkindliche Verhaltensweisen zu tun hat: jedenfalls stellt sie zugleich eine Anpassung an eine Lage völliger Abhängigkeit dar, die ihre eigenen Nöte, aber auch ihren eigenen Lustgewinn hat. Tatsache ist, daß es heute in vielen Altersheimen Menschen gibt, die wie ganz kleine Kinder gefüttert, aufs Töpfchen gebracht und gereinigt werden müssen. Auch ihren Machtkampf führen sie in der Weise ganz kleiner Kinder. Die Nachtschwester, die sie etwas unzärtlich behandelt, klingeln sie dann vielleicht in der Nacht jede Stunde heraus. Dies ist nur eines der vielen Beispiele dafür, daß man die Erlebnislage alternder Menschen dem eigenen Verständnis nicht näherzubringen vermag, *ohne sich klarzumachen, daß der Prozeß des Alterns eine oft recht tiefgreifende Veränderung der Stellung eines Menschen in der Gesellschaft, also der gesamten Beziehungen eines Menschen zu anderen Menschen mit sich bringt.* Die Machtmittel und der Status der Menschen verändern sich, sei es langsam, sei es schnell, sei es früher oder später, wenn sie 60, 70, 80 oder 90 Jahre alt werden.

2

Das gleiche gilt von der affektiven Seite der Beziehungen alternder und ganz besonders auch sterbender Menschen zu anderen Menschen. Ich beschränke mich in diesem Zusammenhang entsprechend meinem Thema und der Kürze der Zeit, die mir hier zur Verfügung steht, auf einen Aspekt dieser Veränderung, auf die in unserer Gesellschaft häufig eintretende Vereinsamung der Alternden und Sterbenden. Wie ich schon eingangs erwähnte, geht es mir nicht um die Diagnose physischer Symptome des Alterns und des Sterbens, also der Symptome, die man oft, nicht ganz angemessen, als objektive Symptome bezeichnet, sondern um die Diagnose dessen, was und wie Menschen selbst, die altern oder im Sterben sind, das, was mit ihnen vorgeht – »subjektiv«, wie wir sagen – erleben. Ich stelle gewissermaßen ergänzend zu der traditionellen medizinischen die soziologische Diagnose und konzentriere mich dabei auf die Gefahr der Vereinsamung, der die Alternden und Sterbenden ausgesetzt sind.

Es gibt in dieser Hinsicht einen ganz merklichen Unterschied zwischen der Stellung der alternden und der sterbenden Menschen in gegenwärtigen Industriestaaten und in vorindustriellen, also etwa auch mittelalterlichen oder frühindustriellen Gesellschaften. In den vorindustriellen Gesellschaften, in denen der größere Teil der Bevölkerung in Dörfern lebt und mit Ackerbau beschäftigt ist, also in denen Bauern oder Landarbeiter die bei weitem größte Berufsgruppe sind, ist es Sache der Familie, sich um die Altwerdenden und Sterbenden zu kümmern. Das mag freundlich oder brutal vor sich gegangen sein, aber es gab ebenfalls Struktureigentümlichkeiten, die das Altern und Sterben der Menschen in diesen Gesellschaften von denen in entwickelteren Industriegesellschaften unterscheiden. Ich erwähne zwei dieser Unterschiede. Die physisch schwächer werdenden Alternden blieben gewöhnlich, manchmal nach ganz erheblichen Machtkämpfen mit der jüngeren Generation, im Wohnbereich der Familie, und im Wohnbereich der Familie vollzog sich gewöhnlich auch das Sterben. Damit hing zusammen, daß sich alles, was das Altern und das Sterben anging, weit mehr, als das in stark urbanisierten, industrialisierten Gesellschaften der Fall ist, mehr in der Öffentlichkeit abspielte und daß beide von ganz bestimmten sozialen Traditionen formalisiert waren. Daß sich alles eher in der Öffentlichkeit der Großfamilie und je nachdem auch der Nachbarschaft abspielte, bedeutete durchaus nicht notwendigerweise, daß die Alternden und Sterbenden nichts als Freundlichkeit erfuhren. Es kam wohl nicht selten vor, daß die zur Herrschaft gekommene jüngere Generation die schwächer werdende ältere Generation schlecht, vielleicht auch höchst grausam behandelte. Es war nicht Sache des Staates, sich um solche Dinge zu kümmern.

Heute schützt der Staat in industrialisierten Gesellschaften auch den einzelnen Alten, den einzelnen Sterbenden, wie jeden anderen Staatsbürger vor offensichtlicher physischer Gewalt. Aber zugleich werden in immer höherem Maße die älter und schwächer werdenden Menschen aus der Gesellschaft und damit auch aus ihrem Familien- und Bekanntenkreise ausgesondert. Es gibt zunehmend Institutionen, in denen nur alte Menschen, die in ihrem früheren Leben gar nicht miteinander bekannt waren, zusammenleben. Auch bei hoher Individualisierung haben die meisten Menschen unserer Gesellschaft vor dem Ruhestand, vor dem Ende ihrer Berufstätigkeit Gefühlsbindungen nicht nur in der Familie, sondern auch an einen mehr oder minder umfassenden Kreis von Freunden, Freundinnen und Bekannten. Schon das Altwerden bringt gewöhnlich ein zunehmendes Absterben solcher Gefühlsbindungen außerhalb der engsten Familie mit sich. Außer im Falle von alten Ehepaaren bedeutet die Aufnahme ins Altersheim nicht nur gewöhnlich das endgültige Absterben früherer Gefühlsbeziehungen, es bedeutet zugleich auch das Zusammenleben mit Menschen, mit denen den einzelnen Mitbewohner des Altersheims keinerlei positive Gefühlsbeziehung verbindet. Die physische Betreuung durch Arzt und Pflegepersonal mag ausgezeichnet sein. Aber zugleich bedeutet die Aussonderung der Alten aus dem gewohnten Lebensbereich und die Zusammensiedlung der einander fremden Alten für den Einzelnen eine Vereinsamung. Es handelt sich dabei nicht nur um die Frage der sexuellen Bedürfnisse, die besonders bei Männern bis ins hohe Alter hinein noch recht rege sein können, sondern um die emotionalen Valenzen zwischen Menschen, deren Zusammenkommen ihnen Freude macht, die eine gewisse Zuneigung füreinander haben. Auch Beziehungen dieser Art verringern sich gewöhnlich mit dem Umzug ins Altersheim und finden nur selten dort einen Ersatz. Viele Altersheime sind daher Einöden der Einsamkeit.

3

Besonders deutlich tritt die Eigenart des Sterbens in den entwickelteren Industriegesellschaften und als einer ihrer markantesten Züge die gefühlsmäßige Vereinsamung der Sterbenden hervor, wenn man auch in dieser Hinsicht deren Einrichtungen und allgemeiner die der vorherrschenden Haltungen zum Tode mit den entsprechenden Haltungen und Einrichtungen weniger entwickelter Gesellschaften vergleicht. Jeder kennt Bilder aus früheren Epochen, die zeigen, wie sich die gesamte Familie, Frauen, Männer und besonders auch Kinder um das Bett einer sterbenden Matriarchin oder eines sterbenden Patriarchen versammeln. Das mag eine romantische Idealisierung sein. Familien mögen in dieser Lage oft höhnisch, brutal und kalt gewesen sein. Reiche starben vielleicht für die Erben manchmal nicht schnell genug. Arme mochten im Schmutz liegen und verhungern. Man kann sagen, daß vor dem zwanzigsten Jahrhundert, vielleicht vor dem neunzehnten, die Mehrzahl aller Menschen in Gegenwart anderer Menschen starb, und wäre es nur deshalb, weil die Menschen weniger daran gewöhnt waren, alleine zu leben und zu sein. Es gab nicht so viele Räume, in denen ein Mensch alleine sein konnte. Sterbende und Tote waren nicht so stark aus dem Zusammenleben der Menschen ausgesondert, wie das gewöhnlich in Gesellschaften späterer Stufen der Fall ist. Gesellschaften waren früher als solche ärmer; sie waren nicht so hygienisch eingerichtet wie die späteren Gesellschaften. Die großen infektiösen Epidemien überfluteten europäische Länder häufig; sie kamen und gingen mindestens seit dem dreizehnten Jahrhundert gewöhnlich mehrmals in jedem Jahrhundert bis auf das zwanzigste, wo man zum ersten Mal gelernt hatte, mit größeren Seuchen fertig zu werden.

4

Es ist für Menschen eines späteren Jahrhunderts oft schwer, sich in die Lage von Menschen eines früheren zu versetzen, und so können die Späteren im Grunde auch die eigene Lage, sich selbst nicht recht verstehen. Der einfache Sachverhalt ist, daß der gesellschaftliche Fundus des Wissens im Bezug auf Krankheiten und ihre Ursachen früher, also etwa in mittelalterlichen Gesellschaften nicht nur weit beschränkter, sondern auch weit weniger fest und gesichert war. Wo es Menschen an sicherem, wirklichkeitsgerechtem Wissen fehlt, da sind sie selbst unsicherer; da werden sie leichter erregt, geraten schneller in Panik, sie füllen die Lükken des realistischen Wissens mit Phantasiewissen und suchen die Furcht vor unerklärlichen Gefahren durch Phantasiemittel zu beschwichtigen. So begegneten Menschen einst den immer wiederkehrenden Epidemien durch Amulette, Opfer, Anklagen gegen Brunnenvergifter, Hexen oder ihre eigene Sündhaftigkeit zur Beruhigung der erregten Gefühle.

Gewiß mag auch heute noch Menschen, die von einer unheilbaren Krankheit befallen oder aus anderen Gründen in die Nähe des Todes geraten sind, eine innere Stimme zuflüstern, das sei die Schuld von Verwandten oder vielleicht auch die Strafe für eigne Schuld. Aber solche Phantasien erlangen nur noch selten den öffentlichen Anschein eines wirklichkeitsgerechten Wissens; sie bleiben normalerweise privat und als Phantasien erkennbar. Das wirklichkeitsgerechtere Wissen von den Ursachen der Krankheiten und auch des Alterns und Sterbens ist gefestigter und umfassender geworden. Die Eindämmung der großen tödlichen Epidemien ist nur eines von vielen Beispielen dafür, daß das Wachstum des sachgerechten Wissens einen Anteil an der Veränderung des Empfindens und Verhaltens der Menschen hat.

5

Vielleicht ist es etwas mißverständlich, wenn man dieses Zurücktreten gefühlsgeladener Phantasie-Erklärungen oder, um Max Webers ziemlich gefühlsgeladenen Begriff zu verwenden, diese ›Entzauberung der Welt‹ als einen Rationalisierungsprozeß bezeichnet. Wie immer man diesen Ausdruck wendet, er legt den Gedanken nahe, daß es letzten Endes die menschliche ›Ratio‹ ist, die sich verändert hat; er erweckt den Anschein, daß die Menschen ›rationaler‹, also auf gut deutsch vernünftiger geworden sind als die Menschen früherer Zeiten. Das ist eine Selbstbewertung, die den

Tatsachen kaum gerecht wird. Man kommt der Veränderung, auf die der Begriff der Rationalisierung hinweist, erst näher, wenn man erkennt, daß eine der Veränderungen, die dabei eine Rolle spielen, das Wachstum des wirklichkeitsgerechten und daher sicherheitsgebenden sozialen Wissens ist. Die Ausweitung des Wirklichkeitswissens und das entsprechende Zurücktreten des Phantasiewissens gehen Hand in Hand mit der Ausweitung der effektiven Kontrolle über Ereignisse, die Menschen von Nutzen sein können, und über Gefahren, die sie bedrohen. Altern und Sterben gehören zu den letzteren. Man stößt auf einen eigentümlichen Sachverhalt, wenn man versucht, sich die Bedeutung verständlich zu machen, die das Wachstum des sachgerechten Wissens in diesen Bereichen für die menschlichen Chancen der Kontrolle über sie besitzt.

Der gesellschaftliche Wissensschatz im Bezug auf die biologischen Aspekte des Alterns und des Sterbens ist in den letzten zwei Jahrhunderten gewachsen. Das Wissen selbst ist in diesen Bereichen fundierter und realistischer geworden. Auch die Kontrollchancen haben sich im Zuge des Wissenswachstums ausgedehnt. Aber auf dieser biologischen Ebene scheint man nun bei dem Bemühen um die weitere Ausdehnung der menschlichen Kontrolle über die Prozesse des Alterns und des Sterbens auf eine absolute Schranke zu stoßen. Sie erinnert daran, daß die Macht der Menschen im Verhältnis zu der des naturalen Universums hie und da ihre Grenzen hat.

Fortschritte des biologischen Wissens haben es möglich gemacht, die durchschnittliche Lebenserwartung des einzelnen Menschen erheblich zu erweitern. Aber wie sehr man auch versucht, mit Hilfe von Fortschritten des medizinischen Wissens und der weiteren Kontrollchancen, die sie eröffnen, das Leben des einzelnen Menschen zu verlängern und Beschwerden des Alterns und des Sterbens zu verringern, der Tod eines Menschen ist einer der Vorgänge, die anzeigen, daß die Ausdehnung der menschlichen Naturkontrolle Grenzen haben kann. Gewiß ist der Spielraum für diese Ausdehnung in vielen Bereichen unabsehbar groß. Das schließt nicht aus, daß es auf den Ebenen des Naturgeschehens für Menschen Grenzen der Machbarkeit gibt.

Soweit sich sehen läßt, gilt das nicht für die sozialen Ebenen des menschlichen Lebens. Hier sind keine absoluten Grenzen der Machbarkeit in Sicht, und es ist nicht wahrscheinlich, daß man ihnen begegnet. Aber ganz gewiß stoßen Menschen bei der Ausdehnung ihres Wissens- und Kontrollbereichs immer wieder auf Hürden, die schwer zu nehmen sind, auf Barrieren, die sie manchmal für Hunderte, vielleicht Tausende von Jahren nicht überwinden können, obwohl sie der menschlichen Kontrolle durchaus nicht absolut unzugänglich sind. Absolute Barrieren der Machbarkeit existieren auf den vormenschlichen Integrationsebenen des Weltalls, die wir ›Natur‹ nennen. Auf den menschlich-sozialen Integrationsebenen, auf die sich Begriffe wie ›Gesellschaft‹ und ›Individuen‹ beziehen, existieren solche Barrieren nur insoweit, als auch diese Ebenen die unbelehrbare Integrationsebene der Natur beinhalten oder in diese eingebaut sind.

Ich erwähne hier im Vorbeigehen zwei dieser Barrieren, die gegenwärtig der menschlichen Orientierung und der Handhabung ihrer eigenen Angelegenheiten durch Menschen als schweres Hindernis im Wege stehen, obwohl es durchaus möglich ist, diese Barrieren beiseite zu räumen. Da ist erstens die weithin als selbstverständlich erscheinende Wertskala, auf Grund derer der ›Natur‹, also dem vormenschlichen Naturgeschehen, der Rang eines sehr viel höher zu bewertenden Bereiches zuerkannt wird als der ›Kultur‹, der ›Gesellschaft‹, kurzum: als dem von Menschen selbst gebildeten und geschaffenen Bereich der Welt. Man stellt der Unordnung und Wandelbarkeit der Menschenwelt bewundernd die ewige Ordnung der Natur gegenüber. Viele Menschen suchen ja auch noch, wenn sie erwachsen sind, wie Kinder, nach jemandem, der sie bei der Hand nimmt, nach Vater- oder Mutterfiguren, die ihnen den Weg zeigen, den sie gehen sollen. Die ›Natur‹ ist eine dieser Figuren. Man dichtet ihr an, daß alles, was sie tut, alles was ›natürlich‹ ist, gut und heilsam für Menschen sei. Das harmonische Ebenmaß des Newtonschen Naturbildes fand einen Ausdruck in Kants Bewunderung für die ewigen Gesetze des Sternenhimmels über uns, die ewigen Moralgesetze in uns. Aber das schöne Naturbild Newtons liegt nun hinter uns. Man vergißt leicht, daß gegenwärtig der Begriff ›Natur‹ gleichbedeutend ist mit dem, was Kosmologen als Evolution des Universums vorstellen, mit dessen zweckloser Ausdehnung, mit dem Werden und Vergehen zahlloser Sonnen und Galaxien und mit den ›Schwarzen Löchern‹, die Licht verzehren. Ob man das als ›Ordnung‹ oder als ›Zufall‹ und ›Chaos‹ bezeichnet, kommt dabei auf das gleiche heraus.

Auch hat es nicht viel Sinn zu sagen, das Naturgeschehen sei gut für Menschen oder je nachdem auch böse. Die ›Natur‹ hat keine Absichten; sie kennt keine Zwecke; sie ist völlig sinnlos. Die einzigen Naturgeschöpfe in dieser Welt, die Ziele setzen, die Sinn schaffen und geben können, sind die Menschen selbst. Aber es ist für viele Menschen wohl noch unerträglich, sich vorzustellen, daß die Last der Entscheidung über die Ziele der Menschheit, über Pläne und Taten, die sinnvoll oder je nachdem sinnlos für Menschen sind, auch auf sie selbst fällt. Sie suchen immer von neuem nach jemandem, auf den sie diese Last abwälzen können, jemandem, der ihnen Regeln vorschreibt, nach denen sie leben sollen, und ihnen Ziele setzt, um derentwillen es sich zu leben lohnt. Was sie erwarten, ist ein von außen vorgegebener Sinn; was möglich bleibt, ist ein von ihnen selbst und letztlich ein von Menschen gemeinsam geschaffener Sinn, der ihrem Leben Richtung gibt.

Das Erwachsenwerden der Menschheit ist ein schwieriger Prozeß. Die Lehrzeit ist lang; schwere Fehler sind unvermeidlich und die Gefahr der Selbstzerstörung, der Vernichtung der eigenen Lebensbedingungen im Zuge der Lehrzeit ist groß. Aber diese Gefahr verschärft und erhöht sich nur dadurch, daß Menschen in der Haltung von Kindern verbleiben, für die jemand anderes ganz von selbst alles das tut, was nur sie allein zu tun vermögen. Die Vorstellung, daß die Natur, wenn man sie nur sich selbst überläßt, das für Menschen, also auch für deren Zusammenleben, Richtige tun werde, ist ein Beispiel. Es zeigt die Abschiebung von Entscheidungen, die Menschen allein zu treffen vermögen, und von der Verantwortung, die damit Hand in Hand geht, von Menschen auf eine imaginäre Mutterfigur, auf die ›Natur‹. Die sich selbst überlassene ›Natur‹ aber ist für Menschen voll von Gefahren. Gewiß bringt auch die Verarbeitung der ›Natur‹ durch Menschen große Gefahren mit sich. Aber Menschen können von ihren Fehlern lernen. Außermenschliche Naturabläufe sind unbelehrbar. Sicherlich ist die menschliche Gesellschaft selbst eine Entwicklungsstufe der Natur. Aber sie unterscheidet sich von allen vorangehenden Stufen unter anderem dadurch, daß Menschen auf Grund von gemeinsamen und persönlichen Erfahrungen, also von Lernprozessen, ihr Verhalten und Empfinden in weit höherem Maße und auch in anderer Art und Weise verändern können als andere Geschöpfe. Diese Fähigkeit zur Veränderung könnte einen außerordentlichen Wert für Menschen haben. Aber das Verlangen der Menschen nach Unsterblichkeit verführt sie immer von neuem dazu, Symbolen der Unveränderlichkeit, also zum Beispiel der als unveränderlich gedachten ›Natur‹, einen höheren Wert beizumessen als sich selbst, als der Entwicklung ihres eigenen Zusammenlebens und den sich wandelnden Bereichen und Mustern ihrer Kontrolle über die ›Natur‹, die ›Gesellschaft‹ und die eigene Person. Vielleicht spürt man selbst beim Lesen den Widerstand gegen die Umwertung, die eine solche Untersuchung erfordert. Das ist eine der Hürden, von denen ich sprach.

Die zweite Hürde, die ich hier als Beispiel erwähnen will, steht mit dem gegenwärtigen Unvermögen der Menschen in Verbindung, zu erkennen, daß sich in dem Bereich der

Wirklichkeit, den sie selbst miteinander bilden, lange ungeplante, aber gerichtete und strukturierte Wandlungen vollziehen, die sie, ähnlich wie unkontrollierbare Naturprozesse, ungewollt in die eine oder die andere Richtung treiben. Da sie diese ungeplanten sozialen Prozesse nicht als solche erkennen und daher auch nicht wissen, wie sie zu erklären sind, besitzen sie auch keine angemessene Handhabe, um sie zu beeinflussen oder gar unter Kontrolle zu bringen. Ein Beispiel für diese Hürde ist das gegenwärtige Unvermögen der Menschen, die ungeplanten Prozesse zu erkennen, auf Grund deren sie sich immer von neuem in Kriege hineintreiben.[1] Eine ganze Reihe von Staatsgesellschaften haben eine Zivilisationsstufe erreicht, kraft deren ihren Mitgliedern weder das Töten anderer besondere Freude bereitet noch das eigene Sterben im Kriege als besonders ehrenvoll erscheint. Dennoch sind Menschen der Bedrohung durch Kriege heute noch ebenso hilflos ausgesetzt wie Menschen früherer Entwicklungsstufen der Bedrohung durch die für sie unkontrollierbaren Wasserfluten der großen Flüsse oder durch die großen infektiösen Epidemien, die manchmal einen beträchtlichen Teil der Bevölkerung eines Landes töteten.

Von der gedanklichen Verarbeitung des Verhältnisses der außermenschlichen Natur zu diesen menschlich-sozialen Prozessen in der Form von Gegensatzpaaren, wie ›Natur‹ und ›Kultur‹ mit einer entschiedenen Höherbewertung der ersteren, habe ich bereits gesprochen. Es ist nicht immer ganz leicht, den Menschen des späten zwanzigsten Jahrhunderts deutlich zu machen, daß ›Natur‹ im Rohzustand den menschlichen Bedürfnissen wenig entspricht. Erst als die Urwälder gerodet waren, als Wölfe, Wildkatzen, Gift-

1 Ich kann hier nur im Vorbeigehen darauf hinweisen, daß die Figurationszwänge der freien Konkurrenz zwischen Staaten, die ich unter dem Namen ›Monopolmechanismus‹ im zweiten Band meines Buches »Über den Prozeß der Zivilisation« erörtert habe, bei der Abdrift zum Kriege eine entscheidende Rolle spielen.

schlangen, Skorpione, kurzum: alle anderen Geschöpfe, die für die Menschen bedrohlich sein können, abgetötet waren, erst die von Menschen gründlich gezähmte und umgestaltete Natur erschien den nun zumeist in Städten Lebenden als menschenfreundlich und schön. In Wirklichkeit geht das Naturgeschehen seiner Wege, teilt an Menschen blindlings und völlig gleichgültig Gutes und Böses, Freuden der Gesundheit und wütende Schmerzen der Krankheit aus. Die einzigen, die, wenn es nötig ist, des sinnlosen Naturgeschehens bis zu einem gewissen Grad Herr werden und einander helfen können, sind die Menschen selbst.

Ärzte können das tun; oder sie können es wenigstens versuchen. Aber vielleicht spielt auch bei ihnen noch die Vorstellung eine Rolle, daß Naturvorgänge bei ihren Patienten das allein wichtige sind. Manchmal kann das der Fall sein. Aber manchmal auch nicht. Starre Doktrinen helfen hier wenig. Entscheidend ist das undogmatische wissenschaftliche Wissen vom Guten und Bösen der Natur. Gegenwärtig wird medizinisches Wissen zumeist allein mit biologischem Wissen gleichgesetzt. Aber man könnte sich denken, daß in der Zukunft das Wissen von der Person der Menschen, von ihren Beziehungen zueinander und ihren Bindungen aneinander und somit auch der Zwänge, die sie aufeinander ausüben, ebenfalls zum Wissensbestand der Ärzte gehören wird.

Zu diesem Wissenszweig gehören die Probleme, von denen ich hier diskutiere. Es ist möglich, daß für alternde und sterbende Menschen die sozialen Aspekte ihres Lebens, die Beziehungen zu anderen Menschen gerade deswegen eine besondere Bedeutung erlangen, weil blinde unkontrollierbare Naturprozesse über sie so unzweideutig Gewalt gewonnen haben. Allerdings löst das Wissen darum, daß Menschen hier an die Grenze ihrer Kontrolle über Naturabläufe gekommen sind, bei Ärzten und vielleicht auch bei Angehörigen und Freunden der alternden und sterbenden Menschen oft eine Haltung aus, die zu deren sozialen Bedürfnissen in Widerspruch steht. Man scheint sich zu sagen, hier können wir doch nichts mehr tun, zuckt die Schultern und geht mit Bedauern seines Weges. Gerade Ärzte, zu deren Beruf es gehört, die Herrschaft über blinde, zerstörerische Naturgewalten zu gewinnen, sehen oft mit einem gewissen Schauder, wie hier, bei Kranken und Sterbenden solche blinden Naturkräfte die normale Selbststeuerung des Organismus durchbrechen und nun außer Rand und Band den Organismus selbst zerstören.

Gewiß ist es nicht leicht für Menschen, diesen Zerfallsprozeß in Ruhe mitzuerleben. Aber vielleicht bedürfen Menschen in dieser Lage anderer Menschen in besonderem Maße Zeugnisse dafür, daß die Bindungen noch nicht erloschen, daß die nun aus dem Kreis der Lebenden verschwindenden Menschen diesen noch etwas wert sind, zählen besonders viel, weil sie jetzt schwach und vielleicht nur noch ein Schatten ihrer Vergangenheit sind. Aber manchen Sterbenden ist es nur recht, allein zu bleiben. Vielleicht können sie träumen und wollen nicht gestört sein. Man muß vorfühlen, was sie brauchen. Das Sterben ist informeller geworden in unseren Tagen und der Spielraum für individuelle Bedürfnisse größer, wenn man sie kennt.

6

Mit alledem wird vielleicht auch deutlicher, daß die gegenwärtig vorherrschenden Haltungen zum Sterben und zum Tode weder unveränderlich noch zufällig sind. Es handelt sich um Eigentümlichkeiten von Gesellschaften einer bestimmten Entwicklungsstufe und somit einer spezifischen Struktur. Eltern haben in diesen Gesellschaften oft eine größere Scheu als früher, mit ihren Kindern über Tod und Sterben zu sprechen. Kinder können heranwachsen, ohne je einen Toten gesehen zu haben. Auf früheren Stufen der Entwicklung war der Anblick von Leichen zumeist weit alltäglicher. Seitdem entfernt die Erhöhung des durchschnittlichen Lebensalters den Tod weit mehr als früher aus dem Gesichtskreis der Heranwachsenden und der Lebenden überhaupt.

Es versteht sich, daß in einer Gesellschaft mit einer durchschnittlichen Lebenserwartung von 37 bis 40 Jahren der Gedanke an das Sterben auch für Jugendliche normalerweise allgegenwärtiger ist als in einer Gesellschaft mit einer Lebenserwartung von etwa 70 Jahren. Es könnte gut sein, daß die verständliche Abscheu vor dem Atomkrieg dadurch noch ein besonderes Gewicht erhält, daß junge Menschen in unserer Gesellschaft normalerweise einem längeren Leben entgegensehen können als je zuvor. Mir kam das zum Bewußtsein, als mich eine zwanzigjährige Journalistin bei einem Interview stirnrunzelnd ansah und im Bezug auf mein Buch »Über die Einsamkeit der Sterbenden« fragte: »Wie sind Sie nur auf dieses merkwürdige Thema gekommen?«

Alles das trägt dazu bei, daß in diesen entwickelteren Gesellschaften Sterben und Tod in höherem Maße als je zuvor aus dem Gesichtskreis der Lebenden hinter die Kulissen ihres normalen Lebens verbannt sind. Noch nie starben Menschen so geräuschlos und hygienisch wie heute in diesen entwickelteren Gesellschaften und noch nie unter sozialen Bedingungen, die in so hohem Maße die Einsamkeit befördern.

7

In einem bekannten Buche von B.G. Glaser und A.L. Strauss, »Time for Dying«, Chicago 1968, bemerken die Verfasser folgendes zu diesem Thema:

> »Die meisten Patienten gehören einer Familie an. Wenn Verwandte am Bett eines sterbenden Familienmitglieds während der letzten Tage erscheinen, dann kann deren

> Anwesenheit ernste Probleme für Ärzte und Pflegepersonal (sc. des Hospitals) mit sich bringen und kann sogar die Effizienz der Fürsorge für den Patienten beeinträchtigen.« (S. 151)

Dieser kurze Satz weist auf einen schweren, unausgetragenen Konflikt der als rational empfundenen Institutionalisierung des Sterbens hin – zumindest in den amerikanischen Hospitälern, auf die sich die Beobachtungen von Glaser und Strauss wohl hauptsächlich beziehen. Dem Sterbenden wird die jeweils fortschrittlichste, wissenschaftlich fundierte ärztliche Behandlung zuteil. Aber seine Kontakte mit den Menschen, an denen er oder sie hängt und deren Gegenwart gerade für den Sterbenden, der Abschied vom Leben nimmt, in höchstem Maße trostreich sein kann, werden häufig genug als störend für die rationale Behandlung des Sterbenden und für die Routinen des Personals betrachtet; sie werden demgemäß, soweit es sich tun läßt, abgekürzt oder verhindert. Glaser und Strauss weisen im gleichen Zusammenhang darauf hin (S. 152), daß in einigen ökonomisch weniger entwickelteren Gebieten enge Verwandte ihrem Herkommen entsprechend sterbenden Angehörigen Trost und Fürsorge bieten. Sie setzen damit das Pflegepersonal für andere Aufgaben frei. Sie übernehmen auch Routinen der Fürsorge für Patienten, denen es besser geht. Das Personal ist also an ihre Anwesenheit gewöhnt. Trostbedürftige Verwandte helfen sich gegenseitig. Das steht offensichtlich im Gegensatz zu dem, was sich nach Glaser und Strauss in Hospitälern fortgeschrittenerer Länder abspielt, wo möglicherweise das Personal noch seine Zeit darauf verwenden muß, sich um die leidgetroffenen Angehörigen zu kümmern.

Das Bild dieses Unterschieds ist klar. Auf der einen Seite der ältere Typ. Die Familienmitglieder drängen sich um den Schwerkranken, bringen Essen, geben Medizin, säubern und waschen den Patienten, bringen vielleicht etwas Schmutz von der Straße ans Krankenbett, pflegen den Patienten mit ungewaschenen Händen. Möglicherweise beschleunigen sie das Ende des Sterbens, denn das alles ist nicht besonders hygienisch. Möglicherweise verlängert ihre Gegenwart das Sterben, denn es kann ja für Sterbende eine der letzten großen Freuden ihres Lebens sein, daß sich die Familienmitglieder und Freunde um sie kümmern. Ein letzter Liebesbeweis, ein letzter Beweis für Sterbende, daß sie anderen Menschen etwas bedeuten. Und das ist eine der wichtigsten Stützen der menschlichen Existenz – eine Gefühlsresonanz bei anderen Menschen zu finden, für die man selbst Liebe oder Zuneigung empfindet, deren Dasein, deren Gegenwart ein warmes Gefühl der Verbundenheit in einem selbst auslöst. Diese gegenseitige Bejahung von Menschen durch ihr Gefühl, die Gegenseitigkeit der Gefühlsresonanz von zwei oder mehr Menschen, bildet ein wichtiges, sinngebendes Kernstück einer befriedigenden menschlichen Existenz – die gegenseitige Zuneigung von Menschen sozusagen bis zum Ende.

Man soll sich nichts vormachen: die Familien weniger entwickelter Staaten sind oft alles andere als harmonisch. Sie gehen häufig genug Hand in Hand mit weit größeren Ungleichheiten der Machtverhältnisse zwischen Männern und Frauen ebenso wie zwischen den Jüngeren und Älteren. Die Familienmitglieder können sich lieben oder hassen, vielleicht auch beides gleichzeitig. Es mag Beziehungen voller Eifersucht und Verachtung geben. Nur eines gibt es auf dieser Stufe der Gesellschaftsentwicklung kaum, besonders in Fällen, wo die Frauen, die Mütter, den affektiven Mittelpunkt und Integrationskern der Familie bilden. Es gibt im Rahmen dieser Großfamilien keine Gefühlsneutralität. Und das ist es, was in diesen Fällen auch den Sterbenden beisteht. Sie nehmen Abschied von der Welt in aller Öffentlichkeit und im Kreise von Menschen, die für sie zumeist einen recht starken Gefühlswert haben, für die sie selbst einen solchen Gefühlswert haben. Sie sterben unhygienisch, aber nicht einsam. Auf der Intensivstation eines modernen Hospitals dagegen werden die Sterbenden gemäß dem neuesten biophysischen Fachwissen behandelt, aber oft gefühlsneutral; sie können in völliger Einsamkeit sterben.

8

Auch ist die technische Vervollkommnung der Lebensverlängerung gewiß nicht der einzige Faktor, der in unseren Tagen zur Vereinsamung Sterbender beiträgt. Die erhöhte interne Pazifizierung der entwickelteren Industriestaaten und das erhebliche Vorrücken der Peinlichkeitsschwelle gegenüber der Gewalttat wirkt sich in diesen Gesellschaften in einer zumeist stillschweigenden, aber deutlich wahrnehmbaren Abneigung der Lebenden gegenüber den Sterbenden aus – eine Abneigung, der sich viele Mitglieder dieser Gesellschaften nicht recht erwehren können, auch wenn sie ihre eigenen Gefühle mißbilligen. Denn das Sterben, wie immer man es ansieht, ist ja eine Gewalttat. Ob Menschen die Urheber des Sterbens sind oder der blinde Naturablauf, der den, sei es allmählichen, sei es plötzlichen, Zerfall eines menschlichen Organismus herbeiführt, ist schließlich für den betreffenden Menschen nicht von großer Bedeutung. Somit trägt auch eine höhere Stufe der internen Pazifizierung ebenso wie die höhere Stufe zivilisatorischer Zwänge zur Abneigung gegen das Sterben oder genauer gesagt die Sterbenden bei. Es fehlt nicht an Beispielen. Freuds langes Sterben an einem Kehlkopfkrebs ist eines der eindrucksvollsten. Das Geschwür roch stärker und stärker. Selbst Freuds vertrauter Hund weigerte sich, ihm näher zu kommen. Nur Anna Freud, stark und unbeirrt in ihrer Liebe für den sterbenden Vater, half ihm in diesen schweren letzten Wochen und ersparte ihm das Gefühl des Verlassenseins. Simone de Beauvoir beschrieb mit erschreckender Deutlichkeit die letzten Monate ihres Freundes Sartre, der nicht mehr in der Lage war, den Urinstrom zu kontrollieren und mit umgebundenen Plastiksäcken, die überliefen, umherzugehen gezwungen war. Der Zerfall des menschlichen Organismus, der Prozeß, den wir Sterben nennen, ist oft alles andere als geruchlos. Die entwickelteren Gesellschaften aber erziehen zu einer eher hohen Empfindlichkeit gegenüber starken Gerüchen.

Alles das sind eigentlich nur Beispiele dafür, daß wir die Probleme Sterbender in den entwickelteren Gesellschaften noch nicht bewältigt haben. Was ich hier gesagt habe, ist nur ein kleiner Beitrag zur Diagnose der Probleme, die noch zu lösen sind. An einer solchen Diagnose, so scheint es mir, sollte weitergearbeitet werden, denn im großen und ganzen ist man sich noch nicht völlig bewußt, daß das Sterben in den entwickelteren Gesellschaften spezielle Probleme mit sich bringt, denen man sich stellen muß.

Die Probleme, die ich hier aufgeworfen habe, sind, wie man sieht, Probleme der Medizinsoziologie. Die medizinischen Maßnahmen der Gegenwart beziehen sich vorwiegend auf Einzelheiten des physiologischen Funktionierens eines Menschen – auf das Herz, die Blase, die Arterien und dergleichen –, und solange es sich um Einzelheiten handelt, ist heute die medizinische Technik der Lebenserhaltung und Lebensverlängerung ganz gewiß weiter fortgeschritten als je zuvor. Aber sich darum zu bemühen, schlechter und schlechter funktionierende einzelne Organe oder Organbereiche medizinisch zu korrigieren, lohnt sich eigentlich nur um der Person willen, in der alle diese Teilprozesse integriert sind. Und wenn man über den Problemen der einzelnen Teilprozesse die Probleme der integrierenden Person vergißt, dann entwertet man im Grunde auch das, was man für diese Teilprozesse tut. Der Zerfall von Menschen, den wir Altern und Sterben nennen, stellt den Mitmenschen und darunter auch den Ärzten heute eine Reihe von unbewältigten und zum guten Teil auch unerkannten Aufgaben. Die Aufgaben, die ich hier im Auge habe, bleiben verdeckt, wenn man den einzelnen Menschen so betrachtet und behandelt, als ob er ganz für sich und unabhängig von allen anderen

Menschen existiere. Ich bin nicht ganz sicher, wieweit sich Ärzte dessen bewußt sind, daß die Beziehungen eines Menschen zu anderen in vielen Fällen auf die Entstehung von Krankheitserscheinungen wie auf den Krankheitsverlauf einen mitbestimmenden Einfluß haben. Ich habe hier das Problem der Beziehung von Menschen zu sterbenden Menschen aufgeworfen. Es hat, wie man sieht, in entwickelteren Gesellschaften eine besondere Gestalt, weil in ihnen der Vorgang des Sterbens in höherem Maße aus dem normalen Gesellschaftsleben ausgesondert ist als früher. Diese Aussonderung bringt es mit sich, daß die Menschen der späteren Gesellschaften das Altern und Sterben anders erleben als die Menschen der früheren Gesellschaften. Während bei den Menschen früherer Gesellschaften dieses Erleben durch traditionelle öffentliche Institutionen und Phantasien organisiert war, wird das der Menschen späterer Gesellschaften eher durch Verdrängung getrübt. Vielleicht hilft der Hinweis auf die Vereinzelung und Vereinsamung der Sterbenden, verständlich zu machen, wo in diesen entwickelteren Gesellschaften ein Kern unbewältigter Aufgaben liegt.

Ich bin mir dessen bewußt, daß Ärzte wenig Zeit haben. Ich weiß auch, daß sie den Menschen und ihren Beziehungen heute bereits mehr Beachtung schenken als früher. Was tut man, wenn sterbende Menschen lieber zu Hause sterben wollen als im Krankenhaus und man weiß, sie werden bei sich zu Hause schneller sterben? Aber vielleicht ist es gerade das, was diese Menschen wollen. Noch ist es vielleicht nicht ganz unnötig zu sagen, daß die Fürsorge für die Menschen zuweilen etwas hinter der Fürsorge für die einzelnen Organe zurückbleibt.

II.

Conditio humana: Beobachtungen über die Entwicklung der Menschheit

Manchmal, wenn man sich mit Tagesfragen beschäftigt, ist es nötig und nützlich, sich von der unmittelbaren Beschäftigung mit ihnen zu entfernen und dann aus der Entfernung langsam wie aus einer großen Distanz wieder zurückzukehren. Das, meine lieben Zuhörer und Zuhörerinnen, möchte ich hier zu tun versuchen. Haben Sie bitte Geduld mit mir, wenn ich nicht nur von den unmittelbaren Tagesfragen spreche. Gewiß, wir feiern heute die Erinnerung an den Frieden. Wir feiern zugleich, in gewissem Sinne, die Geburtsstunde der Bundesrepublik. Wir feiern, so scheint es mir, ebenfalls zu gleicher Zeit einen 40jährigen Frieden; wir, die Völker Europas. Denn wenn wir heute von einem 40jährigen Frieden sprechen, in dessen Verlauf die Bundesrepublik langsam in ihre heutige Gestalt gewachsen ist, dann darf man nicht vergessen, daß dieser Frieden im wesentlichen auf einen kleinen Teil der Menschheit beschränkt geblieben ist. Wir genießen ihn, aber andere Menschen sterben ständig – die Zeitungen berichten uns davon – in einem gegenseitigen Gemetzel, und man kann das nicht vergessen. Man kann nicht nur an den geschlossenen Frieden denken, sondern man muß auch an den immer wieder auftauchenden Gefahrenherd erinnern, den Menschen füreinander bilden, die Vorbereitung auf die Gewalttat. Man kann nicht vergessen, daß wir nun im 40jährigen Frieden dennoch selbst in der Gefahr eines neuen Krieges leben. Warum ist das so, warum geschieht es?

Damit spreche ich über eine der Lebensbedingungen der bisherigen Menschheit. Warum geschieht es, daß Menschen sich immer von neuem bekriegen? Warum können wir die Gewalt, die Menschen einander antun, in Kriegen, nicht bändigen? Denn dies ist nun in der Tat eine Conditio humana. So weit wir zurücksehen können in die Entwicklung der Menschheit, haben Menschengruppen gewalttätig einander gemordet, bedroht, unterdrückt. Warum können wir diese Gefahr nicht ändern? Und das ist kein Thema, das man untersuchen kann, wenn man sich nur auf die Gegenwart beschränkt. Dazu muß man sehen, daß die Kriege, die Versuche von Menschengruppen, einander zu töten und Gewalt gegeneinander zu üben und einander zu beherrschen, so alt sind wie die Menschheit selbst, eine wahre Conditio humana: Der Krieg! Nicht erst heute. Warum ist es uns gelungen, viele Naturgefahren zu beseitigen? Wenn solche drohen, dann rufen wir die Wissenschaftler zu helfen und sagen: »Forscht, seht nach, was die Ursachen sind.« Und dann vielleicht, früher oder später, suchen sie zu verhindern, daß die Seuche kommt. Wenn die Umwelt verschmutzt wird, dann rufen wir Wissenschaftler zu Hilfe und fragen: Was können wir tun? Aber der Krieg ist mit uns geblieben, ohne daß im Moment eine Chance besteht, die Gefahr zu verhindern.

Es ist zwar klar, daß Menschen nicht in der Lage sind, den Tod abzuschaffen. Das ist nun in der Tat eine naturale Conditio humana. Aber man könnte sich denken, daß man mehr tun könnte, um das Töten abzuschaffen. Wenn man nur wüßte, warum Menschen immer von neuem einander gegenseitig mit Gewalt bedrohen. Um das zu verstehen, muß man ein wenig länger ausholen. Denn, wie gesagt, Kriege sind so alt wie die Menschheit.

Versuchen wir einen Moment, eine Utopie vor uns auf die Leinwand zu malen. Utopien, meine lieben Zuhörerinnen und Zuhörer, Utopien haben einen großen Nutzen als Verlängerung der Gegenwart, als Ausdruck für Möglichkeiten. Denken Sie einmal mit mir darüber nach, was geschehen wird, wenn der Atomkrieg, den wir alle fürchten, gekommen ist und Teile der Menschheit überleben. Dann, so scheint es, wird die Chance vorhanden sein, daß die Menschen sich zusammentun und sagen: Nichts ist schlimmer als ein Krieg. Was können wir tun, um Kriege zu verhindern? Nach dem nächsten Krieg, so scheint es mir, wird es leichter sein. Und hier träfen Sie in der Tat nun auch auf eine der eigentümlichen Bedingungen der Menschheit. Es ist schwer für Menschen, aufgrund von Einsicht etwas zu tun. Aber sie tun es leichter, wenn sie alle gemeinsam schwere und bittere Erfahrungen hinter sich haben. Denken wir uns einmal aus, welche Situation nach einem Krieg zwischen der Sowjetunion und den Vereinigten Staaten bestehen würde, vorausgesetzt, daß dann noch Menschengruppen auf der Erde überleben, was ich natürlich nicht weiß. Auch bitte ich, mich nicht mißzuverstehen. Ich sage damit nicht, daß der Krieg kommen muß. Ich sehe keine Notwendigkeit voraus. Bitte mißverstehen Sie mich in dieser Hinsicht nicht.

Aber ich sehe wie Sie die Möglichkeit voraus; die muß man in der Tat voraussehen. Man könnte voraussehen, daß nach einem solchen Krieg die Sowjetunion, die Vereinigten Staaten und Westeuropa sich gegenseitig zerstört hätten. Und dann, wenn sie in der Lage gewesen sind, sich aus dem Krieg herauszuhalten, würden andere Gesellschaften, vor allem China oder Brasilien oder Indien, wahrscheinlich die stärksten, die mächtigsten, volkreichsten Länder sein. Und sie würden sich dann zusammenzusetzen haben, um sich die Frage zu stellen: Was können wir tun, um eine solche Katastrophe in Zukunft zu verhindern? Unter dem Eindruck der verheerenden Folgen eines solchen Krieges werden sie wahrscheinlich leichter in der Lage sein, das zu tun, was wir heute zu tun nicht in der Lage sind: Nämlich Instanzen zur Konfliktschlichtung zwischen den Staaten zu schaffen, denen sich alle Staaten unterwerfen müssen. Man kennt die Gewohnheit, die alte Tradition des Krieges, und vergessen Sie nicht, daß der Krieg ja letzten Endes eine gesellschaftliche Institution ist, eine von Menschen geschaffene gesellschaftliche Institution, die nur deswegen nicht aufgehoben werden kann, weil die Gewohnheit zu tief in die Persönlichkeitsstruktur eingebaut ist: Die Gewohnheit des Hasses, die Gewohnheit der militärischen Bedrohung; nach einem

Krieg also könnte man sich denken, wie es auch nach anderen Kriegen der Fall gewesen ist, daß harte Gewohnheiten sich brechen lassen.

Ich erinnere mich, wenn Sie mir erlauben, ein wenig abzuschweifen, noch sehr deutlich an die Jahre nach der Weimarer Republik, wenn ich mit meinen deutschnationalen Bekannten sprach und sie mir sagten: Ein deutsches Parlament, das ist nicht möglich. Wir können keinen Parlamentarismus in Deutschland haben; denn das ist nicht die deutsche Tradition; das ist undeutsch, diese Schwatzbude auf die Beine zu stellen; das ist etwas vom Westen Aufgezwungenes, das nicht in der deutschen Tradition steht. Ich erinnere mich noch sehr genau daran. Es stand wirklich nicht in der deutschen Tradition. Und nun, nun ist es eines der großen neuen Verdienste dieses neuen Staates, der deutschen Bundesrepublik, daß er eine wirklich funktionierende parlamentarische Regierung hat, und nun ist es also nach einem Kriege, nach der bitteren Erfahrung eines solchen Krieges gelungen, mit bestimmten Gewohnheiten zu brechen. Könnten wir uns nicht denken, daß nach einem anderen Kriege das auch der Fall ist? Sie werden sehen, worauf ich hinaus will. Was für Probleme hätten wir in einem solchen Fall zu lösen? Es gibt zwei Möglichkeiten, um Kriege dauernd zu verhindern. Nicht durch bloße Äußerung des Wunsches, daß Frieden auf Erden sein soll, nicht durch Teilmaßnahmen. Nichts kann heute helfen, solange sich zwei Hegemonialmächte in geballter Furcht voreinander mit furchtbaren Waffen bedrohen. Aus dieser Bedrohung gibt es, real gesprochen, zwei Möglichkeiten des Entkommens. Die eine ist, daß eine der beiden um die Vormacht in der Welt streitenden Großmächte, großen Militärmächte, das Übergewicht über die andere erlangt. Es wäre möglich zu denken oder zu erwägen, ob eine Pax Americana oder eine Pax Sovietica zustande kommen könnte. Das wäre theoretisch gesehen eine der Möglichkeiten, Frieden auf Erden herzustellen. So wie die Römer einmal dem Mittelmeergebiet durch ihre Hegemonialmacht Frieden aufzwangen, so könnte das eine Hegemonialmacht tun, die aus dem Kriege oder auch schon vor dem Kriege die unumstrittene Vormacht über alle Militärmächte der Welt erhält. Die zweite Möglichkeit ist die, die ich vorhin schon angedeutet habe. Sie ist völlig utopisch heute. Nämlich die Möglichkeit, daß alle Staaten von der Vorstellung der absoluten Souveränität, die sie heute haben, wonach jeder von ihnen über Krieg und Frieden allein entscheiden kann, abgehen, und daß sie bereit sind, Konflikte zwischen verschiedenen Staaten – und dazu gehört auch die gegenseitige militärische Bedrohung – Schiedsrichtern, Gerichten, Institutionen einer übernationalen Organisation zu unterbreiten und sich dort Ratgebern, Schiedssprüchen (wie sie heute z. B. im Falle von Peru und Chile schon gebraucht wurden), gewissermaßen den Ratschlägen und der Hilfe dritter, weniger beteiligter Mächte unterwürfen. Auf diese Weise könnte man bindende Zusagen erreichen, keine Gewalt zu gebrauchen.

Ich weiß, was Sie denken werden. Der redet Unsinn. Das ist so utopisch, daß man es sich nicht vorstellen kann. Aber nach dem nächsten Kriege wäre es nicht utopisch. Dann, auf bittere Erfahrungen gestützt, würden die Menschen in der Lage sein, so etwas zu tun: Freiwillig auf einen Teil ihrer Souveränität zu verzichten und sich effektiven Richtersprüchen oder Schiedsgerichten Dritter zu unterwerfen. Heute ist es unmöglich. Heute kann man es nicht tun. Lassen Sie mich einen Augenblick in die Geschichte schweifen. Warum ist es heute unmöglich? Nun, es ist unmöglich aufgrund einer langen Tradition. Es hat viele Vormachtkämpfe in der Weltgeschichte gegeben, und man ist sich vielleicht nicht genügend dessen bewußt, daß der Vormachtkampf zwischen der Sowjetunion und zwischen den Vereinigten Staaten nur der bisher letzte und wahrscheinlich überhaupt der letzte einer Serie von Vormachtkämpfen ist, die weit in die Vergangenheit zurückgehen. Lassen Sie mich einen dieser Vormachtkämpfe oder einige dieser Vormachtkämpfe ganz kurz vor Ihnen skizzieren. Man sieht dann die Struktur solcher Kämpfe klarer.

Ich erinnere Sie an das Vorgehen Alexanders des Großen. Auch damals wuchs dieser Eroberungszug Alexanders aus einem Vormachtkampf heraus. Für viele Jahrzehnte hatten die griechischen Städte miteinander um die Vormacht gekämpft. Sparta und Athen waren die stärksten Militärmächte, und ihr Kampf hatte mit einem Unentschieden geendet, wie es oft der Fall ist und wie es auch bei den Vormachtkämpfen der europäischen Staaten der Fall gewesen ist. Auch die Vormachtkämpfe der europäischen Staaten, zu denen ich noch etwas zu sagen haben werde, haben mit einem Unentschieden geendet. Aber dann übernahm, wie Sie alle wissen, seitens der griechischen Staaten kein Stadtstaat, sondern eine Monarchie im Norden die Aufgabe, den alten Stammfeind der Griechen, nämlich die Perser, in einem Feldzug aufs Korn zu nehmen. Sie erinnern sich, daß die Perser seit vielen Jahrhunderten versucht hatten, die Griechen zu unterjochen. Da gab es auch einen recht einseitigen Vormachtkampf, weil die Griechenstädte nie stark genug waren, die geballte Macht der Perserkönige zu besiegen. Aber die Perserkönige hatten immer wieder versucht, diesen Dorn in ihrer Seite, die freien Griechenstädte zu erobern; sie waren zum Teil durch Makedonien hindurchgezogen vom Norden. Und so war eine alte Feindschaft, eine alte Hegemonialfeindschaft zwischen Griechen und Persern entstanden. Dann nahmen Philip von Makedonien und Alexander die Sache der Griechen auf, und in einem großen Zuge, nachdem er sein eigenes Heer gestählt und gestärkt hatte, überrannte er das Perserreich und setzte sich an die Stelle der Perserkönige. Der Hegemonialkampf war gewonnen. Aber nun passierte etwas, was für Hegemonialkämpfe überall charakteristisch ist. Im Siegestaumel kam über Alexander so etwas wie ein Hegemonialrausch. Er sah, daß er zwar das Perserreich erobert hatte, daß aber an den Grenzen des Perserreichs noch andere freie Völker lebten, die eine Bedrohung darstellten. Er war wie alle Hegemonialmächte besessen von dem Gefühl: Ich muß für mein Land die absolute Sicherheit schaffen. Infolgedessen befahl er seinen Truppen, über die Grenzen des Perserreiches hinaus nach Osten zu ziehen und ein Volk nach dem anderen zu unterjochen und zum Teil in sein Herrschaftsgebiet einzufügen. Er tat das in der Hoffnung, irgendwo an eine Grenze zu stoßen: an das Weltmeer, wo es keine Gegner mehr gäbe und so für sein Land die absolute Sicherheit von physischer Bedrohung durch irgend jemand erreicht wäre. So ging er weiter und weiter, getrieben vom Hegemonialrausch: Ich bin der Stärkste, ich kann alle besiegen, ich werde die absolute Sicherheit für mein Land schaffen. So ging er weiter und weiter, und er kam nach Indien, bis seine geplagten Truppen am Ende sagten: Genug, hier gehen wir nicht weiter. Der Weltozean ist noch nicht da, wir sehen keine Grenzen, wir müssen zurückgehen. So stoppte Alexander widerwillig, aber ärgerlich mit seinen Soldaten. Er versuchte, sein großes Reich, das er in der Eroberung zusammengebracht hatte, zu einen, und es verfiel schnell genug, denn es war viel zu groß.

Hier kommen wir einer Erscheinung auf die Spur, der man eigentlich fast immer in solchen Kämpfen begegnet. Sie spüren sie heute auch manchmal in Rußland, manchmal in Amerika: Das Gefühl, ich muß die stärkste Macht auf Erden werden, um absolute Sicherheit zu haben. Wenn Sie sich die Entwicklung ansehen, dann sehen Sie, daß das Römerreich in einem Rausch, in einem Hegemonialfieber dieser Art geschaffen wurde. Erst suchten sie Sicherheit gegen die gleichsprachigen Latiner, dann Sicherheit vor Konkurrenten in Italien, dann Sicherheit vor Karthagern, weil sie im Mittelmeer mit ihnen konkurrierten, dann Sicherheit vor den Makedoniern und so immer weiter auf der Suche nach Sicherheit für sich selbst und auch in dem Bewußtsein, stärker zu sein als jeder andere. In einem Rausch der Hegemonie eroberten sie, bis sie schließlich an die Grenze ihrer Machtquellen kamen. In dieser Hinsicht, wenn ich das einmal sagen darf, hat die Schlacht am Teutoburger Walde eine besondere Bedeutung, weil hier plötzlich den Römern klar wurde, daß sie gerne das ganze Gebiet bis zur Elbe unter ihre Herrschaft gebracht hätten. Da, also fühlten sie, hätten sie absolute Sicherheit erreicht. Aber sie wurden am Teutoburger Walde besiegt und zogen sich dann auf die Rhein-Donau-Grenze zurück.

Das, was ich Ihnen hier geschildert habe, vollzog sich in Europa immer wieder von neuem. Es gab eine Zeit, in der die Franzosen versuchten, die Hegemonialmacht von Europa zu werden. Ludwig XIV. ging erobernd in die Pfalz, erobernd auch ins Rheinland; schließlich handelte so der Größte von allen, Napoleon. Er suchte sein Reich vorzuschieben bis nach Rußland, denn dort hoffte er den letzten möglichen Gegner zu treffen und endlich die Sicherheit, aber auch den Ruhm Frankreichs, die Größe der französischen Hegemonie herzustellen. Lassen Sie mich einen kleinen Einschub machen. England nimmt in diesem schrecklichen Spiel eine besondere Stellung ein. Die Engländer auf ihrer Insel suchten nie die Hegemonie über Europa, und sie waren auch nicht in der Lage, sie zu gewinnen. Aber ihre Politik war systematisch die, jede Hegemonie auf dem Festlande zu verhindern. Sie alle wissen es, daß die Engländer sich systematisch immer mit dem Zweitstärksten verbündeten, um den Stärksten auf dem Festland an der Möglichkeit einer Hegemonie zu hindern. Und auf diese Weise, nun lassen Sie es mich von der anderen Seite sagen, kam es nie zu einer Einigung von Europa. Das ist der Grund, warum Europa nicht unter der Hegemonie Frankreichs oder später Deutschlands geeint wurde. Aber sehen Sie nun einmal zurück auf die zwei großen deutschen Kriege. Auch sie, der Krieg von 1914 und der Krieg von Hitler, waren im Grunde Kriege mit dem Ziel, die Hegemonie Deutschlands über das Festland Europas zu errichten. Das deutsche Reich, zu spät geeint gegenüber den anderen Hegemonialstaaten, begnügte sich nicht, und das habe ich zum Teil noch miterlebt, begnügte sich nicht mit der Gleichheit mit den anderen Großmächten. Lange Zeit hindurch war das, wonach das deutsche Bürgertum gestrebt hatte, eine Einigung, die dem deutschen Nationalstaat Gleichheit mit den älteren Nationalstaaten Frankreichs, Englands, Schwedens und selbst Rußlands garantieren würde. Aber sowie nun einmal unter militärischer Führung der Bismarckstaat errichtet worden war, begnügte man sich nicht mehr mit der Gleichheit. Ich selbst habe noch die Zeit erlebt, die ganz im Gefühl dieser Situation des Hegemonialrausches stand, des Rausches, der in Deutschland aufstieg: Wir müssen die Stärksten sein; es genügt nicht, daß wir den anderen gleich sind; wir sind militärisch so stark; wir müssen die gleiche Flotte haben wie England; wir müssen stärker werden als die Franzosen; wir müssen Mitteleuropa und vielleicht ganz Europa beherrschen. Und im Zuge dieses Hegemonialfiebers tat der Kaiser das, was Bismarck zu vermeiden gesucht hatte. Eigentlich, wenn ich es einmal sagen darf, haben die Deutschen mit ihren Staatsmännern nicht sehr viel Glück gehabt nach der Einigung. Bismarck war ein großer Mann. Aber seine Politik war im großen und ganzen eine Politik der Mäßigung. Als er Österreich besiegt hatte, sah er sofort die Notwendigkeit ein, Österreich sich zum Freunde zu machen, den Feind von gestern zum Freunde von heute zu machen. Aber dann erfaßte, nun, ich habe es gesagt, die Deutschen der Hegemonialrausch. Die Niederlage von 1918 war die Folge, und ich kann Ihnen nicht beschreiben, wie der enttäuschte Hegemonialrausch sofort nach 1918 wieder aufstieg, wie sofort in vielen Kreisen das Gefühl aufstieg: Das kann nicht sein; wir können uns nicht begnügen; wir können uns mit dem, was wir haben, nicht begnügen; weg mit Versailles. Es wurde die Mythe aufgebracht, daß diese Lage nicht von Generälen verschuldet sei, sondern durch einen Dolchstoß von hinten, von der Arbeiterschaft und vielleicht von den Juden verursacht wurde. Und so täuschte man sich selber. Die Überzeugungskraft, mit der Menschen damals wirklich an die Dolchstoßlegende glaubten, um sich zu täuschen, um nur den Hegemonialrausch, der dahinterstand, zu verbergen, das würde ich Ihnen wünschen, miterlebt zu haben, um zu sehen, wie ein solcher Rausch auch in Deutschland Menschen erfassen konnte. Und da Deutschland im großen und ganzen in seinem Machtpotential eigentlich für eine Hegemonie nicht stark genug war, mußte es mit einer großen Verkrampfung geschehen, mit dem Hitler-Aufstieg, mit dem Hackenzusammenschlagen, mit dem fanatischen Sinn für einen übertriebenen Nationalismus. Der diente dazu, seinem Volk die Hegemonie in Europa zu geben, das seinem Machtpotential nach, wie ich sagte, eigentlich dazu nicht in der Lage war.

So kam es dann zu den schrecklichen Grausamkeiten, die wir nicht vergessen können an diesem Tage. Wir erinnern uns der Toten. Ich ganz besonders der meinen. Sie erinnern sich Ihrer und sehen vielleicht nun, daß man die Tagesfragen besser versteht, wenn man den großen Zusammenhang kennt. Wie kann man diesem immer wiederkehrenden Streben nach einer Hegemonie begegnen? Die gegenwärtige hegemoniale Rivalität zwischen der Sowjetunion und den Vereinigten Staaten hat viele Züge mit den alten Hegemonialkämpfen gemeinsam. Auch die Sowjetunion hatte in ideologischer Verbrämung unter dem Namen der Weltrevolution im Grunde eine Verheißung erhalten, daß dieses kommunistische Land einmal die Führung des Weltkommunismus übernehmen würde. Und viele der Propagandamotive der Sowjetunion sind noch heute auf den Untergang des Kapitalismus, auf die Herrschaft des Kommunismus in der ganzen Welt gerichtet. In bescheidenerem Maße findet man ähnliches auf der amerikanischen Seite. Auch da, wie es einmal der Defense Secretary ausdrückte, herrscht das Gefühl: Wir müssen die stärkste Macht auf Erden werden; wir müssen stärker als alle anderen werden. Aber die Hegemonialrivalität auf der heutigen Stufe, soviel sie mit der Rivalität der vergangenen Stufen gemein hat, hat bestimmte einzigartige Züge. Sie erraten es: Einer der einzigartigen Züge ist eben dies, daß, wenn es heute zu einem Krieg zwischen den Hegemonialmächten käme, es die Zerstörung eines guten Teils der Welt bedeuten würde. Die Entwicklungsbilder, die ich Ihnen hier vor Augen geführt habe, haben eine gute Funktion. Sie zeigen Ihnen, daß noch nie in der Geschichte, noch nie in der Entwicklung der Menschheit, soweit ich mich daran erinnern kann, eine solche Situation, ein Kampf zwischen den jeweils stärksten Militärmächten einer bestimmten Staatsgruppe ohne Krieg ausgegangen ist.

Ich glaube, diese Erinnerung sollte uns eine Warnung sein. Manchmal, wenn ich mich umsehe, dann denken Menschen, schließlich und endlich sind ja alle Regierenden doch rationale Menschen und wissen, was ein solcher Krieg bedeuten würde. Es ist also nicht möglich, daß sie uns in einen solchen Krieg führen würden. Nicht mit Bewußtheit und nicht mit Absicht. Aber es ist die Dynamik der Situation, die Menschen sehr oft oder immer in eine kriegerische, gewalttätige Auseinandersetzung hineingeführt hat. Das ist heute international soziologische Grundüberzeugung, wenn auch nicht überall. Vielleicht ist nicht ganz klar, daß es Zwänge einer Figuration geben kann. Aber hier haben wir ein Beispiel: Immer wieder von neuem zwang die Hegemonialsituation Menschen in einen Krieg. Nun, ich habe es schon gesagt, ich glaube nicht, daß eine Notwendigkeit eines solchen Krieges besteht. Aber ich glaube ganz gewiß, daß die Gefahr größer ist, als es diejenigen sehen, die im Grunde auf die Rationalität der führenden Männer der Erde hoffen.

Was bleibt zu tun? Nun, meine lieben Zuhörerinnen und Zuhörer, ich kann Ihnen nur kurz eine Darstellung dessen geben, was möglicherweise zu tun ist. Dazu muß ich noch einmal mit der Sonde des Forschers in die Gründe gehen. Die gegenseitige Bedrohung der Sowjetunion und der Vereinigten Staaten hat zwei Seiten, und wir tun gut daran, das

Zusammenwirken dieser zwei Seiten zu sehen und sie dennoch als verschieden zu verstehen. Auf der einen Seite sind die Sowjetunion und die Vereinigten Staaten in genau derselben Situation, in der Alexander oder die Römer oder die Franzosen waren. Sie wollen Sicherheit. Sie wollen absolute Sicherheit vor den Waffen der militärischen Macht auf der anderen Seite. Und genau dasselbe gilt von den Amerikanern, absolute Sicherheit. Um diese Sicherheit zu haben, suchen sie jeweils stärker als die andere Seite zu werden. So treten also in der Besorgnis um die eigene Sicherheit beide Mächte wechselseitig zu einem ständigen Rüstungswettrennen an. Dieser Zustand ist inhärent in der Situation. Aber das ist nur ein Aspekt des Gegensatzes: beide haben Furcht vor der militärischen Überwältigung durch den Gegner. Mit Recht. Der andere Aspekt ist, daß die Gegner verschiedene Sozialsysteme, verschiedene Glaubenssysteme haben, und zwar entgegengesetzte Systeme. Nehmen Sie einmal den utopischen Fall an, daß in einem solchen Krieg zwischen den beiden Großmächten – und es ist nützlich, sich solche Möglichkeiten vor Augen zu führen –, daß in einem Kriege die Sowjetrussen siegen würden und daß ihr eigenes Land ebenso wie Amerika nicht völlig zerstört wäre. Nehmen wir es einmal an. Dann, natürlich, würden die Führungskräfte Amerikas, wären sie nicht getötet, jedenfalls ins Exil gehen müssen. Ihre ganze Werthaltung würde zerstört, und in den eroberten Staaten würden überall kommunistische Regierungen eingerichtet werden. Und umgekehrt. Wenn in einem solchen Kriege die Amerikaner siegen würden, dann würden sie die heutigen kommunistischen Parteiführer, die Parteimitglieder verfolgen oder ins Exil jagen und würden kapitalistische Systeme dort einrichten. Jede Auseinandersetzung zwischen den zwei Mächten hat also zwei Bedrohungen durch die Zerstörung alles dessen, was der anderen Seite sozial als wichtig, als gut und als wünschenswert erscheint.

Was ich damit sagen will, ist dies: Daß neben den allgemeinen Zügen eines Hegemonialkampfes der gegenwärtige Gegensatz zwischen Rußland oder zwischen der Sowjetunion und den Vereinigten Staaten und den jeweiligen Verbündeten Züge eines Religionskrieges hat. Wir wissen aus der Vergangenheit, wie enorm durchdringend der Haß und die Furcht von Menschen verschiedener Religion füreinander sein kann. Protestanten und Katholiken haßten sich einst und kämpften miteinander auf Leben und Tod. Sie sehen die Folgen von religiösen Gegensätzen dieser Art bis in die Gegenwart hineinragen, in Nordirland, wo sich heute noch Katholiken und Protestanten zum guten Teil mit Gewalt bekämpfen. Aber allgemein ist es möglich gewesen, die Hitze des Hasses zu mildern. Heute können Menschen verschiedenen religiösen Glaubensbekenntnisses friedlich und manchmal sogar freundlich in den europäischen Ländern miteinander zusammenleben. Es scheint beinahe unerfindlich, warum sie sich in früherer Zeit so haßten, daß sie Kriege gegeneinander führen konnten. So, aus geschichtlicher Perspektive gesehen, steht es auch mit dem Haß und der Verachtung, die aus vielen Schriften der Kommunisten und aus vielen Schriften der Kapitalisten für die Gegenseite in unsere Zeit hineindringt. Ich habe etwas ganz Konkretes damit im Sinn. Wir sprechen heute sehr viel von Abrüstung und meinen dabei Abkommen über die Waffenabrüstung. Aber ich will es deutlich sagen. Ich glaube, mehr: ich weiß, daß eine Waffenabrüstung, ein Versuch, die Beziehungen der beiden Hegemonialmächte allein durch eine Abrüstung von Waffen durch Abmachung über weniger Geschütze zu regeln, nicht erfolgreich sein wird. Um eine wirkliche Abmachung herbeizuführen, ist auch ein ideologisches Abrüsten vonnöten. Ich habe gesagt, daß wir heute in einer einzigartigen Situation stehen. Nämlich in der Situation, in der der nächste Krieg zwischen den Hegemonialmächten die Vernichtung eines großen Teiles der Menschheit im Gefolge haben könnte. Unter diesem Druck scheint es mir richtig und wichtig zu sagen, daß ohne eine ideologische Abrüstung eine

Lösung des Problems nicht möglich ist. Ich verstehe darunter nicht eine Verwischung des Glaubens. Es gibt keinen Grund, warum Kommunisten nicht an ihre Werthaltung und Kapitalisten nicht an ihre Werthaltung glauben sollten. Ich befürworte auch nicht einen Neutralismus. Alles das liegt mir fern. Ich befürworte eine große und allgemeine Politik der Mäßigung. Im Angesicht einer Atomkriegsgefahr sind leidenschaftliche Auseinandersetzungen zwischen Menschen verschiedenen Parteiglaubens gefährlich. Ich glaube also, daß es nötig sein wird, mehr und deutlicher zu sagen, was uns alle betrifft, denn unser eigener Eifer und unsere eigene Leidenschaftlichkeit im Haß oder in der Verachtung auf andere Seiten fördert die Leidenschaftlichkeit der Auseinandersetzung, die heute noch die beiden Regierungen, die Hauptregierungen, die letztlich für Krieg und Frieden verantwortlich sind, treibt.

Erlauben Sie mir, auf das Problem der Bundesrepublik zurückzukommen. Ich will es auch hier nicht bei Zweifeln belassen. Ich persönlich könnte nicht in einem der östlichen Länder leben. Meine eigene Werthaltung gehört zum Westen, und ich glaube nicht, daß ein Neutralismus der Bundesrepublik möglich oder wünschenswert ist. Aber ich glaube doch, daß gerade in der Bundesrepublik vieles getan werden kann, um der Wildheit, um dem Hegemonialrausch, der sich oft auf der einen oder der anderen Seite bemerkbar macht, entgegenzuwirken. Dazu aber, so scheint es mir, ist vielleicht etwas nötig, was man gerade auch in der Bundesrepublik tun kann und vielleicht tun sollte. Vielleicht kann ich es am besten durch eine Geschichte erläutern, die mir manchmal einfällt, wenn ich die gegenwärtige Situation der Bundesrepublik betrachte. Es ist eine Geschichte, die ich irgendwann einmal gelesen habe von einer Gruppe von Menschen, die einst in einem großen und schönen Palast wohnten, aber dann kam es zum Krieg. Der Palast wurde niedergebrannt und die Bewohner des Hauses verstreuten sich in zwei Teile, und der eine Teil richtete sich in einem

Zeltlager ein, eine Strecke entfernt von dem ehemaligen Palast. So lebten sie also in ihrem Zeltlager, und wenn die Jüngeren die Älteren fragten, wie lange sie noch in dem Zeltlager leben sollten, dann sagten die Älteren: »Wartet, geduldet Euch noch ein wenig, bis wir den alten Palast wieder aufbauen können, um mit den anderen, die auf der anderen Seite auch in einem Zeltlager leben, zusammen wieder das Haus bewohnen zu können.« So war es am 30. Jahrestag des Friedens, so war es am 40. Jahrestage des Niederbrennens des Palastes. Auch da fragten die Jüngeren wieder: »Wann können wir uns ein neues Haus bauen, statt des provisorischen Zeltlagers?« Und die Älteren sagten: »Geduldet Euch. Die Zeit wird schon kommen, wenn der Palast wieder errichtet werden kann.« Ja, die Geschichte hat kein Ende. Die Frage ist, nach dem 50. Jahrestag, auf den wir alle hoffen, ob man immer noch sagen wird: »Unser Zeltlager muß beibehalten werden. Wir können uns nicht ein neues Haus bauen, weil wir die Vergangenheit wieder aufleben lassen müssen, weil wir den alten Palast wiederherstellen müssen.« Auch noch nach dem 60., auch noch nach dem 70. Jahrestag? Ich glaube, eines der Probleme, mit dem die Bundesrepublik zu ringen hat, ist das Problem der Identität. Ich wünschte, ich könnte sagen, daß Hitler früher oder später aus der Vergangenheit der Bundesrepublik oder auch der DDR verschwinden wird. Aber ich glaube das nicht. Der Gedanke, die Erinnerung an Hitler ist zu tief in die Weltmeinung eingedrungen, als daß sie je in absehbarer Zeit verschwinden kann. Aber was natürlich möglich ist, ist, daß ein neuer deutscher Staat entsteht, ein menschlicher Staat, ein Staat, der durch seine kulturellen und wissenschaftlichen Leistungen ein eigenes Gesicht erhält, so daß vielleicht die jungen Menschen dieses Staates früher oder später in der Lage sind zu sagen: Hitler, ja gewiß, das war einmal. Aber heute sind wir anders. Ich wünsche Ihnen, und ich wünsche uns allen, daß wir in zehn Jahren, daß Sie in zehn Jahren diesen Friedenstag in Frieden und Wohlfahrt begehen können. Und wir alle – ich hoffe, Sie sehen es – können das Unsere dazu tun, etwas Toleranz und Mäßigung zu üben, damit der Friede erhalten bleibt. Ich danke Ihnen.

Humana conditio

Beobachtungen zur Entwicklung der Menschheit am 40. Jahrestag eines Kriegsendes (8. Mai 1985)

Für Michael Schröter, dessen Freundschaft diese Ausgabe ermöglicht hat

1*

Manchmal ist es nützlich, um die Tagesfragen besser zu verstehen, sich in Gedanken ganz von ihnen zu entfernen und dann gleichsam aus der Distanz langsam wieder zu ihnen zurückzukehren. Man versteht sie dann besser. Denn wer nur in die Tagesfragen vertieft ist, wer niemals über sie hinaussieht, ist praktisch betrachtet blind.

Dies ist ein Tag, an dem wir den Frieden feiern, den Frieden nach dem Ende eines schrecklichen Krieges. Er ist so auch der eigentliche Geburtstag der neuen deutschen Bundesrepublik, den wir gleichzeitig mit diesem Tag des Friedens feiern. Wir feiern also eine vierzigjährige Friedenszeit – wir, die Völker Europas. Andere Völker der Erde sind weniger

* Dieses kleine Buch entstand bei der Arbeit an einem Vortrag über das gleiche Thema, den ich auf Einladung der Universität Bielefeld dort am 8. Mai 1985 hielt. Eine Tonbandnachschrift des tatsächlichen Vortrags soll in Nr. 2 der *Bielefelder Universitätsgespräche* veröffentlicht werden. Ich bin Rudolf Knijff zu besonderem Dank verpflichtet für seine Hilfe bei dieser Arbeit. Auch Gottfried Hermelink hat mir viel geholfen, und ich bin ihm dankbar dafür.
Der Band erscheint im Rahmen eines von der Fritz-Thyssen-Stiftung geförderten Editionsprojekts (Gesamtleitung: Hermann Korte, Ruhr-Universität Bochum), der ich an dieser Stelle gleichfalls meinen Dank aussprechen möchte.

glücklich. Dort hören die Kriege und die Revolutionen, die zwischenstaatlichen und die innerstaatlichen Gewalttätigkeiten der Menschen nicht auf. Wir können uns glücklich schätzen, in einer Gegend der Erde zu leben, in der es vierzig Jahre lang keinen Krieg gegeben hat. Aber was für eine Welt ist das, in der man sich beglückwünschen kann, wenn man einmal vierzig Jahre lang, weniger als ein halbes Jahrhundert, von der Bedrohung und der Wut des gegenseitigen Mordens der Menschen, das wir Krieg nennen, nicht *direkt* betroffen wurde, und in der man überdies ständig gewärtig sein muß, daß der nächste, noch schrecklichere Krieg über einen hereinbricht? Was für Menschen sind das, die sich gegenseitig immer von neuem mit Krieg, mit Mord und Totschlag bedrohen?

Humana conditio, das Los der Menschen. Ich habe dies als Richtpunkt für das, was ich hier zu sagen habe, unter anderem deswegen gewählt, weil die gewalttätigen Auseinandersetzungen zwischen Menschen, die wir Kriege nennen, soweit wir zurückschauen können, zum Schicksal, zu den Lebensbedingungen der Menschen gehören. Menschengeschaffenes Leid, menschengeschaffene Greuel. Und doch kommen und gehen die Kriege bisher wie Sturmfluten und Gewitter, unbeherrschbar für Menschen. Welche Besonderheiten auch immer den Hitler-Krieg von allen anderen unterscheiden, man kann dem menschheitlichen Problem, um das es hier geht, nicht ganz gerecht werden, wenn man den Blick auf diesen letzten europäischen Krieg oder auf den möglichen nächsten Weltkrieg gebannt hält, wenn man nicht fragt: Warum überhaupt Krieg?

Das gegenseitige Morden der Völker ist von Menschen zu einer stehenden Institution erhoben worden. Kriege gehören zu einer festen Tradition der Menschheit. Sie sind in deren gesellschaftlichen Einrichtungen wie im gesellschaftlichen Habitus, im Wirbild der Menschen, selbst der friedliebendsten, verankert. Aber nun sind wir am Ende der Bahn angelangt. Wir leben in einem Moment der Menschheitsentwicklung, wo der nächste Krieg die Zerstörung eines beträchtlichen Teiles der Menschheit, wenn nicht der bewohnbaren Erde, und nicht zuletzt auch der Kriegführenden selbst mit sich bringen wird. Viele Menschen wissen das, und wahrscheinlich sogar auch einige Mitglieder der Staatsregierungen, die den nächsten Krieg vorbereiten. Aber der Zwang der gesellschaftlichen Einrichtungen und des gesellschaftlichen Habitus der Menschen, die zum Kriegmachen drängen, ist so groß und anscheinend so unausweichlich, daß uns, die wir nun mit Trauer des letzten Krieges gedenken und zugleich mit Erleichterung eine kärgliche Friedenszeit von vierzig Jahren feiern, bereits wieder die Furcht vor dem nächsten, noch schrecklicheren Krieg im Nacken sitzt.

2

Eigentümlich, wenn Sie einmal mit weiter Sicht darüber nachdenken – Menschen haben in mancher Hinsicht gelernt, die wilden Naturgewalten zu zähmen. Die imaginären Geister und Götter, die einst in der Vorstellung der Menschen die ungezähmte Erde mit ihren dunklen Wäldern, ihren unheimlichen Gebirgen und ihren gefährlichen Meeren bevölkerten, sind heimgekehrt in die menschlichen Träume, aus denen sie kamen. Die Entwicklung der Naturwissenschaften – man sollte das gerade an den Universitäten nicht vergessen – hat Menschen über weite Bereiche des Naturgeschehens hin ein relativ sachgerechtes, ein realitätsnahes Wissen von den Zusammenhängen des Naturgeschehens an die Hand gegeben. Diese Wissenschaften haben, wie man das früher nannte, die »Wahrheit« über die Natur zutage gefördert. Sie haben der panischen Furcht vor der dämonischen Natur wie der Wunschvorstellung von der immer gütigen Mutter Natur das Handwerk gelegt.

Viele Menschen können es anscheinend den Naturwissenschaften nicht vergeben, daß sie die Natur entzaubert haben. Auch dies gehört zur Humana conditio. Ich glaube, es ist im Zusammenhang mit dem, was ich hier zu sagen habe, nicht ganz unwichtig, das in Worte zu fassen. Viele Menschen sagen, sie wollen die Wahrheit wissen, sie wollen wissen, wie die Welt, in der sie leben, wirklich aussieht. Aber beim genaueren Hinsehen zeigt sich oft, daß die Welt so, wie sie wirklich ist, den menschlichen Wünschen ganz und gar nicht entspricht. Wenn sie dessen gewahr werden, schrecken viele Menschen vor der Wahrheit zurück. Sie wiegen sich lieber in Träumen, machen sich lieber etwas vor. Das ist in der Tat eine der zentralen Fragestellungen der menschlichen Existenz: Will man die Welt möglichst so sehen, wie sie wirklich ist, selbst wenn sich dabei herausstellt, daß sie gefühlsmäßig unbefriedigend, daß sie nicht so beschaffen ist, wie man es sich wünscht? Oder will man sich in seine Wünsche und Ideale einhüllen wie in ein wärmendes Gewand, das einen vor der Kälte des Lebens schützt, auf die Gefahr hin, daß die unerwünschte Wirklichkeit plötzlich einmal in die wärmenden Träume einbricht, so daß man verbittert, enttäuscht und zynisch weiterlebt angesichts der Träume, die verlorengegangen, der Ideale, die verrostet und zerbrochen sind?

Ich gebe Ihnen ein Beispiel, das vielleicht fern genug ist, um es ohne besondere Mühe zu ertragen. Das Gesamtbild des Universums, in dem wir leben, wie es aus der fortschreitenden Forschungsarbeit der Kosmologen langsam hervortritt, ist weit entfernt von dem sanft-harmonischen Weltbild Newtons, ist alles andere als anziehend. Der Atommeiler der Sonne, der kontinuierlich sein eigenes Brennmaterial verbraucht und sich irgendwann einmal in einen »weißen Zwerg« verwandeln wird, die Gebilde, die man »schwarze Löcher« nennt, die selbst Lichtstrahlen aufzehren und nicht wieder herausgeben – kurzum, der wüste, ziellose Automatismus des tatsächlichen Universums, den die Kosmologen zu entdecken beginnen, ist recht weit entfernt von dem harmonischen Gleichmaß der schönen, gesetzmäßigen Natur, deren Bild im Zeitalter der Aufklärung vorherrschte und die Phantasie ihrer Philosophen beflügelte.

Um es einmal mit einem Satz zu sagen: Was die Menschen der entwickelteren Gesellschaften auf dieser Erde selbst als Natur erleben, ist kaum noch an irgendeinem Punkte die ungezähmte, von Menschen unberührte Natur; es ist so gut wie ausschließlich die von Menschen gezähmte, von Menschen für menschliche Zwecke umgeformte Natur. Ich erwähne das hier, weil dieser Umstand einen gewissen Symbolwert besitzt. Viele Menschen der entwickelteren Gesellschaften vergöttern heute die Natur. Aber sie könnten das schwerlich tun, wenn sie völlig in der noch nicht von Menschen verarbeiteten, von Menschen gezähmten Natur leben müßten. Dadurch, daß sie sich nicht in vollem Umfang bewußt sind, welche Rolle die Arbeit der Menschen, die körperliche wie die wissenschaftliche, dabei gespielt hat, das Naturgeschehen, in dessen Mitte sie leben, für sie erträglich zu machen, leben sie in Gedanken mit einer verkehrten Wertskala. Sie verstellen sich den Blick dafür, daß für Menschen das Wichtigste in dieser Welt, zumindest solange keine Meteoren auf uns herabregnen, nicht das physikalische, das vormenschliche Naturgeschehen ist. Was für Menschen am wichtigsten ist, das sind die Menschen selbst. Sie können die wilde Natur zähmen und verschönern oder auch verschandeln.

Ich hole etwas weit aus. Aber für das, was ich zu Tagesfragen zu sagen habe, erscheint es mir wichtig, den großen Rahmen richtigzustellen, in dem sich die Tagesprobleme abspielen. Es ist kein bloßer Zufall, daß »Conditio humana« der Titel eines Gedichtes ist, das in seiner Sicht etwas von dem, was ich hier zu sagen versuche, zusammenfaßt. Es ist kurz. Erlauben Sie mir, es zu zitieren:

Wir hören das Brausen der wandernden Erde nicht
wir schließen die Augen vor der unfaßlichen Ferne
und vor der Fahrt   die ohne Ziel und Namen ist
nur manchmal   wenn da oben der kahle Mond

im Glanze seines geborgten Lichts erstrahlt
wenn die funkelnde Heerschar der leblosen Sterne
in ihrer kalten Schönheit auf uns herabsieht
spüren wir diesen Geschmack der einsamen Erde
mit ihrem lebenden Treibgut fast auf der Zunge
und der unbegriffne Auftrag der wissenden Menschen
auf ihrer Fahrt durch die Wüste der Welt ist uns nah
da schmilzt die Zeit   die trügerischen Tore
Anfang und Ende stehn entzaubert da
und die Kulisse
der mörderischen Menschenziele sinkt
Wo sind wir?

Da haben Sie die unverhüllte Humana conditio – die einsame Erde mit ihrem lebenden Treibgut. Das sich entwikkelnde Weltall oder, was das gleiche besagt, die »Natur«, aus der Menschen hervorgegangen und in die sie hineingeboren sind, dieses Weltall ist völlig gefühllos. Es ist weder gut noch schlecht zu den Menschen; es ist ein blinder, sinn- und zielloser Ablauf, dessen Gewalt und so auch dessen Macht, verglichen mit der Macht der Menschheit, überwältigend groß sind. Sein Ablauf vollzieht sich mit vollkommener Gleichgültigkeit gegenüber der Menschheit und den einzelnen Menschen. Die Naturabläufe, die sich in jedem Menschen vollziehen und die wir oft metaphorisch als dessen Körper bezeichnen, gehen häufig genug ihre eigenen Wege in der Form von Krankheiten, in der Form eines genetisch vorbestimmten langsamen oder schnellen Zerfalls – in der des Alterns und des Todes.

Menschen suchen sich immer wieder diese völlige Gleichgültigkeit des blinden nicht-menschlichen Naturgeschehens durch Phantasiebilder, die ihren Wünschen besser entsprechen, zu verschleiern. Ich halte diese Neigung, sich die Kenntnis der Wirklichkeit oder, wenn Sie so wollen, die »Wahrheit«, weil sie unwillkommen ist, durch Wunschbilder zu verdecken, für verderblich und gefährlich. Durch eine solche Verdeckung der Gleichgültigkeit dieser ganzen nicht-menschlichen Welt gegenüber den Menschen verdeckt man sich zugleich die Tatsache, daß die einzigen unter allen Gebilden der Welt, die unter Umständen nicht gleichgültig gegenüber dem Schicksal von Menschen sein können, andere Menschen sind. Allein von Menschen können Menschen in dieser kahlen, gleichgültigen Welt Zuneigung, Wärme des Gefühls und Hilfe in den Beschwerden des Lebens erwarten.

Sei es aus reiner Wissensbegierde, sei es auf der Suche nach Hilfe oder Trost außerhalb der Menschheit, halten heute Gelehrte in diesem leblosen Weltall nach Signalen von anderen Wesen Umschau, die wie Menschen durch erlernte Symbole miteinander zu kommunizieren, Wissen zu speichern und in der Praxis zu nutzen vermögen. Aber es ist durchaus möglich, daß nur auf der Erde diejenigen Umstände zusammentrafen, die aus dem blinden, zweck- und ziellosen Naturgeschehen wissende, fühlende, mit Phantasie begabte und Ziele setzende Menschen hervorgehen ließen. Es ist durchaus denkbar, daß es in dem ganzen Weltall keine anderen Wesen dieser Art, keine »höheren Intelligenzen« gibt. Mag sein, daß wir ganz vergeblich in ein leeres Weltall hineinrufen: »Ist da jemand?« Vielleicht tun Menschen das in der Hoffnung, irgendwo jemanden zu finden, der stärker und weiser ist als wir selbst, jemanden, der uns, den Menschen, die Last der Verantwortung für uns selbst, für die Menschheit, abzunehmen vermag. Aber wir sind keine Kinder mehr. Da ist niemand.

Vielleicht finden Sie, daß ich für die Feier eines vierzigjährigen Friedens zu weit aushole. Aber meine Besorgnis um die akute Bedeutung dieses Friedenstages wird nicht durch meine Besorgnis um Verständnis für die Lage der Menschheit in dieser Welt getrübt. Die Sinnlosigkeit der Kriege und so auch dessen, was die Nationalsozialisten getan haben, die einzigartige Bedeutung, die Menschen füreinander besitzen, tritt erst mit voller Eindringlichkeit zutage, wenn man das

Bild der wissenden, Sinn und Freude suchenden Menschheit auf dem kleinen Sonnenplaneten der Erde in der riesigen Wüste dieses gefühllosen Weltalls vor Augen hat.

Ganz gewiß können Menschen ebensogut auch die Bewohnbarkeit ihres Planeten für Menschen zerstören, und sie sind vielleicht schon auf dem Wege dazu. Aber es ist ein wenig erschreckend, wenn man sieht, daß viele Menschen daraus den Schluß ziehen, die von Menschen unberührte Natur sei menschenfreundlich und gütig und nur der Eingriff der Menschen in das Naturgeschehen beschwöre Gefahren für Menschen herauf. Die Wahrheit ist, daß Menschen seit vielen Jahrtausenden mit kurzfristigen Zielen, aus ihrem jeweiligen Unbehagen an der Natur heraus, an der Bändigung der wilden, ungezähmten und gefährlichen Erdnatur gearbeitet haben. Sie haben die Urwälder gerodet und in Felder und Gärten verwandelt. Es ist ihnen in einigen Gegenden gelungen, die Wölfe, die Wildkatzen, die Giftschlangen, alles, was ihnen feindlich war, auszurotten. Nun können sie in diesen Gegenden friedlich und ohne Gefahr durch die Lande ziehen und die von Menschen gezähmte und pazifizierte Natur schön finden. Raubtiere sind im Zoo hinter Gittern zu sehen. Nur die Menschen selbst, etwa in ihrer Rolle als Autofahrer, bilden jetzt eine Gefahr füreinander. Aber die unzweifelhafte Gefährdung der Menschen durch die Veränderungen, die sie ungewollt – zum Teil aufgrund ihrer unkontrollierbaren Anzahl, zum Teil aufgrund der Liebe für ihre Kraftwagen und anderer sozialer Eigentümlichkeiten dieser Zeit – in ihrer natürlichen Wohnwelt gegenwärtig herbeiführen, ist nur die bisher letzte Phase eines jahrtausendelangen Prozesses der Verwandlung ihrer natürlichen Umgebung durch die Menschen.

Zu allen Zeiten hatte diese zunehmende Verwandlung ihres nicht-menschlichen Wohnraums durch die Menschen unbeabsichtigte Folgeerscheinungen, die langfristig betrachtet teils günstig, teils ungünstig für Menschen waren. Daß gegenwärtig die schädigenden Folgeerscheinungen der

Transformation ihres natürlichen Wohngebiets durch die Menschen möglicherweise ein größeres Ausmaß besitzen als früher, hängt mit zwei Eigentümlichkeiten der Menschheitsentwicklung zusammen, die, wie mir scheint, auch in diesem Kontext von Bedeutung sind. Ich will sie kurz erwähnen.

3

Die Lage der Menschen in der gegenwärtigen Phase ihrer sozialen Entwicklung wird aufs stärkste beeinflußt durch eine eigentümliche Ungleichmäßigkeit in der Entwicklung ihres Wissensschatzes. Gerade an den Universitäten läßt sich diese Ungleichmäßigkeit besonders gut beobachten, wenn sie auch gewöhnlich nicht als solche verstanden wird. Sachgerechtes, realitätsnahes Wissen von den nicht-menschlichen Naturzusammenhängen nimmt heute aufgrund des Wachstums der Forschungsinstitute in einem Maße zu, das die Zunahme des Wissens in allen früheren Jahrhunderten um ein Vielfaches übertrifft. Hand in Hand damit geht ein entsprechendes Wachstum der physischen Technologie, eine immense Ausdehnung der Kontrolle und Manipulation von nicht-menschlichen Naturabläufen durch die Menschen für militärische und friedliche Zwecke, die zugleich erhebliche Veränderungen des gesellschaftlichen Zusammenlebens der Menschen zur Folge hat. Die Anwendbarkeit in der Praxis, nicht nur in der technischen, sondern vor allem auch in der medizinischen, ist der beste Beweis für die Realitätskongruenz eines beträchtlichen Teils des naturwissenschaftlichen Wissens.

Bedenken Sie bitte, was hier geschieht. Durch die fortschreitende wissenschaftliche Arbeit wird die Natur in zunehmendem Maße entmythisiert. In diesem Bereich haben Menschen gelernt, daß die Beeinflussung ihrer Wissenssuche durch vorgefaßte Ideale, durch Wunschträume und

Phantasien den Weg zu einem sachgerechten, wirklichkeitsnahen oder, in der älteren Sprache, zu einem »wahren« Wissen versperrt. Die Naturwissenschaften haben es de facto längst aufgegeben, davon auszugehen, daß das natürliche Universum ihren eigenen Idealen oder menschlichen Wünschen überhaupt entspricht. Es hat sich vielleicht noch nicht herumgesprochen, aber ich habe bereits darauf hingewiesen: das Gesamtbild des Universums, das nun allmählich aus der Forschungsarbeit der Naturwissenschaftler zutage tritt, ist für Menschen nicht besonders anziehend. Man bekam einen kleinen Vorgeschmack, wenn man sich im Fernsehen die Mondlandschaft von nahem ansah. Der Satellit der Erde, der aus weiter Ferne betrachtet als großer, goldener Mond der Liebenden am Sommerhimmel strahlt, erweist sich bei näherer Betrachtung als eine leblose Wüste voll von Geröll. Ich halte es für durchaus möglich, daß Menschen im Laufe des nächsten Jahrhunderts beginnen werden, diese armselige Wüste mit Pflanzen anzureichern, Lufträume zu schaffen, wo Menschen leben können, und so den Mond allmählich in eine liebenswerte Wohnstätte für Menschen zu verwandeln. Die Belohnung, die den Menschen das Zurückstellen ihrer Furcht und ihrer Wünsche bei der Wissenssuche einbringt, also der Mut, die Wirklichkeit dieser Welt ohne beschönigende Bedeckung zu sehen und darzustellen, ist ihr Vermögen, die derart erkannte Welt in den Grenzen ihres Machtbereichs so zu verwandeln, daß sie ihren Wünschen und Bedürfnissen besser entspricht.

Das ist, wenn Sie so wollen, das Geheimnis der Wissenschaft: durch Verzicht auf Wunschdenken, auf beschönigende Phantasien oder gegebenenfalls auch auf Furcht und Angst, das Wissen von der Welt so zu entwickeln, daß es möglichst genau auf die wirkliche Welt paßt. Wenn man solches Wissen besitzt, dann kann man sich daranmachen, die unerwünschte, vielleicht auch furchterregende Welt so umzugestalten, daß sie den menschlichen Bedürfnissen besser entgegenkommt.

Die Menschen haben ein kurzes Gedächtnis. In den entwickelteren Ländern weiß man kaum noch, wie mühsam und gefahrenreich das Leben unserer Ahnen einmal war inmitten der wilden Steppen, der unbezähmbaren Flüsse, die oft unversehens das Land überfluteten, und der riesigen Wälder, wo alle Lebewesen, die Pflanzen, die Tiere und die Menschen, in ständigem Kampf miteinander lagen. Die Allgegenwart der Gefahren und der Furcht vor den unverstandenen Naturmächten fand ihren Ausdruck in der Mannigfaltigkeit der Geister, mit denen die schützende Phantasie der Menschen die bedrohliche, unverstandene Welt bevölkerte. Die Demythisierung der Natur war ein langer Prozeß, eine mühsame, ungeplante Arbeit von Jahrhunderten. Heute erinnert man sich ihrer kaum noch. Die Entmythisierung der Natur ist selbstverständlich geworden. Selbst die schmerzhafteste Krankheit schreibt man nicht mehr den Zaubersprüchen einer Hexe zu, selbst den Wahnsinn nur noch selten der Besessenheit von bösen Geistern. Selbst den Ausbruch eines Vulkans oder ein verheerendes Erdbeben schreibt man nicht mehr den erzürnten Geistern des Berges oder des Bodens zu. In vielen Ländern haben sich die Menschen dermaßen zu Herren der Natur gemacht, daß deren unverminderte Übermacht und Gefährlichkeit ihnen nur noch ausnahmsweise, gleichsam am Rande ihres Lebens, zu Bewußtsein kommen. Auch Erdbeben und Sturmflut erleben sie nun als Naturereignisse, deren Ursache und Auftreten man wissenschaftlich erforschen und deren Gefährlichkeit man dann mit Hilfe von wissenschaftlichen Vorhersagen mindern kann.

So wenig ist man gegenwärtig noch der Langwierigkeit dieses Entmythisierungsprozesses, dieser Entwicklung von höchst wirklichkeitsgerechtem Wissen im Bereich der nicht-menschlichen Natur gewahr, daß vielen Menschen die hohe Realitätskongruenz ihres Wissens von der Natur einfach als Ergebnis ihrer natürlichen Vernunft oder, allgemeiner, der universellen menschlichen Rationalität erscheint.

Deswegen sind sie dann völlig unfähig zu erklären, warum Menschen zwar in der Lage sind, in bezug auf das außermenschliche Naturgeschehen »rational« zu denken und zu handeln, aber offensichtlich nicht in gleichem Maße imstande sind, sich in bezug auf ihr eigenes gesellschaftliches Zusammenleben »rational« zu verhalten. Wenn es sich aber hier wirklich um eine Frage der menschlichen »Rationalität«, der naturgegebenen »Vernunft« oder des universellen »Verstandes« handelte, dann wäre schlechterdings nicht einzusehen, warum Menschen von ihrer »Vernunft«, ihrer »Rationalität« nur in bezug auf die »Natur«, aber nicht, oder jedenfalls nicht im gleichen Maße, in bezug auf ihr soziales Zusammenleben Gebrauch machen. Die Zwangsläufigkeit, mit der sich Menschen gerade in dem Moment, in dem sie einen vierzigjährigen Frieden feiern, nun von neuem der Gefahr eines weiteren, noch weit schrecklicheren Krieges ausgeliefert finden, ist ein gutes Beispiel für diese eigentümliche Verschiedenheit des Verhaltens und Denkens in bezug auf die Natur und auf die Gesellschaft. Wenn Begriffe wie »Rationalität« oder »Vernunft« überhaupt eine klare Bedeutung hätten – und ich bezweifle, daß das der Fall ist –, dann müßte man erklären, warum sich gegenwärtig die menschliche »Rationalität« auf die Orientierung im Bereich des Naturgeschehens beschränkt, aber beim Nachdenken und auch beim Verhalten in bezug auf das gesellschaftliche Zusammenleben der Menschen, zu dem ja nun eben auch die zwischenstaatlichen Beziehungen gehören, haltzumachen scheint. Es ist ziemlich offensichtlich, daß man bei dem Bemühen um solche Probleme mit Begriffen wie »Vernunft«, wie »Rationalität« und »Irrationalität« nicht weiterkommt.

Der Unterschied, auf den man hier stößt, ist aufschlußreich. Wenn sich die Menschheit durch ein Naturereignis, etwa durch eine Seuche oder durch einen herannahenden Meteor, in eine ähnlich große Gefahr versetzt fände wie die, der sie heute durch den Gebrauch von Atomwaffen für kriegerische Zwecke ausgesetzt ist, dann würden sich viele Gruppen von Wissenschaftlern vor die Aufgabe gestellt sehen zu erforschen, wie man am besten dieser Naturgefahr begegnen oder, wenn sie nicht abzuwenden ist, wie man, etwa durch Umsiedlung von Menschengruppen, die Größe der Gefahr vermindern könnte. Man würde, mit anderen Worten, versuchen, unbeirrt durch Wunschträume und andere Phantasien eine möglichst realitätsnahe Erklärung der Gefahr zu finden und aufgrund dieses sachgerechten Wissens entsprechende praktische Maßnahmen zu treffen. Hier, bei der Bewältigung von Gefahren, denen Menschen durch das nicht-menschliche Naturgeschehen ausgeliefert sind, handeln die in bestimmten Gesellschaftsverbänden zusammengeschlossenen Menschen schon fast wie Erwachsene. Sie sehen sich nicht nach jemand anderem um, der ihnen helfen kann. Sie treiben keine Vogel-Strauß-Politik. Sie machen sich nicht vor, daß die Gefahr verschwinden wird, wenn sie im Chor den Wunsch aussprechen, daß sie verschwinde. Hier, bei der Begegnung mit Gefahren auf der Ebene der physikalischen und biologischen Natur, haben Menschen bereits Verständnis dafür gewonnen, daß Menschen allein etwas dazu tun können, die Gefahr aus dem Wege zu räumen oder zu mindern, und zwar gerade aufgrund von möglichst wirklichkeitsnahem Wissen. Aber dazu gehört nun eben eine bewußte Distanzierung von dem bedrohlichen Ereignis, eine Ausschaltung aller idealisierenden Wunschphantasien.

Damit kommt man dem Kern der Sache schon etwas näher. Bei der Bedrohung durch außermenschliche Naturereignisse sind Menschen einer solchen Zurückhaltung ihrer Wünsche und Phantasien bereits fähig. Der Anstieg war lang und mühsam, der sie dazu in die Lage versetzte. Aber nun ist in den entwickelteren Industriegesellschaften ein sozialer Standard des Sprechens und Wissens erreicht, der es schon den Kindern dieser Gesellschaften ermöglicht, die gezähmte Natur, in deren Mitte sie leben, ohne Angst vor Geistern und Zauberern zu erleben. Sie lernen sehr früh, daß die beweglichen Menschen auf dem Bildschirm keine Hexerei, daß Computer menschengeschaffene Apparate sind, die von Menschen repariert werden können, wenn sie widerborstig versagen. Und für Erwachsene dieser Gesellschaften ist die Entmythisierung der nicht-menschlichen Natur, ist ein relativ furchtloses und sachgerechtes gemeinsames Eingreifen von Menschen im Falle von Gefahren auf diesen, auf den physikalischen und biologischen Ebenen des Naturgeschehens zumeist schon ganz selbstverständlich. Sie geben sich kaum noch Rechenschaft davon, daß Menschen früherer Generationen auch die ehemals weit weniger gezähmte, weit bedrohlichere Natur um sie und in ihnen selbst in weit höherem Maße durch den Schleier ihrer Wünsche und ihrer Furcht, also mythisch-magisch erlebten.

Aber bei dem Bemühen um die Bewältigung der Gefahren, die Menschen füreinander darstellen, und besonders angesichts der gegenseitigen Bedrohung von Gruppen, die in militärisch gewappneten Staaten zusammengeschlossen sind, verhalten sich Menschen ganz anders. Prüfen Sie es selbst: Den erschreckenden Gefahren, denen Menschen durch einander – vor allem, aber gewiß nicht allein durch die gegenseitige Bedrohung mit physischer Gewalt oder direkt durch deren Gebrauch – ausgeliefert sind, steht die ganze Menschheit heute im Grunde noch genauso hilflos gegenüber wie unsere Ahnen den bedrohlichen Naturgewalten, also etwa den Blitzen, den Seuchen oder den riesigen Überschwemmungen, denen wir den Mythos von Noahs Flut verdanken. Es gehört, mit einem Wort, zum Los der Menschen auf der gegenwärtigen Stufe der Menschheitsentwicklung, daß es nun in einigen Ländern, vor allem mit Hilfe der Naturwissenschaften, der reinen und der angewandten, gelungen ist, die Unbilden und Gefahren sehr erheblich zu mindern, denen Menschen durch ungezähmte Naturabläufe ausgesetzt sind. Daher bilden heute, alles in allem, Menschen selbst die größte Gefahr füreinander.

Gefühlsmäßig legen manche Menschen in der Gegenwart den Naturwissenschaftlern die Tatsache zur Last, daß sich Staaten mit Kernwaffen von bisher einzigartiger Zerstörungskraft bedrohen. Aber das ist einer der Mythen, mit denen man sich die gesellschaftliche Realität verstellt. Den Antrieb zur Entwicklung von militärisch brauchbaren Kernwaffen gab der Rüstungswettlauf des Krieges, dessen Abschluß wir heute feiern. Wie heute schon im Vorfeld eines möglichen Krieges, so fürchtete während des letzten Krieges eine der kriegführenden Parteien, die Amerikaner, daß die andere, Hitler und seine Heerscharen, ihr mit der Entwicklung einer brauchbaren Kernwaffe zuvorkommen könnte. Es ist die gegenseitige Feindseligkeit von Menschengruppen und insbesondere die gesellschaftliche Einrichtung der Kriege, die zur wissenschaftlichen Entwicklung von immer gefährlicheren Waffen drängt. Vermutlich schon in der Steinzeit trieben sich rivalisierende Menschengruppen zur Verbesserung ihrer Steinwaffen an. Aber damals war die Gefährdung von Menschengruppen durch nicht-menschliche Naturgewalten wahrscheinlich ebenso groß, wenn nicht größer als die durch andere Menschengruppen. Heute hat sich, wie gesagt, im Wohngebiet vieler Gesellschaften die erstere verringert. So tritt die Gefährdung der Menschen durch einander als die größte noch unbewältigte Gefährdung im Bereich dessen, was machbar ist, mit besonderer Schärfe ins Blickfeld.

Vielleicht sollte man noch hinzufügen, daß die Haltung der Menschen zu neuen Entdeckungen, zur Erweiterung ihres Wissens über die unbekannte Welt, in die sie hineingestellt sind, durchaus nicht immer freudig und bejahend ist. Alte Mythen zeugen davon, daß Menschen schon von früh auf neues Wissen verdächtig war. Es war besser, beim Alten zu bleiben. Man konnte nie sicher sein, ob die allwissenden Götter nicht böse darüber sein würden, daß die anmaßenden Menschen sich nun etwas mehr von dem Wissen der Götter zu eigen gemacht hatten. Man konnte nie wissen, welche Gefahren die neue Entdeckung mit sich bringen würde, welche Rache die Götter an den Menschen nehmen würden dafür, daß sie sich etwas von ihrem Wissen angeeignet hatten. Ich nenne das den Prometheuskomplex. Prometheus stahl das Feuer von den Göttern und brachte es den Menschen. Ein großer Wohltäter der Menschheit also. Aber er wurde dafür von dem höchsten Gott aufs fürchterlichste bestraft. Er wurde an einen Felsen geschmiedet, und ein Adler fraß ihm täglich etwas von den Eingeweiden weg. Auch Adam wurde ja von Gott aus dem Paradies verjagt, weil er die Frucht vom Baume des Wissens gekostet hatte, noch dazu auf Veranlassung seiner Frau. Auch da bestand wohl die Gefahr, daß der Mensch an dem göttlichen Wissen teilhaben könnte.

So mißtrauen auch heute noch viele Menschen den Männern und Frauen der Wissenschaften, die ständig neues Wissen zutage fördern. Genauer gesagt, sie vergessen die Wissenschaften, wenn deren Früchte zu ihrer Wohlfahrt beitragen, wenn sie etwa dazu beitragen, daß junge Menschen gesünder heranwachsen und alte länger leben, und schieben nur, was ihnen mißfällt, der Wissenschaft in die Schuhe, etwa den sauren Regen oder die Verschmutzung der Flüsse. Aber bei vielen dieser mit Recht mißbilligten Erscheinungen handelt es sich gar nicht um naturwissenschaftliche, sondern um gesellschaftliche Probleme, oder genauer: um Machtfragen. Sie als solche zu erforschen und der Öffentlichkeit vorzustellen, gehört zum Aufgabenbereich der Sozialwissenschaften. Für deren Vertreter jedoch ist es schwer, die Hülle der verdeckenden Mythen zu durchdringen, die gegenwärtig das Bild der Menschen von den Gesellschaften, die sie miteinander bilden, noch weitgehend mitbestimmen.

Man kommt hier, wie Sie sehen, einer recht eigentümlichen Gespaltenheit des Wissens auf die Spur, die für die gegenwärtige Lage der Menschen in den entwickelteren Gesellschaften nicht wenig charakteristisch ist. Sie hat weitreichende Folgen für unser Leben und unseren Habitus, auf die ich hier nicht einzugehen vermag. Unser Verhältnis zur nicht-menschlichen Natur ist durch eine sehr weitgehende Entmythisierung und Säkularisierung des sozialen Wissens von den Naturzusammenhängen geprägt. Die hohe Realitätskongruenz dieses Wissens macht eine weitgehende Kontrolle des Naturgeschehens und dessen immer umfassendere Gestaltung entsprechend den menschlichen Bedürfnissen möglich. Das Verhältnis der Menschen zu ihrem Zusammenleben miteinander in der Form von Gesellschaften auf verschiedenen Ebenen dagegen wird noch weitgehend durch Wunsch- und Furchtbilder, durch Ideale und Gegenideale, kurzum, durch mythisch-magische Vorstellungen bestimmt. Die Sachbezogenheit der Vorstellungen ist im Bereich der Gesellschaft sehr viel geringer als in dem der Natur, ihre Selbstbezogenheit, das Gewicht ihrer emotionalen Bedeutung für die jeweiligen Träger des Wissens um so größer.

4

Der Nationalsozialismus war gewiß ein besonders abschreckendes und gefährliches Beispiel eines Gesellschaftsmythos. Aber er war nur ein Beispiel unter vielen anderen. Sicherlich ist es erschreckend, daß ein grausamer und erbarmungsloser Gesellschaftsmythos, wenn er nur dem nationalen Selbstgefühl des eigenen Volkes schmeichelte und das Bedürfnis nach Bestätigung des unvergleichlichen Wertes der eigenen Nation befriedigte, bei so vielen Menschen Anklang finden konnte. Aber das war doch nur ein besonders furchtbares Beispiel für das unersättliche Bedürfnis der Menschen nach Gesellschaftsmythen, die den unvergleichlichen Eigenwert der eigenen Nation demonstrieren. Menschen, die der Empfänglichkeit für Naturmythen weitgehend entwachsen sind, geben sich wieder und wieder solchen nationalen Gesellschaftsmythen hin. Sehen Sie sich um. Treibt man uns nicht auch heute wieder einem Kriege zu im Namen von Gesellschaftsmythen oder, wie man wohl auch sagt, im Namen von sozialen Ideologien, die zugleich auch den unvergleichlichen Wert der eigenen Nation begründen? Ist die Verstrickung, ist diese Abtrift zum Kriege nicht vielleicht gerade deswegen so ausweglos, weil der reale Konfliktstoff, über den sich reden läßt, dermaßen durch gefühlsgeladene Gesellschaftsmythen überhöht wird, daß sich über ihn nicht mehr reden läßt? Die Strategien der führenden Männer sind ja durch solche Mythen, durch Ideologien oft ganz entscheidend mitbestimmt. Sind sie es wert, daß man dafür von neuem Millionen Menschen zum Tode verurteilt und weite Teile der Erde unbewohnbar macht?

Lassen Sie mich ein paar Worte zur Funktion solcher Mythen sagen. Sie gehören, glaube ich, in den Zusammenhang dieses Erinnerungstages. Sie sind auch nicht ganz entbehrlich, wenn man, wie ich es vorhabe, ein wenig über die Zukunft Europas und so der Bundesrepublik sprechen will. Erst also ein paar Gedanken zur Diagnose der Vergangenheit, die nun hinter uns liegt.

Es ist zuweilen gesagt worden, aber doch vielleicht der Wiederholung wert, daß die erschreckende Episode des Nationalsozialismus nur im Zusammenhang mit einer sozialen Situation zu verstehen ist, der man bei der Entwicklung zwischenstaatlicher Beziehungen, wie der Beziehungen zwischen relativ autonomen Überlebenseinheiten überhaupt, immer von neuem begegnet. Wieder und wieder findet man, daß sich solche Überlebenseinheiten, ob Staaten oder Stämme, nach einer Reihe von Kämpfen im Sinne einer Status- und Machthierarchie ordnen. Im Laufe einer Serie von Ausscheidungskämpfen treten etwa zwei oder drei der beteiligten Staaten als die mächtigsten an die Spitze dieser Staatenfiguration und verwickeln sich dann aufgrund des Figurationszwanges in einen Vormachtkampf miteinander. Der Ausgang eines solchen Hegemonialkampfes kann sehr verschieden sein. Er kann, wie im Falle der antiken griechischen Stadtstaaten, zu einer Pattsituation führen. Weder Sparta noch Athen noch Theben oder Korinth gewannen die Hegemonie in ihrem Staatenfeld, um die sie kämpften. Aber schon dieses Beispiel zeigt die eigentümliche Zwangslage. Wenn in einem solchen Felde andere Staaten durch Bündnisse oder durch die Herrschaft über andere Menschengruppen stärker werden, dann werden Staaten, die nicht stärker werden, schwächer.

Die Geschichte Roms ist ein gutes Beispiel für den Aufstieg einer Hegemonialmacht in einer jahrhundertelangen Serie von Ausscheidungskämpfen. Rom ist auch ein gutes Beispiel für das, was ich den Hegemonialrausch, den *furor hegemonialis*, das Hegemonialfieber nennen möchte. Wenn es einem Staat gelungen ist, bei frühen Ausscheidungskämpfen zwei oder drei annähernd gleich starke Konkurrenten zu besiegen und in eine Bundesgenossenschaft oder eine Untertänigkeit zu zwingen, dann werden seine führenden Schichten mit großer Regelmäßigkeit von der Vorstellung gepackt, es sei für ihre Sicherheit nötig, militärisch stärker zu sein als irgendein anderer Staat in ihrer Reichweite. Die Figuration, die sie mit anderen Staaten bilden, übt auf jeder Stufe eines solchen Ausscheidungskampfes immer von neuem einen starken Druck auf sie aus, jeden nur möglichen gleichwertigen Gegner in die Schranken zu fordern und durch dessen Besiegung oder Zerstörung die Sicherheit des eigenen Staates zu gewährleisten. Das führt dann eben auch zu ihrer Hegemonialstellung im Verhältnis zu den jeweils sichtbaren und erreichbaren Staaten und Stämmen und zu deren erzwungener Einigung in der Form von größeren und immer größeren Staatsgebilden.

Aber die Erde ist zu groß, und die Menschheit besteht aus einer zu großen Fülle verschiedenartiger Stämme und Staaten. Jedes bisherige Bemühen eines Volkes, durch die Hegemonie über alle nur möglichen Rivalen absolute Sicherheit für das eigene Volk zu gewinnen, scheiterte letzten Endes daran, daß hinter jeder Grenze, die ein erfolgreicher Hegemonialstaat erreicht hatte – durch Niederkämpfung des jeweils letzten Gegners, der die eigene Sicherheit möglicherweise gefährden konnte –, immer wieder neue, bisher noch nicht besiegte Menschengruppen auftauchten, die dann in der Vorstellung des erobernden Volkes eine mögliche Gefährdung der eigenen Grenzen und so der eigenen Sicherheit bedeuteten. Das Schicksal des wachsenden Römerreichs zeigt den illusionären Charakter selbst der erfolgreichsten Abfolge von Ausscheidungskämpfen mit möglichen Konkurrenten sehr deutlich. Natürlich wurden die Römer durch die lange Reihe meistens erfolgreicher Kriege, durch Kriegsbeute, Sklaven, Tribute oder Steuern von niedergeworfenen und dann schließlich ins Römerreich integrierten Völkern, unvorstellbar reich. Aber was die Sicherheit ihres Staates angeht, so fanden sie, was auch in neuerer Zeit jedes vom Hegemonialfieber gepackte Volk gefunden hat. Sie fanden, daß hinter jeder Grenze, die sie um der Sicherheit ihres Staates willen durch Niederringen eines sie möglicherweise gefährdenden Volkes erreicht hatten, Völker lebten, die noch unabhängig waren und die immer von neuem eine kriegerische Gefährdung der eigenen Sicherheit darstellten, solange es nicht gelang, mit ihnen, die ja vielleicht auch ganz gern in Frieden leben wollten, zu einer nicht-kriegerischen Verständigung über nachbarliche Beziehungen zu gelangen.

Eines der anschaulichsten Beispiele für diesen Druck des Konkurrenzkampfes zwischen menschlichen Überlebenseinheiten zur grenzenlosen Ausdehnung des eigenen Herrschaftsbereichs und so zur Bildung immer größerer Herrschaftseinheiten unter der Führung eines erobernden Hegemonialvolkes ist das Schicksal Alexanders des Großen.

Die Ausscheidungskämpfe der griechischen Stadtstaaten miteinander waren trotz der gemeinsamen Gefahr der Eroberung durch die Perserkönige unentschieden geblieben. Alexanders Vater, Philipp von Makedonien, und dann Alexander selbst zwangen, teils durch Überredung, teils mit

Hilfe ihrer überlegenen militärischen Macht, die in ihrem Nationalcharakter und ihrer Tradition recht verschiedenen griechischen Staaten zur Unterwerfung unter die makedonische Vorherrschaft und so zur Einigung. Die geeinten Griechenheere unter makedonischer Führung wandten sich dann gegen diejenige Macht, die nun tatsächlich seit Jahrhunderten die griechischen Stadtstaaten wie das makedonische Königreich und dessen thessalische und thrakische Nachbarn in ihrer Sicherheit und Unabhängigkeit bedroht hatte. Unter Führung Alexanders brachen die Griechenheere in das Herrschaftsgebiet der Perserkönige ein, gleichsam in Revanche für die ständige Bedrohung und die gelegentlichen Einbrüche in das Gebiet der griechisch sprechenden Völker durch die Perser.

Aber als Alexander den Perserkönig endgültig geschlagen hatte, begnügte er sich nicht damit, die Gefährdung der Griechen durch die Zerstörung des Perserreichs und die Errichtung eines geeinten griechisch-persischen Imperiums endgültig beseitigt zu haben. Er fand an den asiatischen Grenzen des Perserreichs Völker, die noch nicht seiner Herrschaft unterworfen waren und die daher eine Gefährdung seiner neu gewonnenen Grenzen darstellten. Als er auch diese Völker besiegt und so die Grenzen seines Reiches weiter in das unbekannte Asien vorgeschoben hatte, fand er neue Völker hinter den neuen Grenzen, die die Sicherheit seines Reiches gefährden konnten. Und als er auch diese besiegt hatte, wiederholte sich der Vorgang. Er erwartete offenbar, bei seinem Vorstoß irgendwo ans Ende der Erde oder, wenn nicht das, jedenfalls ans Ende des von Menschen bewohnten Festlandes, an das die feste Erde umgebende Weltmeer zu gelangen und so in der Tat seinem Reich eine absolut sichere Grenze zu geben. Als er, getrieben von diesem Hegemonialfieber – und offenbar auch von einer höchst persönlichen, quasi-wissenschaftlichen Neugierde über diese weite, unbekannte Welt –, bis nach Indien gelangt war, widersetzten sich die getreuen Veteranen der fortdauernden

Ausdehnung seines Eroberungsfeldzuges. Das erträumte Weltmeer war nicht in Sicht, die absolut sichere Grenze unerreichbar. Sie hatten genug. Alexander war gezwungen, nach Sicherung der so weit vorgeschobenen Grenzen umzukehren und sich mit dem Bemühen um eine festere Organisation des Riesenreichs, das er in einer Serie erfolgreicher Eroberungen zusammengebracht hatte, zu begnügen.

Man erinnert sich in diesem Zusammenhang an das Schicksal Alexanders wie an eine Parabel. In dem Verlangen, die Grenze der Erde und so die absolut sichere Grenze seines Reiches zu finden, hatte Alexander ein Herrschaftsgebiet zusammengebracht, das aller Wahrscheinlichkeit nach bei dem damaligen Stande des Wissens viel zu ausgedehnt und von zuviel verschiedenen Völkern besiedelt war, als daß es effektiv von einem einzelnen Zentrum aus in Frieden hätte regiert und auf die Dauer vor Einbrüchen von außen hätte geschützt werden können. Es gibt einen recht genauen Zusammenhang zwischen der Größe des eroberten Territoriums und der Bevölkerung eines von einem einzelnen Zentrum her regierbaren Staates und dem jeweiligen Stand der Wissensentwicklung, von dem unter anderem der Stand der Kommunikations- und Transportmittel, der physischen Technik im allgemeinen, aber auch der der Verwaltungstechnik und die Produktivität der Landwirtschaft abhängen. Auch die Größe und die Machtquellen des erobernden Kernvolkes spielen dabei eine Rolle. Mag sein, daß die Desintegration des Alexanderreichs sich verzögert hätte, wenn Alexander länger gelebt hätte. Es ist unwahrscheinlich, daß sie aufzuhalten war.

Ähnliches gilt, mutatis mutandis, von dem Römerreich. Die Eroberung dieses Reiches vollzog sich viel langsamer als die des Alexanderreiches, und langsamer auch der Zerfall. Aber die Struktur der Entwicklung des Römerreiches war in bestimmter Hinsicht die gleiche. Zunächst begegneten auch die Römer auf jeder Stufe einer Konkurrenzmacht, die den Bestand ihres jeweiligen Besitzes bedrohte. Schließlich gelangten auch sie im Hegemonialrausch dazu, jede noch unabhängige Gruppe auf der anderen Seite der jeweils erreichten Grenzen als Gefahr für ihren Besitzstand zu betrachten, die durch einen Feldzug und durch eine Eroberung beseitigt werden mußte. Die unabhängigen keltischen Stämme in Gallien stellten eine Bedrohung des bis dahin erworbenen römischen Staatsgebiets auf der italienischen Halbinsel dar. Also mußte ganz Gallien erobert und unter römische Herrschaft gebracht werden. Keltische Stämme in Britannien leisteten den gallischen Stämmen Hilfe bei ihrem Widerstand gegen Rom. Also mußte Britannien erobert werden. Auf den britischen Inseln fand man sich dann vor der Aufgabe, den römischen Besitzstand gegen die wilden Stämme des Nordens zu schützen. Bis zur Zeit Kaiser Trajans setzte sich die Ausdehnung des Reiches unter dem Stimulus der ständigen Bedrohung fort. Er sicherte die östliche Donau als Reichsgrenze, trieb wohl auch aufsässige Stämme im Norden der Balkanhalbinsel über die Donau zurück. Aber schon unter Mark Aurel überquerten die Markomannen und andere Stämme die Donau, brachen tief ins Reichsgebiet ein und konnten nur unter großer Mühe zurückgedrängt werden. In der Nachfolge Alexanders suchte Trajan die Bedrohung des Reiches durch die Nachfolger der Perser, durch die Parther, einzudämmen und erlitt dabei eine verheerende Niederlage.

Schrittweise, wie die Römer ihr Riesenreich zusammengebracht hatten, zerfiel es auch wieder. Schon der Kaiser Diokletian erkannte, daß das damalige Reich zu groß war, um von einem einzigen Zentrum aus effektiv verwaltet, pazifiziert und vor äußeren Feinden geschützt werden zu können. Schon er überließ Rom, das er selten betrat, als Hauptstadt des westlichen Reiches einem Nebenkaiser und beschränkte sich selbst, soweit es machbar war, auf die Regierung der östlichen Reichsteile. Konstantin verlegte dann ganz offiziell die kaiserliche Hauptstadt nach Byzanz, dessen Lage am Bosporus, im Verein mit den nötigen Festungsbauten, der Hauptstadt des Reiches nun einen Grad von Sicherheit gegen äußere Feinde gewährte, der im alten Rom selbst mit den besten Festungsbauten nicht zu finden war.

Rom ist ein Beispiel aus der Antike für einen Staat, dessen führende Gruppen – erst hauptsächlich in dem Verlangen nach physischer Sicherheit und Integrität, dann mehr und mehr auch aus einem Gefühl der Überlegenheit und Unbesiegbarkeit heraus – auf immer neuen Stufen zu Kämpfen mit möglicherweise bedrohlichen Konkurrenzstaaten gedrängt werden oder je nachdem auch mit Stämmen, die als gefährlich erscheinen. Sie treiben von Krieg zu Krieg, von einer Eroberung zur anderen, bis ihnen entweder eine Niederlage Halt gebietet oder bis eine weitere Ausdehnung ihres Herrschaftsbereiches ihre militärischen und ökonomischen Machtmittel zu überspannen droht und vielleicht die Kontrolle des bisherigen Herrschaftsbereiches gefährdet. Rom brauchte für den Aufstieg vom kleinen Stadtstaat zum Mittelpunkt eines Weltreiches, des größten der Antike, eine gut fünfhundertjährige Serie von Ausscheidungskämpfen. Die Niederlage im Teutoburger Wald verhinderte die Ausdehnung des Römerreichs zur Elbe und besiegelte dessen Beschränkung auf die Rhein-Donau-Grenze. Es ist schwer zu sagen, wie die Sache ausgegangen wäre, wenn es den Römern gelungen wäre, auch die Territorien nördlich der Donau bis zur Ostsee und zur Elbe unter ihre Kontrolle zu bringen.

Es gibt viele spätere Beispiele für Hegemonialkämpfe dieser Art. Da gab es zum Beispiel den Vormachtkampf zwischen Schweden und Rußland oder den zwischen Habsburgern und Bourbonen in einer Zeit, in der die nördlicheren und die südlicheren Staatengruppen Europas, entsprechend dem Stand der Waffen-, der Transportmittel- und der gesamten organisatorischen Technik, noch zwei relativ unabhängige Macht- und Konkurrenzhierarchien bildeten. In der Zeit des Dreißigjährigen Krieges begannen die beiden Staatenhierarchien zu verschmelzen, und das deutsche Reich wurde zum Kriegsschauplatz für beide. Frankreich erreichte die erste Stufe des Aufstiegs zur militärisch stärksten Macht und so zu einer Vormachtstellung unter den Staaten des europäischen Festlands. Napoleon machte dann mit Hilfe seiner Revolutionsheere den endgültigen Versuch, Europa unter französischer Vorherrschaft zu einigen. Der Versuch scheiterte nicht zuletzt an einer sehr konsistenten Politik Großbritanniens gegenüber allen Einigungsversuchen der Staaten des europäischen Festlandes.

England nahm ja in diesem schrecklichen Spiel der europäischen Hegemonialkämpfe eine besondere Stellung ein. Die Engländer auf ihrer Insel suchten nie die Vormacht über Europa, und sie waren auch nicht in der Lage, sie zu gewinnen. Statt dessen verfolgten sie die berühmte Machtbalancenpolitik, die sich englischen Staatsmännern erst von Fall zu Fall aufdrängte und die sich dann schließlich zu einer Art von theoretischem Prinzip auswuchs. England betrachtete es als ein vitales Interesse, durch diplomatische und, wenn nötig, militärische Mittel zu verhindern, daß eine einzelne Festlandmacht die Hegemonie über alle anderen Festlandstaaten gewann. Es verbündete sich daher immer von neuem mit der jeweils zweitstärksten Festlandmacht, um den jeweils stärksten Hegemonie-Aspiranten am Sieg über die Mehrheit der anderen Festlandstaaten und damit auch an deren gewaltsamer Einigung zu hindern. Und auf diese Weise, um es von der anderen Seite her zu sagen, kam es nie zu einer Einigung von Europa. Das war einer der gewichtigsten Gründe dafür, daß Europa nicht durch Zwang, nicht unter der Hegemonie Frankreichs oder später Deutschlands geeint wurde.

5

Die Einzelheiten der weiteren europäischen Hegemonialkämpfe sind bekannt genug. Aber die Struktur dieser Hegemonialkämpfe, ihre spezifische Eigendynamik, ihre variable Zwangsläufigkeit wird, wie mir scheint, gegenwärtig nicht immer mit derjenigen gedanklichen Präzision herausgearbeitet, die zum Verständnis solcher Vorgänge in der Vergangenheit wie in der Gegenwart nützlich ist.

Unter Bismarcks Führung gewann das Königreich Preußen in einem Ausscheidungskampf mit der österreichischen Monarchie die Vormachtstellung innerhalb des politisch zerspaltenen deutschen Reichs. Die Habsburger, ehemals die Kaiser des deutschen Großreiches, schieden mit ihrer gesamten Hausmacht aus dem deutschen Staatenbund aus. In dem so verkleinerten deutschen Reich rückte Preußen, die stärkste Militärmacht des Reiches, immer unzweideutiger zu einer Hegemonialstellung auf.

Entsprechend der immanenten Dynamik zwischenstaatlicher Ausscheidungskämpfe öffnete sich damit dem deutschen Reich unter Führung Preußens die Chance eines Konkurrenzkampfes mit der stärksten Militärmacht Kontinentaleuropas, mit Frankreich. Die historischen Einzelheiten sind hier unwichtig. Es genügt, die Konsistenz der Entwicklungsdynamik zwischenstaatlicher Beziehungen aufzuzeigen. Es entsprach ganz der bisherigen Tradition, daß der unter Preußens Führung militärisch wie wirtschaftlich erstarkte deutsche Staatenbund nicht gleichsam von innen her auf eine erhöhte Vereinheitlichung und Integration der deutschen Staaten hinzuarbeiten begann, sondern zunächst einmal das Kaiserreich Frankreich in die Schranken rief. Frankreichs Bemühen um die Hegemonialstellung in Europa war zwar durch den Sieg Englands und der vereinten absoluten Fürsten des europäischen Festlands über die Revolutionsarmeen Napoleons gescheitert. Aber nun herrschte von neuem ein Napoleon als Kaiser über die Franzosen, als lebendiges Symbol der traditionellen Vormachtstellung Frankreichs auf dem europäischen Festland. Die Staatsmänner des englischen Reiches, das innerhalb und außerhalb Europas seit Jahrhunderten in einen Konkurrenzkampf mit der stärksten Kontinentalmacht, mit seinem Erbfeinde Frankreich, verwickelt war, hatten den Aufstieg Preußens gewöhnlich mit Wohlwollen betrachtet. Wie immer sympathisierten sie mit der zweitstärksten Macht des Kontinents. Sie war ihnen als Gegengewicht gegen den Vormachtanspruch Frankreichs willkommen. Aber aus dem Kriege von 1870/71 ging Deutschland als Kaiserreich geeint und gestärkt, Frankreich dagegen geschwächt hervor. Damit veränderte sich die Machtbalance Europas.

Es ist ein wenig erschreckend zu sehen, mit welcher Präzision die Staatsmänner diejenigen Schachzüge machen, die ihnen durch einen solchen Strukturwandel der zwischenstaatlichen Beziehungen nahegelegt werden. Es genügte den deutschen Führungsschichten nicht, endlich die staatliche Einigung und die Gleichstellung mit den älteren europäischen Großstaaten erreicht zu haben, im Verein mit einer beschleunigten wirtschaftlichen Weiterentwicklung. Erstaunlich schnell, im Verlaufe von weniger als dreißig Jahren, entwickelte sich, auch in weiten Schichten des deutschen Adels und des deutschen Bürgertums – und nicht zuletzt aufgrund der noch stark autokratischen Führung eines neuen deutschen Kaisers –, aus dem nun erfüllten Verlangen nach Gleichstellung mit den anderen europäischen Großmächten das Verlangen nach einer Vormachtstellung unter den Staaten Europas. »Deutschland an die Spitze!« »Die Sicherheit Deutschlands erfordert das stärkste Heer und vor allem auch eine Flotte, die ebenso stark und, wenn möglich, stärker ist als die englische.« Ich kann hier nicht im einzelnen der sozialen Dynamik nachgehen, die Staaten immer von neuem aus dem Verlangen nach Freiheit von der Vormacht anderer Staaten und nach Gleichheit mit ihnen in das Verlangen hineintreibt, stärker zu sein als alle anderen, die Vorherrschaft über sie zu erringen – kurzum, in einen Hegemonialkampf, der früher oder später immer wieder mit kriegerischer Gewalttätigkeit ausgefochten werden muß. Aber die Regelmäßigkeit, ich wiederhole es, mit der sich Staaten und vielleicht schon vorstaatliche Überlebenseinheiten, wenn sie nur irgendwie mithalten können, in hegemoniale Ausscheidungskämpfe verwickeln, ist, wenn man sie über Jahrtausende hin beobachtet, gerade in diesen Tagen ein wenig furchterregend.

Im Falle Deutschlands kam hinzu, daß viele seiner Bürger unter der Viel- und Kleinstaaterei und der oft erniedrigenden Schwäche Deutschlands innerhalb der europäischen Staatengruppe gelitten hatten. Das Nationalgefühl, vielleicht überhöht im Schatten vergangener Größe, war lange Zeit hindurch verletzt und wund gewesen. Recht bald nach der Einigung des Reiches, sicherlich schon in den letzten Jahrzehnten des 19. Jahrhunderts, begann es ins Gegenteil umzuschlagen. Das Pendel schlug nach der anderen Seite aus. An die Stelle des erniedrigten trat nun vielfach ein die Wirklichkeit weit übersteigendes Nationalbewußtsein. Die Überhöhung des nationalen Selbstwertes in der Kaiserzeit ging noch nicht so weit wie der Mythos von der Herrenrasse in der Hitlerzeit. Aber die Selbstberauschung am Bild der eigenen Größe, der man in der Kaiserzeit, also vor dem Ersten Weltkrieg, in Deutschland begegnete, war gewiß eine Vorform der maßloseren Selbstberauschung in der Zeit vor dem Zweiten Weltkrieg. Wie die letztere, wenn auch noch nicht im gleichen Ausmaß, ging die Steigerung des Nationalgefühls in der Kaiserzeit mit einer merklichen Verstärkung des Antisemitismus Hand in Hand. Das noch ungefestigte und gerade deswegen die Wirklichkeit weit überhöhende Bild von dem Wert der eigenen Nation, und so seiner selbst, fand seine Bestätigung in einem Gegenbild, im Bild der sichtbarsten Minderheitengruppe des Kaiserreiches, der Juden, deren uneingeschränkte Schlechtigkeit und Minderwertigkeit die eigene Größe und Hochwertigkeit erst recht ins Licht setzte.

Auch die Periode vor dem Ersten Weltkrieg war eine Periode des Wettrüstens. Auch in diesem Falle verwickelten sich die führenden Mächte gegenseitig in ein Wettrüsten, das die Gefahr einer kriegerischen Auseinandersetzung näher und näher brachte. Die Engländer hatten nach der Errichtung des Kaiserreiches schnell genug begriffen, daß nun nicht mehr ihr traditioneller Erbfeind Frankreich, sondern das deutsche Kaiserreich die stärkste Militärmacht auf dem Kontinent bildete; und die Worte des Kaisers, die Stimme der Alldeutschen und vieler anderer nationaler Gruppen zeigten sehr deutlich, daß man auf eine Vormachtstellung Deutschlands in Europa Anspruch erhob. Wiederum ganz entsprechend der Dynamik zwischenstaatlicher Figurationen führte der scharf einsetzende Hegemonialrausch Deutschlands zu einer Annäherung und schließlich zu einem Bündnis zwischen England und Frankreich. England beanspruchte die Hegemonie auf dem Meere, und seine Staatsmänner ließen niemand im Zweifel darüber, daß jede Bedrohung ihrer maritimen Hegemonie zum Kriege führen würde. Der deutsche Kaiser jedoch, im Verein mit Admiral Tirpitz, verwandte einen guten Teil seiner nicht unbeträchtlichen Energie darauf, das militärische Potential der deutschen Kriegsflotte dem der englischen anzugleichen. Führungsgruppen, im Vormachtrausch mit Blindheit geschlagen! Realistisch betrachtet war es sicherlich unweise, sich England zum Feinde zu machen. In der Tat, man kann vielleicht sagen, das war der Anfang vom Ende des deutschen Kaiserreichs.

Wenn man heute auf diese Zeit vor dem Ersten Weltkrieg zurückblickt, dann gewinnt man ein besonders eindrucksvolles Bild davon, wie schwierig es für Regierende und Regierte, die eingehüllt in den wärmenden Mantel ihres nationalen Mythos dem Kriege zutreiben, nicht nur damals war, sondern ganz gewöhnlich ist, sich ein einigermaßen wirklichkeitsgerechtes Bild von dem möglichen Kriegsverlauf, von den eigenen Siegeschancen zu machen. Sie sind vor allem kaum imstande sich vorzustellen, wie ihr eigenes Land und die Menschheit insgesamt nach dem Kriege aussehen werden. Tatsächlich hat es den Anschein, als ob in der Vorkriegszeit vor 1914 der nationale Mythos und der Vormachtrausch, den er auslöste – man könnte in Anlehnung an den bekannten Ausdruck »der amerikanische Traum« auch sagen: »der deutsche Traum« –, den Realitätssinn der damaligen militärischen und politischen Leiter des deutschen Schicksals, aber vielfach auch den der englischen, französischen und russischen Führungsschichten, aufs schwerste lädiert hätten. Auch im Vorfeld des Zweiten Weltkrieges begegnet man wieder bei Menschen in Führungspositionen, bei Hitler, bei Chamberlain, bei Pétain und selbst bei Stalin, solchen Ausfällen des Wirklichkeitssinnes, dessen Störung durch Wunschträume. Die führenden Schichten des kaiserlichen Deutschland machten sich offenbar keine klare Vorstellung davon, was der mögliche – und beim Vordringen der Deutschen wahrscheinliche – Eintritt der Vereinigten Staaten in den Krieg für dessen Verlauf bedeuten könne. Sie machten sich, soziologisch ungeschult, gewiß keine Vorstellung von den möglichen, vielleicht wahrscheinlichen gesellschaftlichen Folgeerscheinungen eines Krieges.

Bismarck hatte eine gewisse Vorstellung davon, daß die deutsche Außenpolitik einer besonderen Vorsicht bedürfe, damit Deutschland als »Land der Mitte« nicht in einen Krieg an zwei Fronten, also im Osten und Westen zugleich, verwickelt werde. Er hatte sogar Verständnis dafür, daß Amerikas sprachliche und geschichtliche Verbundenheit mit England, und so auch sein mögliches Eingreifen in einen Krieg an der Seite Englands, einen entscheidenden Einfluß auf die Machtverhältnisse in Europa ausüben könne.

Wilhelm II. und seinen Ratgebern fehlte offenbar dieser Realitätssinn. Es ist merkwürdig, so etwas von dem Vertreter eines alten Adelsgeschlechts zu sagen – aber dieser Kaiser hatte etwas von einem Emporkömmling an sich, ähnlich wie Hitler, der das ja in der Tat auch war. Der Kaiser paßte in eine Zeit, in der das Altgold, die solide Patina des alten Kulturvolkes, vielfach überlagert wurde durch den Aufstieg des neuen Reichtums im Gefolge der raschen Industrialisierung und Modernisierung. Gegenüber dem alten Kaiser, dem Großvater, der noch ganz der einfacheren militärischen Tradition des preußischen Adels verhaftet blieb, verkörperte der Enkel die neue Aufsteigermentalität, die weithin im Lande Vertreter fand. Die damals neuen deutschen Menschen waren laut, großmündig, schneidig und rücksichtslos.

6

Sie waren nicht allein. In England gab es analoge Tendenzen. Aber man nannte das dort mit einem etwas verächtlichen Wort *jingoism*:

> *»We don't want to fight;*
> *but, by Jingo, if we do!«*

Großbritannien hatte eine weit ungebrochenere Staatsentwicklung als Deutschland. Die Briten hatten damals ihren Platz an der Sonne und waren ihres eigenen Wertes sehr sicher. In Frankreich fanden sich recht aktive Gruppen, die eine Revanche für die Niederlage von 1871 befürworteten. Es gab intelligente Royalisten, die für die Wiederherstellung der Größe Frankreichs durch die Anknüpfung an die alte, glorreiche französische Königstradition plädierten.

Das deutsche Hegemonialfieber hatte eine eigentümliche Note, unter anderem vielleicht, weil es für Deutsche etwas Neues war. Das machte den Vormarsch Deutschlands über die Gleichstellung mit den anderen europäischen Großmächten hinaus zu einer Vormachtstellung unter ihnen besonders berauschend. Wie dann, als der zu erwartende Krieg im August 1914 schließlich kam, viele Tausende junger Menschen voller Begeisterung ins Feld zogen, ist bekannt genug. Aber die Militärs auf beiden Seiten hatten sich verrechnet. Sie hatten bekanntlich auf einen kurzen Krieg mit geballter Heeresmacht spekuliert, der in einem raschen, überwältigenden Sieg enden würde. Das Bild des Krieges, das man im großen und ganzen vor Augen hatte, war das des Krieges von 1870/71. Aus dem Aufprall der beiden feindlichen Heeresmassen ging dann das Martyrium des erschöpfenden Schützengrabenkrieges hervor. Das Gefühl, daß Deutschland zum Siege bestimmt sei, verlor sich jedoch nicht sogleich. »Wir werden siegen, weil wir siegen müssen«, sagte man sich.

Es ist nicht ganz unnütz, sich der Gewißheit gebenden Scheinsicherheit eines solchen Gesellschaftsmythos zu erinnern. Wenn man die absolute Siegesgewißheit weiter Teile des deutschen Volkes, und vor allem der adligen und bürgerlichen Führungsschichten, im Jahre 1914 und wohl auch noch 1915 nicht vor Augen hat, kann man die Reaktion dieser Schichten auf die Niederlage von 1918 nicht verstehen. Diejenigen Gruppen des Bürgertums und des Adels, die in besonderem Maße von dem Hegemonialrausch ergriffen waren und die selbst, als die Niederlage schon näher kam, immer noch die Annexion wirtschaftlich und strategisch wichtiger Gebiete Belgiens, vielleicht gar Frankreichs verlangten, hatten wohl nie auch nur die Möglichkeit einer Niederlage ins Auge gefaßt. Der Mythos von der natürlichen Bestimmung Deutschlands zur Größe hatte in vielen Gemütern Wurzel geschlagen. Die Niederlage, als sie dann kam, war unfaßbar. Man leugnete sie. Es war eigentlich keine Niederlage. Deutschland war verraten worden. Ein Dolchstoß in den Rücken, vor allem von seiten der Arbeiterschaft (und vielleicht auch der Juden), hatte es den Frontsoldaten unmöglich gemacht, den Durchbruch der Feinde zu verhindern. Die Festigkeit der Überzeugung, mit der viele Menschen damals an die Dolchstoßlegende glaubten, um sich zu täuschen, um nur den Hegemonialrausch, der dahinterstand, zu verbergen, möchte man heutigen Generationen wünschen miterlebt zu haben, damit sie sähen, wie ein solcher Rausch auch in Deutschland Menschen erfassen konnte.

Ich habe in anderem Zusammenhang davon gesprochen, daß die Mythen zwar aus dem Wissen von der Natur weitgehend verschwunden sind, daß aber das Wissen von den sozialen Geschehnissen noch weitgehend mit Mythen durchsetzt ist. Die berühmte Dolchstoßlegende ist ein Beispiel für die Rolle und Funktion von Mythen im Gesellschaftsleben der Menschen. Die Legende mag bewußt von Menschen in Umlauf gesetzt worden sein, weil die Vorstellung einer Niederlage für sie unerträglich war. Die dadurch bewirkte Verdeckung der Realität aber, ob sie nun mit propagandistischer Schläue von interessierten Kreisen in Umlauf gesetzt worden ist oder nicht, entsprach einer Gefühlslage, die in weiten Kreisen des deutschen Adels und des deutschen Bürgertums als bestimmender Antrieb des politischen Handelns bereits vorhanden war. Diese Gefühlslage erklärt die Bereitschaft zum Glauben an den Dolchstoß; sie erklärt die Empfänglichkeit für die umfassenderen sozialen Mythen, deren Vorspann die Dolchstoßlegende war.

In engster Verbindung mit dem Vormachtrausch, der in einer bestimmten Situation weite Kreise eines Volkes erfassen kann, stehen gewöhnlich kollektive Phantasien, die besagen, daß das eigene Volk, also man selbst, zur Größe – und das heißt gewöhnlich, zur Herrschaft über alle anderen Völker in Reichweite –, sei es von der göttlichen Ordnung, sei es von Geschichte oder Natur berufen sei. Der kriegerische Kampf um die Hegemonie über andere Völker findet eine Legitimierung in dem Glauben an die eigene Mission unter den Völkern. Dieser Glaube an die eigene Mission als Rechtfertigung des Eroberungskrieges hatte in früheren Zeiten gewöhnlich religiösen Charakter. Der Hegemonialrausch der Araber fand seinen Ausdruck in dem Glauben an die Mission der arabischen Stämme, für die Ausbreitung der Lehre Mohammeds zu kämpfen; der der Kreuzfahrer in dem Glauben an die Mission, für die Ausbreitung der Lehre Christi zu kämpfen und insbesondere auch für die Befreiung seines Stammlandes von der Herrschaft der Ungläubigen. In späterer Zeit rechtfertigten Franzosen und Engländer die Ausbreitung ihrer Vormacht über Völker anderer

Kontinente durch ihre Sendung als Vertreter der Zivilisation. Und ähnliche missionarische Tendenzen spielen auch heute wieder bei dem Hegemonialkampf zwischen Rußland und Amerika eine Rolle.

Es gehört zu den Eigentümlichkeiten des späten deutschen Anspruchs auf Hegemonie, daß er, soweit sich sehen läßt, für das Empfinden seiner Träger keiner Rechtfertigung durch eine objektivierende Mission, durch eine unpersönliche Aufgabe bedurfte. Die Bekehrung zum Islam setzte dem blutigen Gemetzel der arabischen Eroberungszüge eine Grenze. Napoleons Kampf um die Einigung Europas unter der Vorherrschaft Frankreichs verband sich ursprünglich mit einem Kampf für die Ideale der französischen Revolution, später mit dem Kampf gegen den älteren, unaufgeklärten und für den aufgeklärten Absolutismus, wie er etwa im *Code Napoléon* seinen Ausdruck fand. Deutschlands Kampf um eine Hegemonialstellung unter den europäischen Staaten nach 1870 wurde, soweit ich sehen kann, in höherem Maße als der Napoleons von seinen Trägern ohne die Vorstellung einer objektivierenden Mission ganz direkt als ein Kampf um die Macht verstanden. Das hing vielleicht damit zusammen, daß Deutsche in den Jahrhunderten ihrer politischen und militärischen Ohnmacht, und besonders auch im Dreißigjährigen Krieg, in höherem Maße als viele andere europäische Völker die Auswirkungen der stärkeren Macht anderer Staaten zu spüren bekommen hatten. Aber es führte zu einer Einstellung, die vielen Deutschen das Streben nach Macht mit allen Mitteln als gerechtfertigt erscheinen ließ.

Ich erinnere mich schon aus der Zeit vor 1914 solcher Aussprüche wie: »Das Gerede von Humanität ist ja alles Quatsch. In der Außenpolitik geht es den Staaten und in der Innenpolitik den Klassen und Parteien ganz einfach um die Macht.« Diese Nacktheit des Strebens nach Macht mit allen Mitteln schuf eine gewisse Blindheit dafür, daß dem unbezweifelbaren Primat des Machtstrebens in der Politik bei den älteren und, wenn man so sagen darf, national gesättigteren Staaten durch eine mehr oder weniger feste nationale Gewissensbildung bestimmte Grenzen gesetzt waren. Schon in der Zeit Kaiser Wilhelms II. und dann in weit robusterer Form in der Zeit der Weimarer Republik wurde in den Kreisen, die sich selbst die »nationalen Kreise« nannten, die Vorstellung verworfen, daß es zivilisatorische Schranken, Gewissensgrenzen des Machtstrebens im nationalen Interesse geben könne. Als Zeugnis der Mentalität dieser Kaiserzeit bleibt uns der Ausdruck »Humanitätsduselei« noch in Erinnerung. Es bedurfte keiner Legitimierung – Deutschland wollte ganz einfach, wie man sagte, seinen »Platz an der Sonne«. Der nationalsozialistische Mythos baute diese schon unter dem letzten Kaiser in »nationalen« Kreisen weitverbreitete Grundhaltung zu einem Glaubenssystem aus, das entsprechend der demokratischeren Struktur der Weimarer Republik in weiteren Volkskreisen Resonanz finden konnte.

Es mag sein, daß man dem eigentümlichen Bruch in der bürgerlichen Tradition Deutschlands, der nach 1870 zutage trat, nicht ganz die Beachtung geschenkt hat, die er verdient. In der Periode des vorrevolutionären Absolutismus hatten führende Männer des deutschen Bürgertums eine kulturelle Tradition geschaffen, in der humanitäre Ideale eine zentrale Rolle spielten. Im Kaiserreich, und besonders unter dem dritten und letzten Kaiser, traten die Exponenten dieser Tradition, die es ganz gewiß auch weiterhin gab, innerhalb des Bürgertums allmählich an den Rand, und in den Vordergrund rückte mehr und mehr – vielleicht unter dem Zwang, die Größe Deutschlands und, wenn möglich, dessen Vormacht unter den Völkern Europas zu sichern – ein antihumanitärer Nationalismus ohne Gewissensschranken.

7

Von dem Schock der Niederlage von 1918 habe ich schon gesprochen. Viele Deutsche, besonders auch jüngere Offiziere und Studenten, erlebten die Kapitulation ähnlich wie ein Läufer, der in vollem Lauf plötzlich gegen eine harte Wand anrennt. Sie waren dessen ganz gewiß gewesen, daß Deutschland zur Größe prädestiniert sei. Dieser Glaube hatte für viele Deutsche die gleiche Gewißheit, wie sie für andere ein religiöser Glaube hat. Sie hatten bis zuallerletzt nicht an dem schließlichen Siege Deutschlands gezweifelt. Plötzlich war alles aus. In dieser Situation war die Vorstellung, daß nur ein Verrat, ein Dolchstoß von hinten die Niederlage Deutschlands erklären könne, erlösend. So gewappnet konnte man sich wieder daranmachen, Deutschland seiner geschichtlichen Bestimmung, seiner Größe als natürliche Vormacht Europas entgegenzuführen. Die Aufgabe war in ihren Umrissen vielen Offizieren, Akademikern, Industriellen usw. von dem Tage des Versailler Friedensschlusses an recht klar. Es galt, sich von den Fesseln dieses Vertrages zu befreien, die Wiederaufrüstung zu bewerkstelligen, die durch Verrat herbeigeführte Niederlage Deutschlands durch den unwiderruflichen Sieg wieder wettzumachen und Deutschland so seiner geschichtlichen Bestimmung nahezubringen.

Warum diese Ziele, die in den »nationalen Kreisen«, wie sie sich nannten, schon bald nach dem Friedensschluß feststanden, erst etwa zwölf Jahre später im Zusammenhang mit einer schweren Wirtschaftskrise durch Hitler und Hindenburg ernstlich in Angriff genommen werden konnten, brauche ich hier nicht zu untersuchen. Aber es fehlt weder an dokumentarischen Belegen für das frühe Auftreten dieser Zielsetzung noch an Belegen dafür, daß Hitlers wirkliche Ziele unzweideutig in dieser Richtung lagen. Er war es gewiß zufrieden, soweit sich das tun ließ, auch ohne Krieg für Deutschland die Vormachtstellung in Europa zu gewinnen.

Doch es war recht offensichtlich, daß er nicht zögern würde, jedem Staat den Krieg zu erklären, unter Einsatz der wiedererstarkten deutschen Wehrmacht, der sich ihm auf dem Wege zur Großmachtposition Deutschlands entgegenstellen würde. Die Nachrichtendienste der westlichen Alliierten, ebenso wie die Stalins, können keine sehr gute Arbeit geleistet oder kein Gehör gefunden haben. Wie anders kann man es erklären, daß Chamberlain, ebenso wie Stalin, anscheinend wirklich glaubte, man könne Hitler und die Seinen einfach durch Verträge und durch immer erneute Konzessionen daran hindern, mit einem siegreichen Krieg die Niederlage von 1918 wiedergutzumachen?

Wenn man genauer hinsieht, dann entdeckt man auch hier wieder die eigentümliche Blindheit der Menschen, die die Geschicke der Völker lenken. Die vielen Konzessionen, die Hitler gemacht wurden, die Eroberungen, die ihm ohne Kanonenschuß gelangen, hatten offenbar dazu beigetragen, die magische Gewißheit, daß er auch einen Krieg gewinnen würde, zu verstärken. Beim Rückblick erkennt man heute ganz deutlich, welche ungeheure Anspannung des gesamten deutschen Volkes nötig war, um es kriegsbereit und kriegsfähig zu machen. Hitler lebte mehr, als man es vielleicht sah, in einer halbmythischen Welt. Eine ungewöhnliche Begabung, innerstaatliche und zwischenstaatliche Machtverhältnisse realistisch zu sehen, verband sich mit einer magischen, die wirkliche Gefahr oft weit überhöhenden Furcht vor inneren Feinden. Eine höchst effektive und, wie man früher vielleicht gesagt hätte, höchst rationale, höchst realistische Durchorganisierung und Überwachung des gesamten Volkes fand ihre Legitimierung in der magischen Gewißheit, daß dieses Volk von einem unbenannten Schicksal – von Natur? – zum Herrenvolk Europas, wenn nicht der Welt bestimmt sei.

Wie er mit denen verfuhr, die sein Mythos als Feinde brandmarkte, ist bekannt genug. Aber es ist vielleicht nützlich, auf die Verbindung mit der Charaktereigentümlichkeit der Kaiserzeit aufmerksam zu machen, die ich zuvor erwähnte. Ich sprach von dem Großmachtstreben ohne Gewissensschranken und ohne andere Legitimierung als die durch die geschichtliche Bestimmung und den überragenden Wert der eigenen Gruppe selbst. In den Äußerungen der Kaiserzeit findet man immer wieder Hinweise darauf, daß vielen Menschen derjenigen Kreise, die sich als »national« betrachteten, das Deutschsein selbst schon als allerhöchster Wert galt. Der nationalsozialistische Mythos von der deutschen Herrenrasse setzte diese Tradition des Kaiserreiches, in einer mehr zur Popularisierung geeigneten und auch als Argumentiersystem stärker durchgearbeiteten Form, ganz geradlinig fort. Die Menschen germanischer Rasse waren von Natur und Geschichte dazu berufen, die Herrenschicht, eine Art Adel der Menschheit zu bilden. Andere Rassen, vor allem die Juden und die Neger, waren minderwertig und daher von Natur Feinde. Das beste war, sie auszurotten.

Was noch heute bei der Erinnerung viele Menschen in Sorge versetzt, ist die Tatsache, daß hier unter Deutschen ein Mythos auflebte, der dem vorherrschenden Bemühen unseres Zeitalters um größere Gleichheit unter den Menschen der Erde nicht einfach zuwiderlief, sondern der darüber hinaus, unter Hinweis auf die Hochwertigkeit der eigenen Gruppe, die Ungleichheit unter Menschen als einen hohen Wert hinstellte. Die Menschheit hatte sich mühsam zu einem Punkt vorgearbeitet, wo zwar de facto noch riesige Ungleichheiten zwischen verschiedenen Gruppen vorhanden waren, wo aber als Ziel die existentielle Gleichheit und die soziale Gleichstellung aller Menschen weitgehend anerkannt wurde. Hier nun wurde diese Arbeit von Generationen explizit widerrufen.

Was darüber hinaus in der Erinnerung den Nationalsozialismus noch heute so schwer erträglich macht, ist nicht einfach die Brutalität seiner Vertreter. Brutalitäten aller Art sind in unserer Welt gewiß gang und gäbe. Was noch heute erschreckt, ist die Gleichzeitigkeit des minuziösen, quasirationalen oder realistischen Aufbaus einer Großorganisation und des Gebrauchs wissenschaftlicher Technologien einerseits mit dem radikalen Abbau und Zerfall des Gewissens gegenüber dem Leiden und Sterben von Millionen von Männern, Frauen und Kindern andererseits – von Menschen, die keine Gefahr für die herrschende Gruppe darstellten, die keine Waffen besaßen und die, schlimmer als Schlachtvieh, in abscheuerregender Weise ermordet wurden.

8

Ich würde gerne sagen können, daß alles dies, daß die Schrecken der Hitlerzeit und des Zweiten Weltkrieges nun, nach vierzig Jahren, mehr oder weniger vergessen sind. Aber sie sind nicht vergessen. Die Erinnerung an Hitler und das große Morden ist über die ganze Erde in vielen Menschengruppen als Symbol für etwas sehr Übles noch höchst lebendig, und es besteht wenig Aussicht dafür, daß die Erinnerung an die Herrschaft Hitlers und die vielen Millionen von Menschen, die auf allen Seiten aufgrund seiner Entscheidungen ihr Leben lassen mußten, in der überschaubaren Zukunft aus dem Gedächtnis der Menschheit verschwinden wird. Wir trauern heute um diese Toten – ich ganz besonders um die meinen und andere um die ihren. Sie sind nicht vergessen. Dieser 40. Jahrestag des Friedensschlusses ist ein Tag, an dem wir uns rüsten, alles dafür zu tun, daß man auch nach achtzig Jahren denselben Tag als Festtag in Frieden begehen kann. Aber er ist nicht ein Tag des Vergessens.

Man tut dem deutschen Volk keinen guten Dienst, wenn man vorgibt, daß nun, bei den gemeinsamen Feiern aller beteiligten Völker anläßlich der Wiederkehr des Tages, an dem der Zweite Weltkrieg beendet wurde, auch der Krieg selbst und das große Morden, das mit ihm zusammenhing, vergessen ist. Ich weiß, es gibt eine ganze Reihe Deutscher, die sagen: »Ich will von alledem nichts mehr hören.« Aber das ist der falsche Weg. Hitler und seine Taten verschwinden nicht aus der Erinnerung der Menschheit dadurch, daß man nicht mehr von ihnen spricht. Die starke Tendenz, die Vergangenheit durch Verdrängung zu bewältigen, hat, wie mir scheint, zur Folge, daß man sie nicht bewältigen kann. Die Mehrheit der heute lebenden Deutschen hatte nichts mit Hitler und den Nationalsozialisten zu tun. Aber es ist ein Mißverständnis zu glauben, die Belastung des deutschen Namens durch die Erinnerung an die Hitlerzeit lasse sich dadurch aus dem Wege räumen, daß viele heute lebende Deutsche als Individuen mit den Taten der Nationalsozialisten nicht das geringste zu schaffen hatten. Es verhält sich nun einmal so, daß jeder einzelne Mensch in seinem persönlichen Habitus Eigentümlichkeiten des Habitus seiner Gruppe mit sich trägt, daß das Schicksal jedes einzelnen Menschen durch das Schicksal und durch den Ruf von Gruppen, zu denen sie oder er gehört, mitbestimmt wird.

Ich weiß nur zu gut, in welchem Maße mein persönliches Schicksal dadurch mitbestimmt worden ist, daß ich sowohl Deutscher wie Jude bin. Als Jude mußte ich Deutschland verlassen. Aber als ich erst nach Frankreich und dann nach England ins Exil ging, wurde ich in England nach dem Vordringen der deutschen Heeresgruppen im Westen und dem entsprechenden Anstieg der Invasionsfurcht als Deutscher mit anderen Deutschen interniert. Ich erinnere mich noch sehr deutlich, wie der englische Lagerkommandant uns eines Tages versammelte, in der ausdrücklichen Absicht, uns Freude zu bereiten, und uns dann die seiner Meinung nach für uns erfreuliche Neuigkeit mitteilte, daß die deutschen Truppen Paris eingenommen hätten. Es war nicht möglich, dem Engländer verständlich zu machen, daß das für uns keine beglückende Nachricht sei, da es die Invasionsgefahr erhöhte. Gleichzeitig aber suchten Nationalsozialisten im

Internierungslager mit einem freudigen Schimmer im Auge den jüdischen Deutschen zu erklären, was Hitlers Truppen mit ihnen anfangen würden, wenn erst die Invasion Englands gelungen sei. Vielleicht würden sie überhaupt zuerst auf die Isle of Man kommen, auf der sich das Internierungslager befand, um da mal aufzuräumen. Ich kann nur ahnen, was meine Vorväter zu leiden hatten, weil ihre Vorväter angeblich Jahrhunderte früher für die Kreuzigung Christi verantwortlich waren.

Daß das individuelle Schicksal und auch das Ansehen des einzelnen Menschen in hohem Maße durch das Schicksal und das Ansehen von Gruppen mitbestimmt wird – und in unserem Zeitalter ganz besonders durch Schicksal und Ansehen der Staaten, der Nationen, zu denen der Einzelne gehört –, das ist ganz einfach ein Faktum, ein Aspekt der Menschenwelt. Es geht nicht darum, ob man das für gut oder für schlecht hält; es verhält sich so. Dementsprechend empfinde ich oft, wenn christliche Freunde und Bekannte mir ernstlich nachweisen, daß sie persönlich nie etwas mit dem Nationalsozialismus zu tun gehabt hätten, die Vergeblichkeit ihrer Bemühungen. Mein ganzes Mitgefühl öffnet sich ihnen; aber ich weiß auch, daß sie den springenden Punkt verfehlen. Der Fluch dieser jüngsten deutschen Vergangenheit läßt sich nicht allein durch Hinweise auf die Unschuld oder die Mitschuld einzelner Menschen bewältigen. Es handelt sich um ein Problem des gesellschaftlichen Schicksals der Deutschen und ganz besonders um das ihrer nationalen Identität. Sie ist besudelt worden durch Unmenschlichkeiten. Diese lassen sich nicht ganz leicht aus dem Gedächtnis der Menschheit entfernen. Das ist erschreckend und betrübend. Denn die Zahl der jungen Deutschen, die nun in der Tat nicht das geringste mit Hitler und seinen Heerscharen zu tun hatten, wächst ständig. Und dennoch belastet auch sie die Erinnerung an diese gemeinsame Vergangenheit der Nation.

Lassen Sie mich einen Augenblick haltmachen und sagen,

daß ich mich darum bemühe, diese Realität aufzudecken, nicht weil ich Vorwürfe oder Anklagen im Sinne habe. Nichts liegt mir ferner. Ich spreche ein wenig in der Weise eines Arztes. Die Teilhabe des Einzelnen am Schicksal und am Ruf seiner oder ihrer Gruppe ist, wie schon erwähnt, eine Tatsache. Sie gehört zum Schicksal der Menschen; sie ist ein Aspekt der Conditio humana. Nichts ist gefährlicher als die Neigung, einer solchen Realität durch Verdeckung oder Verdrängung aus dem Wege zu gehen. Nur wenn man ihr mit allem Mut und aller Entschlossenheit ins Auge sieht, kann man die Frage stellen: Was ist in einer solchen Lage zu tun? Und das ist in der Tat die entscheidende Frage. Die nationale Identität der Deutschen ist befleckt worden. Die Westdeutschen haben die Möglichkeit, sich offen mit dieser Frage auseinanderzusetzen. Ich glaube nicht, daß die Art, wie die Ostdeutschen das Problem zu bewältigen suchen, gelingen kann. Sie scheinen nach der Maxime zu handeln: »Unser alter Anzug hat Flecken. Dann lassen wir ihn einfach verschwinden und ziehen einen neuen Anzug an.« Ich bin nicht ganz sicher, ob ich selbst in diesem Zusammenhang viel über die Aufgaben sagen kann, die sich erheben, wenn man die Probleme in der Weise stellt, wie ich es hier zu tun versucht habe. Aber vielleicht ist es nützlich, wenn ich das Problem, um das es geht, noch einmal durch einen Vergleich etwas klarer umreiße.

Es ist ganz gewiß ein tragisches Problem. Der Zufall will es, daß ich vor kurzem wieder einmal Sophokles' Tragödie *Oedipus Rex* gelesen habe. Ein großes Unheil, eine Pest hat das Volk der Thebaner befallen. König Ödipus spricht zu ihnen. Und er spricht mit einer Wärme, mit einer Anteilnahme, die einen vielleicht deswegen besonders berührt, weil sie in den gegenwärtigen Beziehungen zwischen Regierungen und Regierten oft völlig fehlt. »Meine Kinder«, so redet Ödipus die versammelten Thebaner an. Er sagt ihnen, daß er ihre Sorgen teile und daß er alles tun werde, um herauszufinden, warum die Götter den Fluch dieser Seuche über Theben verhängt haben. Allmählich wird dann klar, daß er selbst daran schuld ist. Er selbst hat, ohne es zu wissen, seinen Vater ermordet und seine Mutter geheiratet. Sophokles macht ganz deutlich, daß Ödipus diese ungeheuerlichen Verbrechen in aller Unschuld beging. Er wußte nicht, daß der alte Mann, der ihn herausforderte und den er schließlich tötete, sein Vater war. Er wußte nicht, daß die Frau, die er schließlich heiratete, seine Mutter war. Noch weit schlimmer, die Götter in ihrer unbegreiflichen Willkür hatten Ödipus, als dem Mitglied einer mit einem Fluch beladenen Familie, schon vor seiner Geburt dieses Schicksal auferlegt; sie hatten vorherbestimmt, daß er zum Mörder seines Vaters und zum Gatten seiner Mutter werden müsse. Er war schuldlos schuldig geworden nach dem Ratschluß der Götter als Strafe für ein Vergehen, das seine Vorfahren begangen hatten.

Die Beschmutzung des guten Namens der Deutschen durch die Unmenschlichkeit des Dritten Reiches beruht nicht auf einem Fluch der Götter. Die verschiedenen Völkergruppen der Erde haben mehr oder weniger präzise Kollektivbilder voneinander. Das Kollektivbild der Deutschen in der Erinnerung anderer Völker, und vielleicht in ihrer eigenen Erinnerung, ist durch das Dritte Reich beschmutzt worden. Die Stimmen der Erinnerung an diese Vergangenheit in anderen Ländern sind leiser geworden. Die Bundesrepublik hat viel dazu getan, um das zu ermöglichen. Das ehemals von der Mehrzahl der Deutschen gehaßte und bekämpfte parlamentarische Regime funktioniert recht gut. Das »Wirtschaftswunder« hat viel dazu beigetragen, das Selbstvertrauen der Bundesdeutschen zu stärken. Und auch durch den wirtschaftlichen Aufschwung ist Deutschland für andere Länder ein willkommener Bundesgenosse und Helfer geworden, nicht zuletzt für die weniger entwickelten Länder in Afrika und aller Welt. Aber die Frage, welche nationalen Traditionen und besonders welche Eigentümlichkeiten des deutschen Nationalcharakters die Unmenschlichkeit des Dritten Reiches möglich machten, und die andere Frage, ob sich diese nationale Tradition nicht von neuem durchsetzen kann, sind gewiß nicht verschwunden.

9

Man mißversteht das Problem, um das es hier geht, wenn man es als Problem der kollektiven Schuld hinstellt. Das Problem, auf das ich hinzuweisen suche, ist nicht ein Schuldproblem, sondern ein Tatsachenproblem. Die gegenwärtige deutsche Gesellschaft ist aus der früheren hervorgegangen. Wie in anderen Nationalstaaten, so gibt es auch in Deutschland eine Kontinuität der Verhaltenstradition. Die große Linie dieser Tradition ist erheblich gebrochener als bei den meisten anderen europäischen Nationalstaaten – aus Gründen, auf die ich hier nicht eingehen kann. Infolgedessen ist auch das Gefühl der nationalen Identität, das Bewußtsein des eigenen Wertes der Deutschen, ganz besonders in der Bundesrepublik, schwankender, unsicherer, kurzum: problematischer als in den meisten anderen europäischen Staaten. Die Dänen, die Franzosen, die Engländer haben trotz der Macht- und Statusverluste, die alle europäischen Länder erlitten haben, gegenwärtig noch keine sehr großen Schwierigkeiten mit ihrer nationalen Identität. Die Deutschen, und besonders die Bundesdeutschen, haben erhebliche Schwierigkeiten. Man spricht nicht viel darüber, zum Teil deswegen, weil aufgrund des krampfhaft überhöhten Nationalbewußtseins im Dritten Reich jeder Versuch der Deutschen, über ihr Nationalbewußtsein öffentlich zu sprechen, einen Menschen in den Verdacht bringt, das überhöhte Nationalbewußtsein des Dritten Reiches wiederbeleben zu wollen. Ich bin in dieser Hinsicht ganz unverdächtig. Es ist für mich leichter als für viele andere Deutsche zu sagen, daß das Problem der nationalen Identität der Bundesrepublik ohne Krampf und, wenn irgend möglich, ohne an die

Tradition des deutschen Nationalismus nach 1870 anzuknüpfen, als ein menschliches Problem besonders der jüngeren Generationen durchdacht und öffentlich diskutiert werden sollte.

Das Problem der nationalen Identität der Bundesrepublik hat, wie in anderen Fällen, zwei Facetten, die sich ergänzen. Da ist einmal das Problem der Wir-Identität: Was für Menschen sind wir als Bundesdeutsche? Was sind die Eigentümlichkeiten, was ist der Sinn und Wert des neuen bundesdeutschen Zusammenlebens? Wie können Deutsche im europäischen Konzert neue Werte schaffen? Das sind nicht ganz einfache Fragen, eben weil auch nach vierzig Jahren das Bild des Dritten Reiches die gegenwärtige Identität der Deutschen immer noch überschattet.

Diese Fragen sind zweitens schwierig, weil eine Sonder-Identität der Bundesdeutschen für das Gefühl mancher von ihnen die Zweiteilung des alten deutschen Reiches zu besiegeln scheint. Aber man sollte in dieser Hinsicht vielleicht nicht zu ängstlich sein. Bayern, Sachsen, Preußen waren auch einst gesonderte Staaten mit einer bestimmten eigenen Identität und besitzen sie vielleicht noch heute. Das machte die schließliche Einigung vielleicht schwerer, aber keineswegs unmöglich. In der vorhersehbaren Zukunft ist eine entsprechende Einigung der beiden gegenwärtigen deutschen Staaten nicht zu erwarten. Sie wird dadurch nicht verhindert, daß die Bundesrepublik endlich mit aller Entschlossenheit ihren Eigenwert und so ihre eigene Identität entwickelt.

Welches nationale Problem der Bundesrepublik man auch immer anspricht, es schmerzt, es scheint gefährlich zu sein. Und also spricht man nicht darüber. Aber das Problem der nationalen Identität Westdeutschlands ist ein ernstliches Problem, und ich meine, man sollte darüber sprechen. Vielleicht finden Sie es nicht unrichtig, an diesem Tage darüber zu sprechen, denn de facto, wenn auch nicht formal, war ja der 8. Mai 1945 der Geburtstag der Bundesrepublik, der

Tag, der die Entstehung eines relativ freien, parlamentarisch regierten und in diesem Sinne demokratischen Deutschland ermöglichte. Vielleicht kann man heute, bei der Rückschau nach vierzig Jahren, sagen, daß das Staatsgebilde, das da aus den drei westlichen Besatzungszonen hervorging, in der Geschichte Deutschlands etwas Neues war. Es mag sein, daß man die Chance der Erneuerung nicht genügend aufgenommen hat. Das ist ein Mangel, der sich sicherlich nachholen läßt.

Ich erinnere mich in diesem Zusammenhang immer wieder einer wichtigen Episode in der Geschichte Dänemarks. 1866 war Dänemark von Preußen besiegt worden. Die Territorialverluste besonders in Schleswig-Holstein waren beträchtlich. Es gab damals in Dänemark Menschen, die erkannten, daß die Zukunft des Landes gefährdet sei, wenn man nicht der Masse der Bevölkerung – und das hieß damals, der Masse der bäuerlichen Bevölkerung – den Zugang zu einem höheren Bildungsniveau eröffnete. Grundtvig legte als Gegengewicht gegen die Niederlage, die fast einer nationalen Katastrophe gleichkam, das Fundament für eine umfassende Volkshochschulbewegung, also im Grunde für eine Erneuerungsbewegung der ganzen Nation. Hand in Hand damit ging eine Stärkung des nationalen Selbstbewußtseins, die mäßig, gelassen und inoffensiv war. Die Nachwirkungen dieser Erneuerungsbewegung machen sich bis heute bemerkbar. Sie ermöglichte es den Dänen, selbst die für andere oft destabilisierende Besatzungszeit im Hitlerkrieg mit einem ganz ungestörten und gelassenen Gefühl der nationalen Zusammengehörigkeit zu überleben.

Deutschland hat nicht nur eine, sondern zwei schwere militärische Niederlagen hinter sich. Seine führenden Männer, erst der Kaiser und dann Hitler, haben zweimal die ganze Kraft des deutschen Volkes mobilisiert, um für Deutschland eine Hegemonialstellung in Europa zu erringen. Das Ziel war verlockend – so verlockend, daß vielleicht nur ein Staatsmann vom Kaliber Bismarcks dafür Verständnis hätte haben können, daß das kriegerische Potential Deutschlands als eines »Landes der Mitte« nicht groß genug war, um einen längeren Krieg gegen die Mehrzahl der anderen europäischen Großmächte, und vor allem gegen die Vereinigten Staaten von Amerika, einigermaßen siegreich zu Ende zu führen.

Bismarck war ein großer Mann. Aber seine Politik war im wesentlichen eine Politik der Mäßigung. Als er Österreich besiegt hatte, sah er sofort die Notwendigkeit ein, sich Österreich zum Freunde zu machen, den Feind von gestern zum Freund von heute. Er war noch nicht von dem nationalen Mythos der Kaiser- und Hitlerzeit geblendet. Danach verloren die führenden Schichten Deutschlands, berauscht vom Gedanken an eine deutsche Hegemonie, das Augenmaß für die Größe des Risikos, das sie dem deutschen Volk aufluden. Es war nie sehr wahrscheinlich, daß die Vereinigten Staaten der Geburt eines deutschen Großreiches unter kaiserlicher oder gar diktatorischer Leitung, also eines möglichen Rivalen im eurasischen Raume mit einer gefährlich aggressiven Ideologie, untätig zusehen würden. Aber ihre professionelle Blindheit hinderte die kaiserliche wie Hitlers Führung daran, das Kriegspotential Amerikas ernstlich in Betracht zu ziehen.

Nach jedem der beiden verlorenen deutschen Hegemonialkriege machte sich dann der führende Mann aus dem Staube, der eine nach Holland, der andere ins Grab, und überließ es dem Volke, die Suppe auszulöffeln, die er ihm eingebrockt hatte. Seit Bismarck hatte das deutsche Volk kein großes Glück mit seinen führenden Männern.

10

Der verlorene Vormachtkampf Deutschlands war, soweit sich sehen läßt, der letzte Versuch eines europäischen Staates, die Hegemonie in Europa zu erkämpfen. Deutschland war der größte, aber nicht der einzige Verlierer dieses Krieges. Auch Frankreich und England, nominell Sieger des Zweiten Weltkrieges, gehörten effektiv zu den Verlierenden. Die wirklichen Sieger waren die Sowjetunion und die Vereinigten Staaten. Diese beiden Mächte rückten am Ende des Krieges an die Spitze der Staatenhierarchie nicht allein Europas, sondern der gesamten Welt. Beide Staaten besaßen nun die zwei stärksten militärischen Organisationen auf der ganzen Erde.

Ich bin nicht ganz sicher, ob das Problem klar genug ist, vor dem die amerikanische und die russische Führung standen, als Hitler und Goebbels sich durch Selbstmord der Verantwortung für die Deutschen entzogen, die sie so lange für sich beansprucht hatten, und als der deutsche Widerstand zusammenbrach. Die von Osten kommenden russischen, die von Westen kommenden amerikanischen und alliierten Truppen marschierten in Deutschland aufeinander zu. Das war nicht ganz ungefährlich, denn die westlichen und die östlichen Sieger hätten beim Vormarsch leicht in Konflikt miteinander geraten können. Es bedurfte also einer Abmachung über die Grenze zwischen den Besatzungszonen der östlichen und der westlichen Heere, wenn man die mögliche kriegerische Auseinandersetzung zwischen den beiden Armeen vermeiden wollte.

Man brauchte nicht besonders gewitzt zu sein, um vorauszusehen, daß sich die durch Abmachung festgelegte Grenze zwischen den Heeren der östlichen und der westlichen Sieger zu einer Dauergrenze auswachsen würde. Man konnte vorhersehen, daß die Russen aus den von ihren Heeren eroberten Gebieten ohne kriegerischen Zwang niemals abziehen, daß sie ihre Vorherrschaft in den von ihnen besetzten Gebieten, und vor allem auch in den besetzten deutschen Gebieten, nicht freiwillig aufgeben würden. Sie hatten riesige Verluste erlitten, sie wollten größtmögliche Sicherheit für ihr Kernland. Den Amerikanern und ihren Alliierten aber lag nichts ferner als der Gedanke, sich um der

Einheit Deutschlands oder der Freiheit anderer von Rußland besetzter Gebiete willen mit den Russen in einen Krieg einzulassen. Ganz im Gegenteil, anderen europäischen Staaten, deren Bürger unter der deutschen Besetzung gelitten hatten und die durch SS und Gestapo einen Vorgeschmack von einer hitlerdeutschen Vorherrschaft bekommen hatten – und insbesondere den Franzosen –, war es nur recht, daß Deutschland durch die Grenze zwischen den Besatzungstruppen in zwei Teile gespalten wurde. Der deutsche Koloß in der Mitte Europas hatte zweimal mit kriegerischen Mitteln versucht, die Hegemonie auf dem europäischen Kontinent zu gewinnen. Zweimal war dieser Versuch nach einem verheerenden Krieg gescheitert. Die Deutschen hatten sich bei ihrer Besetzung anderer Länder, ganz besonders im Hitlerkrieg, durch ihr Auftreten als Herrenrasse wenig Freunde und viele Feinde gemacht. Man war es im Grunde sehr zufrieden, daß dieser furchterregende militärische Koloß im Zentrum Europas in zwei Teile gespalten und damit für seine Nachbarn weniger bedrohlich wurde.

Aber die Spaltung Deutschlands in zwei Besatzungszonen und dann in zwei Staaten, ebenso wie die Spaltung Koreas, war letztlich nur ein Beiprodukt der langsam zutage tretenden Rivalität zwischen den beiden stärksten Militärmächten der Erde, zwischen Rußland und Amerika. Ich habe zuvor auf die Regelmäßigkeit hingewiesen, mit der sich in einer Staatenhierarchie nach einer Reihe von Ausscheidungskämpfen zwei oder manchmal auch drei Staaten, gewöhnlich ohne daß sie das beabsichtigt oder geplant hätten, als Rivalen um die Vormacht an die Spitze dieser Staatengruppen gestellt finden. Sie geraten damit in eine Zwangssituation. Denn jeder der zwei oder der drei Hegemonialkandidaten muß fürchten, daß er von einem anderen seiner Unabhängigkeit und Entscheidungsfreiheit beraubt wird, wenn der andere stärker wird als er. Ich habe auf Sparta und Athen, die Griechen und die Perser, Rom und Karthago, die Habsburger und die Bourbonen verwiesen und könnte noch viele andere Beispiele anführen. In unseren Tagen nun sind Amerika und Rußland nolens volens in diese Zwangssituation als Rivalen um die Vorherrschaft unter den Staaten der Erde hineingeraten.

Auch in früheren Zeiten gingen solche bipolaren Vormachtkämpfe manchmal Hand in Hand mit Gegensätzen der internen Herrschafts- und Gesellschaftsformen. Der lange Ausscheidungskampf um die Hegemonie zwischen Athen und Sparta zum Beispiel ging Hand in Hand mit dem Gegensatz der Gesellschaftssysteme und der sozialen Klassen, die in den beiden Stadtstaaten vorherrschten. Das volksdemokratische Athen stand dem aristokratisch-oligarchischen Sparta gegenüber. Als Sparta siegte, zwang es den Athenern die aristokratisch-oligarchische, die Herrschaftsform der sogenannten Dreißig Tyrannen auf. So spielt auch gegenwärtig bei den Hegemonialkonflikten zwischen Rußland und Amerika im Vorfeld eines möglichen Krieges der Unterschied in der Herrschafts- und Gesellschaftsform sicherlich eine Rolle. Es spielt bei diesen Vormachtkämpfen eine Rolle, daß Rußland eine Parteidiktatur, Amerika ein parlamentarisches Zweiparteienregime hat und daß in beiden Ländern gegensätzliche weltanschauliche Ideologien vorherrschen.

Aber die große Gefahr, die die gegenseitige Bedrohung dieser beiden Hegemonialkandidaten für uns alle, für die ganze Menschheit bedeutet, beruht in erster Linie auf dem, was ihre Gegensätzlichkeit mit derjenigen früherer Hegemonialkämpfe gemein hat. Sie beruht darauf, daß hier die beiden weitaus stärksten Militärstaaten einander als Rivalen gegenüberstehen. Für das Wettrüsten dieser beiden Militärstaaten, das uns alle aus guten Gründen beschäftigt, gibt es unzählige Präzedenzfälle. Sie alle zeigen, wie außerordentlich schwierig es ist, den sozialen Mechanismus dieses sich gegenseitig höher und höher Schraubens zu durchbrechen. Erst wenn man aufhört, den sich steigernden Gegensatz zwischen der Sowjetunion und den Vereinigten Staaten als etwas Einzigartiges, ganz für sich zu betrachten, erst wenn man sieht, daß es Hunderte von Präzedenzfällen gibt, daß es sich hier um eine soziale Figuration mit gewissen Regelmäßigkeiten, mit wiederkehrenden Abläufen handelt, erst dann kann man klar herausarbeiten, was an dieser heutigen Situation einzigartig ist.

Zu den Regelmäßigkeiten dieser Figuration gehört eine polarisierende Tendenz vieler anderer Staaten der Staatenhierarchie, deren Spitze die beiden antagonistischen Militärmächte bilden. Bei allen Variationen, die es immer wieder gibt, zeigen die anderen Staaten des gesamten Staatenfeldes eine starke Tendenz, sich dem einen oder dem anderen der beiden Hegemonialstaaten anzuschließen und sich um sie zu gruppieren wie Eisenfeilspäne um die Pole eines großen Magneten.

Zu den Regelmäßigkeiten dieser Figuration gehört ebenfalls das noch weitgehend unblutige Manövrieren jedes der beiden Hegemonialstaaten um die bessere Absprungposition für den Fall des Krieges, das Manövrieren um Positionen in dem mehr oder weniger weiten Zwischengelände zwischen den Kerngebieten der beiden Staaten selbst. Die kriegerische Auseinandersetzung der beiden Hegemonialstaaten, wenn sie kommt, spielt sich gewöhnlich zunächst in diesem Zwischengelände zwischen den Kerngebieten der rivalisierenden Mächte ab. Jede der beiden sucht gewöhnlich im Vorgelände der eigenen Kernländer ein möglichst weitreichendes Glacis von Bundesgenossen oder Vasallenstaaten zu bilden und zugleich Bundesgenossen und Vasallenstaaten im Glacis um die Kernländer des Gegners für sich zu gewinnen. Der Ausbau eines Glacis um das eigene Kerngebiet soll dem Gegner das Eindringen in dieses Gebiet möglichst schwer machen. Umgekehrt sollen Bundesgenossen oder Vasallenstaaten im Glacis des Gegners das eigene Vordringen in dessen Kernland oder seine Zerstörung nach Möglichkeit erleichtern.

Ob diesem Manövrieren um die bessere Absprungposition in der Periode des Vorkriegs im Zeitalter der Kern- und Raketenwaffen noch die gleiche Bedeutung zukommt wie in der Zeit der Kanonen und Gewehre oder der Lanzen, Pfeile und Schwerter, sei dahingestellt. Aber der Figurationszwang und wohl auch die militärische Tradition, die aus der Zeit der Fürsten in die der Parteiführer und Präsidenten ganz ungebrochen hineinreicht, üben offenbar einen starken Druck in dieser Richtung aus. Schon die Zaren versuchten, sich zum Schutze ihres Kernlandes Stützpunkte in Afghanistan zu sichern. Schon die Briten versuchten, es zu verhindern. Nun haben die Amerikaner deren Erbe angetreten. Die Russen ihrerseits freuen sich über ihre Stützpunkte in Kuba und Nicaragua und, nicht zu vergessen, in Vietnam. Und die Amerikaner unternehmen alle Anstrengungen, um sie besonders aus der gefährlichen Nähe in Mittelamerika, möglichst ohne eigenen Heereseinsatz, wieder zu verdrängen. Das gefährliche Spiel ist so alt wie die Staaten selbst. Schon in der Antike suchten Assyrer und Ägypter die Vormacht in Palästina zu gewinnen, oder Römer und Karthager in Sizilien, ehe sie in ihre jeweiligen Kernländer einmarschierten.

Es gibt viele andere Regelmäßigkeiten dieser bipolaren Hegemonialkämpfe, die man fast in allen solchen Fällen beobachten kann. Eine von ihnen will ich noch nennen. Sie mag erschreckend sein. Aber es hat keinen Sinn, sich den Blick zu verstellen. Ich kenne keinen einzigen Fall in der Entwicklung der Menschheit, in dem ein solcher Konflikt zwischen den zwei stärksten Militärmächten an der Spitze einer Staatenhierarchie nicht früher oder später zu einem Krieg führte, zum Austrag des schwelenden Konfliktes mit Waffengewalt. Und selbst wenn es einen solchen Präzedenzfall für das friedliche Herunterschrauben, für die De-Eskalation eines sich vorbereitenden Hegemonialkrieges gäbe, könnte man nicht umhin, die Regelmäßigkeit, mit der eine solche Figuration zur kriegerischen Auseinandersetzung hintreibt, genauer zu studieren. Denn bei allen Gemeinsamkeiten mit früheren Prozessen dieser Art hat der Hegemonialkampf unserer Tage zugleich auch bestimmte ganz einzigartige Struktureigentümlichkeiten. Wir befinden uns heute in einer Situation, für die es keine Präzedenzfälle gibt. Wir sind nun in zweifacher Hinsicht am Ende des Weges angelangt.

II

Ich habe schon gesagt, daß ich keinen Fall kenne, in dem die Konstellation der zwei oder drei stärksten Militärmächte an der Spitze einer Staatenpyramide, bei der jede der Spitzenmächte sich in ihrer Sicherheit von der anderen bedroht fühlte, nicht früher oder später zu schweren kriegerischen Auseinandersetzungen führte. Es gehört zu den Einzigartigkeiten der gegenwärtigen Mächtekonstellation, daß ein Krieg zwischen den beiden Hegemonialstaaten bei dem gegenwärtigen Stande der Waffentechnik die weitgehende Zerstörung der beiden Hegemonialmächte und ihrer Verbündeten, möglicherweise auch eine zeitweilige oder dauernde Einschränkung der Bewohnbarkeit der Erde zur Folge hätte.

Manche Menschen sind der Ansicht, daß die Größe der Gefahr die führenden Politiker der beiden großen Militärstaaten schon von selbst zur Vernunft bringen werde. Aber ich glaube nicht, daß man sich den Übergang von dem relativ unblutigen Positionskampf zum blutigen Kriege zwischen den beiden Staatengruppen einfach als Resultat dessen vorstellen kann, was man heute oft als »rationale Entscheidung« bezeichnet. Es gibt bei dieser Konstellation der Mächte so viele Möglichkeiten des unbedachten, von Wunsch- oder Furchtbildern beherrschten Übergangs vom kalten zum heißen Krieg, daß mir die Hoffnung, die menschliche Vernunft werde früher oder später dem immensen Druck einer solchen Konstellation zum Kriege hin Einhalt gebieten, recht illusorisch erscheint. Ich habe freilich eine gewisse Vorstellung davon, was man tun könnte, um den selbsteskalierenden Mechanismus der sich steigernden gegenseitigen Bedrohung der großen Militärmächte auf eine Bewegung in der entgegengesetzten Richtung, auf eine De-Eskalation umzuschalten. Vielleicht habe ich später noch Zeit, etwas darüber zu sagen.

Ich habe erwähnt, daß der Vormachtkampf zwischen den beiden größten Militärstaaten, der am Ende des Zweiten Weltkrieges in den vierziger Jahren des 20. Jahrhunderts eingesetzt hat, deswegen einzigartig ist, weil die Menschheit damit am Ende eines Weges angelangt ist. Diese Metapher vom Ende des Weges bezieht sich nicht allein auf die Gefahr der Selbstzerstörung der Menschheit durch den nächsten Krieg. Auch wenn man den Gedanken an die Beispiellosigkeit dieser Gefahr zunächst einmal ausschaltet, entdeckt man, daß die gegenwärtigen Hegemonialkämpfe zwischen den beiden stärksten Militärstaaten einen einzigartigen Charakter haben.

Die Beispiele früherer Zeiten machen deutlich, daß solche Kämpfe entweder mit einem Unentschieden oder mit einem Aufstieg des Siegerstaats zur integrierenden Vormacht über die ganze Staatengruppe enden können. Die Ausscheidungskämpfe der sumerischen Stadtstaaten ebenso wie die der griechischen Stadtstaaten endeten unentschieden, also ohne daß es Sparta, Athen, Korinth oder Theben gelang, sich eine Vormachtstellung über die anderen Stadtstaaten zu erkämpfen und sie auf diese Weise zu einem griechischen Einheitsstaat zusammenzubinden. Das geschah schließlich durch einen Außenseiterstaat, durch die Herrscher des Königreichs Makedonien, Philipp und Alexander, die die widerstrebend geeinten Stadtstaaten in den Endkampf mit dem langjährigen Erzfeind, mit dem bedrohlichen Perserstaat führten.

Wenn gegenwärtig eine der beiden Hegemonialmächte den Sieg über die andere ohne gegenseitige Vernichtung erringen könnte, dann wäre es möglich, daß auch damit das Ende eines Weges erreicht würde. Rußland oder Amerika könnten dann zur Hegemonialmacht der ganzen Menschheit aufrücken. Zum Unterschied von allen früheren Siegern in den Hegemonialkämpfen einer Staatengruppe, also etwa von China oder den Römern, die sich zwar als Herrscher eines Weltreiches verstanden, die aber de facto immer nur die Einigung und Pazifizierung eines begrenzten Teiles der Menschheit zustande brachten, wäre der Sieger im gegenwärtigen Hegemonialkampfe, wenn er den Kampf nicht allzu geschwächt überlebte, in der Lage, militärische und ökonomische Machtmittel von einem Ausmaß zu kontrollieren, das die effektive Konkurrenz irgendeines anderen Staates unmöglich machte.

Daß eine solche Situation tatsächlich eintreten könnte, ist unwahrscheinlich. Aber die Tatsache, der man hier auf die Spur kommt und von der ich sagte, daß auch sie das Ende eines Weges bedeute, ist ganz real. Vielleicht sollte ich sagen: Sie bedeutet das Ende eines Weges und den Anfang eines neuen. Die Entwicklung der Menschheit ist an einem Punkte, oder besser ausgedrückt: in einer Periode angelangt, in der die Menschen zum ersten Mal vor die Aufgabe gestellt sind, sich global, das heißt als Menschheit zu organisieren. Die Aufgabe stellt sich ihnen als Ergebnis einer langen Entwicklung. Sie gibt ihnen zugleich auch die technischen Möglichkeiten für eine Organisierung der Menschheit an die Hand. Bitte mißverstehen Sie mich nicht. Wovon ich hier rede, ist nicht das, was man gewöhnlich eine Utopie nennt. Die Aufgabe, eine die ganze Menschheit umfassende Ordnung des Zusammenlebens zu entwickeln, stellt sich den Menschen heute tatsächlich, ob man sich ihrer als solcher bewußt ist oder nicht. Niemand kann voraussehen, wie lange die Menschheit dazu brauchen wird, diese Aufgabe zu lösen. Niemand kann voraussehen, ob die Menschheit sich nicht in den vorbereitenden Kämpfen in dieser Richtung selbst zerstören und die Erde unbewohnbar machen wird.

Auf früheren Stufen ist die Befriedung einer Staatengruppe so gut wie immer dadurch zustande gekommen, daß aus einer Sequenz von Ausscheidungskämpfen innerhalb einer Staatengruppe ein einzelner Staat als Sieger und somit als Hegemonialmacht hervorging. Die Pax Romana ist ein bekanntes Beispiel dieser Art. Ansätze in derselben Richtung zeigen sich auch bei den beiden großen Militärmächten, die während der zweiten Hälfte des 20. Jahrhunderts als solche in den zwischenstaatlichen Auseinandersetzungen über die ganze Welt hin in den Vordergrund traten.

Halb verdeckt kündigt sich in den nationalen Ideologien der zwei stärksten Militärmächte in der zweiten Hälfte des 20. Jahrhunderts der nationale Traum einer Hegemonialstellung über die ganze Menschheit bereits an. Es ist nützlich, in diesem Zusammenhang die eigene Vorstellungskraft ein wenig zu bemühen und in Gedanken mögliche Situationen heraufzubeschwören, selbst wenn sie keine oder nur eine ganz geringe Chance haben, zu wirklichen Situationen zu werden.

Man stelle sich vor: Wenn es die Vereinigten Staaten nicht gäbe, dann wäre die Sowjetunion heute möglicherweise nach dem Sieg über Deutschland zu der bei weitem stärksten Militärmacht nicht nur Europas, sondern der Menschheit geworden. Natürlich bleibt es eine offene Frage, ob die Sowjetunion ohne die Hilfe Amerikas und seiner Bundesgenossen den Sieg über Deutschland hätte erringen können. Aber nehmen wir einmal an, das wäre geschehen. Die sowjetische Militärmacht hätte einen solchen Vorsprung gegenüber der Militärmacht aller anderen Staaten der Menschheit errungen, daß die Sowjetunion de facto zur Hegemonialmacht der Menschheit geworden wäre. In diesem Falle wären also die Führer der kommunistischen Parteien aller Länder die effektiven Herrscher dieser Länder geworden. Die Führung der kommunistischen Partei Sowjetrußlands, des stärksten Militärstaats der Erde, würde dann eine Hegemonialstellung über die ganze Menschheit einnehmen. Sie würde vermutlich versuchen, kriegerische Auseinandersetzungen zwischen Vasallenstaaten mit Hilfe ihrer überlegenen Militärmacht zu verhindern und auf diese Weise die Befriedung der Menschheit, die Pax Sovietica einzuführen.

Der Traum von einer solchen sowjetrussischen Welthegemonie ist in etwas versteckter Form in der offiziellen sowjetrussischen Glaubensdoktrin enthalten. Die etwas einseitig auf Wirtschafts- und Klassenverhältnisse beschränkte marxistische Lehre verdeckt ihn. Diese Lehre spricht lediglich von der gesellschaftlichen Notwendigkeit, mit der früher oder später kommunistische Revolutionen Diktaturen des Proletariats, also genauer gesagt: Diktaturen einer kommunistischen Parteiführung, entstehen lassen werden. Die Einseitigkeit der Marxschen Lehre, die den staatlichen und vor allem auch den militärischen Machtquellen keine eigenständige gesellschaftliche Bedeutung zuerkennt, verdeckt eine Tatsache, die Marx gewiß nicht vorhersehen konnte – die Tatsache, daß ein Sieg des Kommunismus über die ganze Erde hin wahrscheinlich eine Hegemonialstellung der mächtigsten kommunistischen Militärmacht, also der Sowjetunion, mit sich bringen würde.

Die Pax Sovietica, als hypothetische Möglichkeit betrachtet, hat ihr Gegenstück in der Pax Americana. Der in den Vereinigten Staaten selbst oft diskutierte amerikanische Traum, *the American Dream*, ist gewiß bisher nicht ausdrücklich auf eine Hegemonialstellung Amerikas gerichtet. Aber es fehlt nicht an Ansätzen in dieser Richtung. Auch im Falle Amerikas, ähnlich wie in dem Sowjetrußlands und als Gegenschlag gegen den kommunistischen Anspruch auf weltweite Vorherrschaft, nimmt der Einsatz für das eigene, kapitalistisch organisierte Mehrparteiensystem häufig genug den Charakter einer weltweiten Mission an. Wie im Falle der Sowjetunion geht in dem der Vereinigten Staaten die Sorge um die eigene Sicherheit oft genug mit der Forderung Hand in Hand, die eigene Militärmacht müsse die stärkste der Welt sein, um die militärische Integrität des eigenen Landes sicherzustellen.

Auch dies ist eine der eigentümlichen Regelmäßigkeiten des bipolaren Hegemonialkampfes: Solange sich die beiden stärksten Militärstaaten die Waage halten, solange sich ihre ökonomischen und militärischen Machtmittel annähernd gegenseitig ausbalancieren, bleibt den weniger mächtigen Staaten ein nicht unerheblicher Spielraum zu eigenen Entscheidungen, ein Freiheitsspielraum der Selbstherrschaft offen. Je mehr sich die Machtbalance zugunsten einer der beiden stärksten Militärmächte verlagert, um so unzweideutiger gewinnt die betreffende Macht den Charakter einer Hegemonialmacht der Menschheit. Aber ich erwähne diese Möglichkeit nur, um die soziale Eigendynamik einer solchen Staatenkonstellation verständlich zu machen. In Wirklichkeit ruft das Stärkerwerden einer der beiden Hegemonialmächte – sei es direkt durch Wachstum des militärischen Potentials, sei es durch ein neues Bündnis, durch einen Positionsgewinn im Felde der nicht festgelegten Staaten – gewöhnlich einen Ausgleichsversuch der anderen Hegemonialmacht hervor, der die Balance wiederherstellt und mit ihr die einzige Form der Sicherheit, die die beiden Hegemonialmächte in ihrer Beziehung zueinander haben können. Es ist eine schwierige Situation. Jede der beiden Mächte unternimmt ständig den Versuch, die andere zu übertrumpfen; jede macht ständig den Versuch, den geringsten Vorsprung der anderen auszugleichen. Jede sucht unwillkürlich, sich näher an eine Welthegemonie, an die Position des stärksten Militärstaats der Erde heranzuarbeiten; jede wird ständig durch den Gegenzug der anderen daran gehindert.

Ich sage durchaus nicht, daß die jeweiligen Regierungen der beiden Staaten bewußt auf Weltherrschaft hinstreben. Ich sage nur, daß die eigentümliche Zwangslage, in der sich beide Mächte befinden, beide in diese Richtung drängt. Das, was wir Wettrüsten nennen, ist ebenfalls ein Ergebnis dieser

Zwangslage. Ich unterstelle auch nicht, daß irgendeine Regierung der beiden Hegemonialstaaten im vollen Bewußtsein der Konsequenzen auf einen Krieg hinarbeitet. Ich sage lediglich, daß sich die Regierungen der beiden Staaten dadurch, daß sie sich militärische oder positionale Vorteile über die Gegenseite zu verschaffen suchen, unwillkürlich näher an einen Krieg heranarbeiten. Es gibt gute Belege dafür, daß beide Seiten, die kommunistische wie die kapitalistische Großmacht – besonders in den Spitzengruppen, aber vielleicht auch Teile der Völker –, davon träumen, daß die andere Seite verschwinden werde. Beide träumen von dem Kollaps der Gegenseite. Sie tun vielleicht auch einiges, um den Kollaps herbeizuführen, möglichst ohne die Notwendigkeit eines Krieges. Aber die Regierenden beider Seiten scheinen nicht klar genug zu sehen, daß, wenn die andere Seite sich von ihrem Gegner an die Wand gedrängt fühlte und die Regierenden keinen anderen Ausweg mehr wüßten, die Wahrscheinlichkeit sehr groß wäre, daß sie als letzten Ausweg zum Krieg, also zum Gebrauch der reichlich aufgespeicherten Atomwaffen greifen würden.

Durch mein ganzes, langes Leben hin, mindestens seit ich Primaner war, haben mir kommunistische Bekannte und Freunde immer wieder vorgerechnet, daß die jeweilige Krise die Endkrise des Kapitalismus sei, der dann unweigerlich die kommunistische Revolution und über die Diktatur des Proletariats die Gesellschaft ohne Unterdrückung, fast ohne Regierung folgen würden. Ich hörte das 1913, ich hörte es wieder am Beginn dieses Jahres; und, vorgetragen mit unverminderter Überzeugungskraft, immer von neuem in den langen Jahren dazwischen. Der kommunistische Wunschtraum, daß die Marxsche Prophezeiung vom Ende des Kapitalismus nun bald in Erfüllung gehen werde, daß die Endkrise des Kapitalismus nun gekommen sei, beflügelte durch dieses ganze Jahrhundert hin die Phantasie der Gläubigen.

Aber die Vorstellung, daß der Kollaps des Gegners ohne

die Notwendigkeit eines Krieges kommen werde, beschränkt sich durchaus nicht auf eine Seite. Auch unter Amerikanern und in den europäischen Ländern der westlichen Allianz begegnet man oft genug der Vorstellung, daß der östliche Block in nicht allzu langer Zeit in eine Krise geraten und sich dann von selbst auflösen werde. Mein Eindruck ist, daß dieser Wunschtraum vom selbsttätigen Kollaps des Kommunismus in Rußland und den östlichen Staaten in den letzten Jahrzehnten stärker geworden und weiter verbreitet ist als zuvor. Und, wie gesagt, man tut dann auch noch einiges, um dem erwünschten, sich selbsttätig vorbereitenden Zusammenbruch des Kommunismus etwas nachzuhelfen.

Ich glaube, daß diese Vorstellungen von dem angeblich selbsttätigen Zusammenbruch des kapitalistischen und des kommunistischen Regimes Wunschträume sind. Es fehlt ihnen jeder reale Anhaltspunkt. Es sind überdies gefährliche Wunschträume. Die Kommunisten haben von jeher einiges dazu getan, um dem von Marx prophezeiten Zusammenbruch des Kapitalismus aktiv nachzuhelfen. Und in jüngster Zeit scheint eine amerikanische Regierung ähnliches mit dem kommunistischen Regime im Sinne zu haben. Wenn es einem der beiden Staaten wirklich gelänge, den anderen in die Enge zu treiben, dann würde das die Gefahr eines Krieges gewaltig erhöhen. Ich habe es schon einmal gesagt; aber es lohnt sich, das zweimal zu sagen.

13

Was bleibt zu tun? Das kommunistisch-diktatorische Regime in der Sowjetunion macht keine Anstalten, von selbst wegzugehen. Das kapitalistisch-parlamentarische Regime der USA macht ebenfalls keine Anstalten, von selbst zu verschwinden. Ein Krieg zwischen den beiden Staaten ist keineswegs unmöglich, aber er wäre ein so großes Unglück für die ganze Menschheit, daß man vielleicht mehr darüber nachdenken sollte, welche Alternativen zum Kriege es gibt.

Der Krieg zwischen der von Rußland und der von Amerika geleiteten Staatengruppe würde möglicherweise in einer weitgehenden Vernichtung, aber sicherlich in einer außerordentlichen Schwächung beider Staatengruppen enden. Die voraussehbaren Sieger in einem solchen Kriege wären andere Länder – vorausgesetzt, daß sie in der Lage sind, sich aus dem Kriege herauszuhalten und ihre Bevölkerung, ihren Landbesitz und ihr Kapital vor den zerstörerischen Einflüssen eines Kernwaffenkriegs zu schützen. Indien, Brasilien und besonders China wären dann unter den Kandidaten für die Führungspositionen der Weltstaatenhierarchie. Es lohnt sich, darauf hinzuweisen, daß die Vorstellungen von den Beziehungen der Weltstaaten zueinander, wenn sie sich nicht vor einem Kernwaffenkrieg allmählich zu ändern beginnen, mit hoher Wahrscheinlichkeit nach einem solchen Kriege eine ziemlich radikale Änderung erfahren werden.

Es gehört gegenwärtig ganz einfach zu einer beinahe als selbstverständlich erscheinenden Tradition der Menschheit und so recht eigentlich auch zur humana Conditio, zu dem unausweichlichen Schicksal der Menschen, daß Staaten im Falle eines Konfliktes einander mit Krieg überziehen können. Die Organisation aller Staaten ist auf die Möglichkeit einer kriegerischen Auseinandersetzung abgestellt. So gut wie alle Staaten haben militärische Institutionen, die darauf vorbereitet sind, das eigene Land gegen militärische Angriffe eines anderen Landes zu verteidigen oder, im Falle eines Konfliktes mit einem anderen Land, dieses Land anzugreifen. In nüchternen Worten: Gegenwärtig sind Staaten so gut wie überall in der Welt darauf abgestellt, im Falle eines Konflikts mit anderen Staaten von physischer Gewalt Gebrauch zu machen oder, anders gesagt, Bürger und Bürgerinnen eines gegnerischen Staates so lange zu verwunden, zu ermorden und ihre gesamten Produktionsmittel, ihr militärisches Potential und ihre Widerstandskraft so lange zu zerstören, bis der gegnerische Staat genug hat oder schlicht und einfach zusammenbricht. Es gehört zu den überlieferten Einrichtungen der meisten Staatsgesellschaften dieser Welt, bei Konflikten im zwischenstaatlichen Verkehr etwas zu tun, was bei Konflikten im innerstaatlichen Verkehr aufs strengste verboten ist und bestraft wird, nämlich zu versuchen, den Konflikt durch Gebrauch physischer Gewalt zu den eigenen Gunsten zu entscheiden.

Es ist nicht unvernünftig anzunehmen, daß nach dem nächsten Kriege, wenn er kommt, die übrigbleibende Menschheit zu der Überzeugung gelangen wird, daß es nötig ist, mit der Tradition zu brechen, die es Staaten nicht nur freistellt, sondern geradezu nahelegt, im Falle eines Konflikts mit einem anderen Staat eine Entscheidung im eigenen Interesse durch die Anwendung körperlicher Gewalt, durch einen Kampf auf Tod und Leben, kurzum: durch den Einsatz einer eigens für solche Zwecke von jedem Staat unterhaltenen Militärorganisation herbeizuführen. Dann, so scheint es, wird die Chance vorhanden sein, daß die Menschen sich zusammentun und sagen: »Nichts ist schlimmer als der Krieg. Was können wir tun, um den Krieg zu verhindern?« Unter dem Eindruck eines solchen Krieges werden sie wahrscheinlich leichter in der Lage sein, das zu tun, was wir heute zu tun nicht in der Lage sind: nämlich Instanzen zur Konfliktschlichtung zwischen den Staaten zu schaffen, denen sich alle Staaten unterwerfen müssen.

Diese Bedingung des menschlichen Lebens, diese Conditio humana, das Kommen und Gehen von Kriegen, scheint heute, wie durch die ganze Entwicklung der Menschheit hin, unvermeidlich. Aber heute, vielleicht darf ich es noch einmal sagen, befinden wir uns in einer Situation ohnegleichen, in einer Lage, die es noch nie zuvor in der Entwicklung der Menschheit gegeben hat. Wir sind, so sagte ich, am Ende des Weges angelangt. Wenn die Hegemonialstaaten der Gegenwart, also die Staaten mit dem stärksten militärischen

Machtpotential, heute der jahrtausendealten Tradition der Menschheit folgen, die es rivalisierenden Menschengruppen als selbstverständlich erscheinen läßt, daß der Kampf um die eigene Sicherheit und, wenn möglich, die eigene Vormachtstellung unter den Menschengruppen durch den Gebrauch physischer Gewalt, durch einen Kampf auf Tod und Leben entschieden werden muß, dann liefern sie mit hoher Wahrscheinlichkeit nicht nur einen großen Teil der eigenen Bevölkerung, sondern darüber hinaus einen beträchtlichen Teil der Menschheit einem mehr oder weniger qualvollen Tode aus und machen zugleich einen beträchtlichen Teil der Erde, wenn nicht die Erde überhaupt, für Menschen unbewohnbar.

Wie gewaltig der Zwang dieser jahrtausendealten Tradition der Menschheit zum Austragen von Gruppenkonflikten mit Waffengewalt ist, wie wenig sich die führenden Menschen der führenden Staaten dem Zwang dieser Tradition, dem Zwang der Institutionen und Handlungsgewohnheiten, die diese Tradition geschaffen hat, zu entziehen vermögen, das zeigt sich heute mit furchterregender Anschaulichkeit. Der Krieg erscheint als ewiges Los der Menschheit. Keine Einsicht in die Einzigartigkeit der gegenwärtigen Situation ist, wie es scheint, in der Lage, die Gewalt der zum Kriege hindrängenden Handlungstradition zu brechen.

Das ist um so erstaunlicher, als die führenden Staaten der Erde nicht mehr, wie viele Staaten früherer Zeiten, von Menschen regiert werden, die in der Tradition des Kriegeradels groß geworden sind. Die regierenden Menschen der Sowjetunion legitimieren sich als Repräsentanten der Industriearbeiterschaft, die der Vereinigten Staaten als Repräsentanten der Industrieunternehmerschaft. Für beide war im innerstaatlichen Konflikt der militärische und agrarische Adel, der Feudaladel, wie es manchmal heißt, ein Gegner. Es ist nicht wenig instruktiv zu sehen, mit welcher Unerbittlichkeit Vertreter des industriellen Bürgertums und der industriellen Arbeiterschaft nun, da sie als Inhaber von Regierungspositionen in die Fußstapfen der Fürsten und des Adels treten, durch das Schwergewicht der staatlichen Institutionen in die Handlungstradition ihrer sozialen Vorgänger hineingezwängt werden. Die Einsicht in die Einzigartigkeit der gegenwärtigen Situation scheint völlig machtlos zu sein gegenüber den Zwängen der jahrtausendealten Tradition des Gebrauchs von physischer Gewalt als Mittel der Entscheidung von Konflikten zwischen mehr oder weniger autonomen Überlebenseinheiten, also gegenwärtig zwischen sich selbst regierenden, souveränen Staaten.

Man begegnet hier einem Musterbeispiel für eine immer von neuem beobachtbare Eigentümlichkeit der Menschheitsentwicklung. Die Entwicklung der Menschheit vollzieht sich weniger aufgrund von Lernprozessen, die auf Einsicht beruhen, auf vorwegnehmender Erkenntnis möglicher Folgen des gemeinsamen Handelns einer Menschengruppe; sie vollzieht sich weit mehr aufgrund von Lernprozessen im Gefolge von Fehlentscheidungen und den bitteren Erfahrungen, die sie mit sich bringen. Es ist, wie schon erwähnt, nicht ganz unvernünftig anzunehmen, daß *nach* einem Kernwaffenkrieg die überlebende Menschheit, durch die bittere Erfahrung belehrt, eher geneigt sein wird, sich um die Schaffung von effektiven Institutionen zur gewaltlosen Beilegung zwischenstaatlicher Konflikte zu bemühen. Man kann sich sehr gut vorstellen, daß *nach* einem Kernwaffenkrieg das Wissen, daß die Souveränität des einzelnen Staates dort ihre Grenzen hat, wo das Wohl und Wehe der Menschheit auf dem Spiele steht, nicht mehr als utopisch, sondern als höchst realistisch betrachtet werden wird. Die Regierung eines Landes, die dann nach alter Gewohnheit den Krieg gegen ein anderes Land vorbereitet oder gar mit Waffengewalt, mit Mord und Totschlag in ein anderes Land einbricht, wird dann als eine Gruppe von Verbrechern gegen die Menschheit vor ein Weltgericht gestellt, sei es durch den Zwang weltweiter wirtschaftlicher Sanktionen oder durch den Druck der öffentlichen Meinung der Welt, sei es mit Hilfe eines gemeinsamen Expeditionskorps der verbündeten Staaten der Welt.

14

Im Anblick der halbzerstörten Erde, oder vielleicht auch erst in der Erinnerung an sie, wird es leichter sein, selbst die Regierungen sehr großer und volkreicher Staaten daran zu gewöhnen, Interessen- und Meinungsverschiedenheiten mit anderen Staaten, also vor allem auch zwischenstaatliche Meinungsverschiedenheiten über Sicherheitsfragen, vor einen Gerichtshof der verbündeten Staaten der Erde zu bringen. Und für Verschiedenheiten des Glaubens oder des Sozialsystems kann man dann mit Selbstverständlichkeit allseitige Toleranz erwarten. Die Trauer der Menschheit über die entschwundene Pracht der Erde mag natürlich auch zu spät kommen. Die Erde, die wir kennen, kann unwiederbringlich verloren und die Menschen, wenn sie überhaupt noch existieren, können wieder auf ein Familienleben in Höhlen zurückgeworfen sein. Aber wenn die Bedingungen der staatlichen Organisation in der Tradition der gegenwärtigen Staaten dann überhaupt noch vorhanden sind, wäre es wahrscheinlich leichter, eine Maßnahme durchzuführen, deren Durchführung schon heute im Vorfeld des nuklearen Krieges ganz dringlich geworden ist, die aber heute aufgrund einer verhärteten Tradition noch als völlig utopisch und undurchführbar erscheint.

Die relative Schwäche des Internationalen Gerichtshofs in Den Haag zeigt deutlich genug den wunden Punkt in der Struktur dieser Einrichtung. Im Unterschied zu den innerstaatlichen Gerichten fehlt es den zwischenstaatlichen Gerichten an Exekutivorganen, mit deren Hilfe Entscheidungen des Gerichts auch in Fällen Beachtung finden können, in denen sich mächtige Menschen oder Menschengruppen dem Urteilsspruch zu entziehen suchen. Heute scheint es illusorisch sich vorzustellen, man könne mächtige Staaten wie die Sowjetunion und die Vereinigten Staaten von Amerika dazu bringen, ihre ständigen Anklagen gegeneinander einem Gerichtshof oder auch einer neutralen Kommission von Frauen und Männern zu unterbreiten, deren unparteiische Integrität weltweit anerkannt ist. Es ist illusorisch, weil trotz der gemeinsamen Gefahr des Kernwaffenkrieges zwischen den Vereinigten Staaten und der Sowjetunion die vereinten Staaten der Welt nicht mit *einer* Stimme sprechen können, nicht zu gemeinsamen wirtschaftlichen oder polizeilichen Maßnahmen fähig sind, die einem Urteilsspruch ihres Gerichts auch bei Widerstrebenden Beachtung verschaffen könnten.

Dabei ist es schon heute recht deutlich, daß bei direkten Verhandlungen zwischen den beiden den Frieden der Welt bedrohenden Hegemonialmächten die Argumente, die beide Seiten vorbringen, oft dermaßen von dem Zwang zur Verschleierung der eigenen Absichten bestimmt sind, von dem Zwang zur Propaganda und vor allem auch von einer solchen Unfähigkeit, die tatsächlichen Besorgnisse und Befürchtungen der anderen Seite zu verstehen, daß nichts erwünschter und notwendiger erscheint als eine unparteiische Wachkommission. Nichts freilich ist auch illusorischer. Aber wenn eine solche Kommission, wie man annehmen muß, nicht gleich als Schiedsgericht funktionieren könnte, so könnte sie doch zunächst wenigstens der Weltöffentlichkeit mitteilen, was die wirkliche Situation hinter den weithin undurchsichtigen und zum guten Teil für die Weltöffentlichkeit unverständlichen Argumenten der beiden Seiten ist. Die Medien haben zum Teil die Aufgabe auf sich genommen, die Öffentlichkeit der verschiedenen Staaten über das zu informieren, was sich tatsächlich hinter den verdeckenden offiziellen Äußerungen der beiden großen Militärmächte verbirgt. Eine öffentliche Körperschaft unparteilicher Männer und Frauen, die in der Lage ist, mit großer

Regelmäßigkeit die Weltöffentlichkeit darüber zu informieren, welche Absichten und Besorgnisse sich tatsächlich hinter den ideologisch verbrämten und verschleierten Mitteilungen der beiden Hegemonialregierungen verbergen, könnte auf die Dauer einen erheblichen Einfluß auf die Verstrickung der beiden Großmächte in ihre gefährliche Verschleierungsstrategie gewinnen. Und ganz gewiß wäre es wünschenswert, wenn die Regierungen der den Frieden bedrohenden Großmächte nicht allein durch das Mittel direkter Verhandlungen – das gewiß nützlich und unentbehrlich ist – ihre Besorgnisse zu mindern suchten, sondern auch die Hilfe von überparteilichen Körperschaften mit beratenden oder auch schiedsrichterlichen Funktionen in Anspruch nehmen könnten (wie sie heute zum Beispiel im Falle von Peru und Chile schon gebraucht wurden), besonders wenn die direkten Verhandlungen ins Stocken geraten und nicht weiterführen.

Aber, wie gesagt, in dieser Periode vor dem Kernwaffenkrieg mögen selbst solche recht bescheidenen Vorschläge zur Minderung der Gefahr undurchführbar sein. Vielleicht sind Schritte zur Ausbildung überstaatlicher Organisationen, die effektiv als Wächter des Friedens fungieren können, erst nach einem solchen Kriege möglich.

Immerhin läßt sich auch jetzt schon angeben, wo der Kern des Widerstandes gegen die Ausbildung wirksamer Institutionen zur Verminderung der Kriegsgefahr zu suchen ist. Es sind ganz unzweideutig bestimmte Struktureigentümlichkeiten der traditionellen staatlichen Organisation, die der Entwicklung effektiver kriegsverhütender Institutionen im Wege stehen. Im Zentrum dieses Widerstandes findet man die Vorstellung von der absolut uneingeschränkten und unverletzlichen Souveränität jedes einzelnen Staates.

Auch diese Vorstellung und die entsprechenden Einrichtungen haben die gegenwärtig vorherrschenden Nationalstaaten oder, genauer gesagt, die von Repräsentanten einer

Partei regierten Staaten von den Fürstenstaaten früherer Tage übernommen. Jeder fürstliche Herrscher erhob Anspruch darauf, innerhalb seines Herrschaftsgebietes absolut und unumschränkt zu regieren. Obgleich in Wirklichkeit mächtigere Fürsten oft genug die Souveränität weniger mächtiger Fürsten verletzten oder gegebenenfalls auch beseitigten, erhielt sich dennoch die Vorstellung von der absoluten und uneingeschränkten Autonomie und Selbstherrlichkeit eines Staates als eine für alle Fürstenstaaten verbindliche Doktrin. Sie erhielt sich im wesentlichen aufgrund einer letztlichen Solidarität aller Fürsten und Fürstenregierungen miteinander. Da jeder Fürst absolute Souveränität für sich selbst in Anspruch nahm – und so auch das Recht, über Krieg und Frieden zu entscheiden –, hatte jeder Fürst ein Interesse daran, auch jedem Standesgenossen im Prinzip die gleiche Autonomie und Unverletzlichkeit seiner Herrschaft zuzugestehen. Schon die Kriege früherer Zeiten machten deutlich, daß in der Praxis das Prinzip der absoluten Souveränität aller Fürsten brüchig war. Aber der Grundsatz, daß jeder Staat souverän sei, erhielt sich, als die Regierung von Fürsten durch die von Repräsentanten politischer Parteien abgelöst wurde.

Auf dieser Stufe der Entwicklung zeigt sich ganz besonders, daß die Anerkennung und Respektierung der absoluten Autonomie eines Staates durch alle anderen Staaten eine Schutzfunktion für jeden einzelnen Staat besitzt. Bis zu einem gewissen Grade schützt sie jeden Staat vor dem Verlust oder vor der Beschränkung seiner Unabhängigkeit. Man kann auch hier wieder eine Art von Solidarität aller Staaten beobachten. Da jeder Staat großen Wert auf die eigene Souveränität, die eigene Selbstherrschaft und Unabhängigkeit von anderen Staaten legt, respektieren die meisten Regierungen, soweit es ihre Interessen erlauben, die Souveränität anderer Staaten. Aber obgleich Respekt vor der staatlichen Souveränität als Grundsatz weltweit Anerkennung findet, wird der Grundsatz in Wirklichkeit, entsprechend den großen Machtdifferenzen zwischen Staaten, immer wieder mißachtet und durchbrochen. Weniger mächtige Staaten haben oft nur eine begrenzte Souveränität. Auch die wachsende wirtschaftliche Verflechtung der Staaten setzt der Unabhängigkeit jedes einzelnen von ihnen Grenzen. Den relativ höchsten Grad von Unabhängigkeit, von »Souveränität«, und so auch den größten Entscheidungsspielraum besitzen die führenden Militärstaaten an der Spitze der Staatenhierarchie.

Mit dieser Einsicht nähert man sich dem Kern des Problems der gegenwärtigen Kriegsgefahr. Die Fortschritte der Waffentechnik haben auch in dieser Hinsicht eine einzigartige Situation geschaffen. Die Regierungen der beiden Hegemonialmächte können heute Aktionen beschließen, durch die sie nicht nur einander mit weitgehender Zerstörung und vielleicht mit dem Untergang bedrohen – das, so könnte man sagen, sei ihre Sache. Der Karthager Hannibal bedrohte Rom, und die siegreichen Römer zerstörten Karthago und verkauften die überlebende Bevölkerung als Sklaven. Aber der Zerstörungsradius der Kernwaffen läßt sich nicht lokalisieren. Die beiden Regierungen, die der Sowjetunion und der Vereinigten Staaten, haben es in der Hand, Entscheidungen zu treffen, die das Schicksal der ganzen Menschheit oder jedenfalls beträchtlicher Teile der Menschheit in Mitleidenschaft ziehen. Und die von der Gefahr Mitbetroffenen können bei ihrer heutigen Organisation diese Entscheidungen kaum beeinflussen. Im Namen der staatlichen Souveränität nehmen diese beiden Regierungen, vielleicht in Übereinstimmung mit großen Teilen der Bevölkerung ihrer Staaten, für sich das Recht in Anspruch, Entscheidungen zu treffen, von denen nicht nur das Wohl und Wehe ihrer eigenen Bevölkerung, sondern auch das vieler anderer Staaten und vielleicht das der Erde als Wohnplatz der Menschen abhängt.

Man könnte sich denken, daß nach dem nächsten Kriege – immer unter der Voraussetzung, daß genügend hochorganisierte Menschengruppen überleben – das Problem, auf das man hier stößt, klarer zu erkennen und leichter zu lösen sein wird, als es gegenwärtig, also vor dem Kriege, der Fall ist. Die nun erreichte Entwicklung der Waffentechnik hat eine Situation hervorgebracht, die mit dem herkömmlichen souveränen Recht von Staaten, für sich allein über Krieg und Frieden zu entscheiden, nicht mehr vereinbar ist. Deswegen habe ich vorher das Problem der Schaffung von übernationalen und überparteilichen Körperschaften erwähnt, die – vielleicht von der Weltmeinung gestützt – beratend und schlichtend den hilflos in ihre Gegnerschaft und in ein Wettrüsten verstrickten Militärmächten an die Hand gehen können, wenn die Regierungen der beiden Staaten selbst keinen Ausweg aus ihrem eingefrorenen Clinch finden.

Zu Boxern im Clinch tritt der Schiedsrichter und löst sie voneinander. Im Namen ihrer Souveränität fügen sich die beiden Supermächte keinem Schiedsrichter, und es mag wohl sein, daß der Hegemonialrausch ihren führenden Männern die Ohren verschließt. Aber vielleicht ist es doch schon an der Zeit, die Forderung zu erheben, daß die beiden Hegemonialmächte, wenn sie in direkten Verhandlungen nicht zur De-Eskalierung ihres Wettrüstens, zur Entspannung ihres die Menschheit bedrohenden kalten Krieges fähig sind, sich der Hilfe einer beratenden neutralen Körperschaft bedienen. Und vielleicht ist es an der Zeit, darüber nachzudenken, wie eine solche in striktem Sinne unparteiliche Körperschaft aussehen soll und wie man ihr genügend Rückhalt in der öffentlichen Meinung der Menschheit zu geben vermag. Warum soll man mit der Vorbereitung einer solchen Institution bis nach dem Kriege warten? Wenn die beiden Riesen nicht selbst in der Lage sind, den eingefrorenen Clinch, in den sie sich verstrickt haben, zu lösen, dann sollten sie wenigstens genug Einsicht haben, die Hilfe außenstehender Berater heranzuziehen. Die Gefahr, die sie beide für die Menschheit bedeuten, ist sonst zu groß.

Menschen sind nicht in der Lage, den Tod abzuschaffen.

Aber sie sind ganz gewiß in der Lage, das gegenseitige Töten abzuschaffen.

15

Ich habe davon gesprochen, daß der gegenwärtige Konflikt zwischen zwei großen Militärmächten an der Spitze einer Hierarchie von Staaten neben vielen Gemeinsamkeiten mit den früheren Vormachtkämpfen dieser Art auch bestimmte Struktureigentümlichkeiten besitzt, die einzigartig sind. Zu diesen Einzigartigkeiten gehört die Tatsache, daß der Krieg, auf den die gegenwärtig ineinander verstrickten Supermächte zutreiben, wenn er kommt, einen zerstörerischen Charakter von größerem Ausmaß hat als irgendein früherer Endkampf der jeweilig stärksten Militärmächte.

In den vorangehenden Fällen lassen sich, wie gesagt, zwei wiederkehrende Ausgangsformen eines solchen Entscheidungskampfes beobachten. Der Kampf bleibt in dem einen Falle, dem man immer wieder begegnet, insofern unentschieden, als es keiner der beiden Spitzenmächte gelingt, die effektive Hegemonie über die gesamte Staatengruppe zu gewinnen und so die gesamte Gruppe von Staaten als Mitglieder oder Untertanen eines Staates höherer Ordnung, eines Einheitsstaates, unter Führung der siegreichen Hegemonialmacht zu integrieren. Der Vormachtkampf zwischen Athen und Sparta ist ein Beispiel für einen unentschiedenen Ausgang eines solchen Kampfes, der Roms für den mehr als 400 Jahre dauernden Aufstieg einer Hegemonialmacht. Auch die Ausscheidungskämpfe der deutschen Staaten hatten viele Jahrhunderte lang den Charakter einer multipolaren Staatenbalance. Zwar standen formell die Kaiser an der Spitze, aber die wirkliche Macht lag in den Händen der vielen Landesfürsten und freien Reichsstädte, bis sich dann Preußen in einer ganzen Reihe von Ausscheidungskämpfen, oft genug am Rande des Absturzes, zur Hegemonialmacht heraufarbeitete und als Hegemonialmacht die verschiedenen ehemals selbständigen deutschen Staaten in einem Einheitsstaate zusammenfaßte – unter Verzicht auf das Habsburgerreich, das sich, vielgestaltig wie es war, nicht leicht in einen solchen deutschen Einheitsstaat einfügen ließ.

Es lohnt sich, einmal darüber nachzudenken, welche Möglichkeiten am Ausgang eines Hegemonialkampfes auf der gegenwärtigen Ebene dem Sieger offenstehen, ob es nun einer der beiden Beteiligten, also entweder Rußland oder Amerika, ist oder – wenn diese beiden Staaten, wie zu erwarten, sich gegenseitig zu sehr geschwächt haben – einer der möglicherweise unbeteiligten Staaten, also zum Beispiel China. Ist es wahrscheinlich, daß eine siegreiche Sowjetunion oder die siegreichen Vereinigten Staaten oder ein unbeteiligtes China nun zur Vormacht eines die große Mehrheit aller Staaten umfassenden Weltreiches aufsteigen und als solche, ähnlich der Pax Romana, nun die Pax Sovietica, Americana oder Sinica herbeiführen könnten?

Die Antwort auf diese Frage ist deswegen nicht einfach, weil man auch hier findet, daß die Aufgabe, die sich auf der gegenwärtigen Stufe einer führenden Vormacht nach Ausschaltung aller möglichen Konkurrenten stellt, in bestimmter Hinsicht von analogen Aufgaben auf allen früheren Stufen verschieden ist. Gegenwärtig wäre es die Aufgabe einer Hegemonialmacht, sich die effektive Herrschaft über alle Staaten der Welt zu sichern und sie so, aufgrund ihrer Übermacht, zu einem einheitlichen Weltstaat zusammenzuschließen. Das wäre dann tatsächlich ein Imperium Mundi, sei es sowjetischer, sei es amerikanischer, sei es auch chinesischer Prägung.

Es ist nicht allzu gewagt anzunehmen, daß sich in den nächsten zwei Jahrhunderten – mit oder ohne Krieg – die Notwendigkeit verstärken wird, weltstaatliche Institutionen zu entwickeln, für die Völkerbund und Vereinte Nationen als Vorformen zu betrachten sind. Wenn man sich die Gesamtfiguration der Staaten auf dieser Erde genauer ansieht, dann erscheint es als ziemlich unwahrscheinlich, daß ein einzelner Staat je in der Lage sein kann, die Staaten der Welt in einem Einheitsstaat unter seine Herrschaft zu zwingen. Ich will zunächst einmal nur kurz andeuten, daß meiner Meinung nach die Machtpotentiale eines einzelnen Staates – selbst die des volkreichsten Staates, Chinas, auf der Stufe eines vollentwickelten Industriestaates – nicht ausreichen würden, um ein effektives und dauerhaftes Imperium Mundi, eine Weltherrschaft eines einzelnen Staates oder einer Staatengruppe zu etablieren und die Befriedung der Menschheit, die Abschaffung der traditionellen Institution des Krieges, in der römischen Manier durch die überwältigend große Kriegsmacht eines einzelnen Staates und seiner Bundesgenossen herbeizuführen. Die Figuration der Menschheit, das will ich damit sagen, bietet einer globalen Befriedung in der weitaus häufigsten traditionellen Form der Pazifizierung von ehemals unabhängigen und oft feindlichen Menschengruppen, nämlich durch die monopolartige militärische Übermacht einer einzelnen Menschengruppe, kaum eine Chance. Gewiß, bestimmte Aspekte der technischen Entwicklung, etwa die monopolistische Entwicklung von Weltraumfahrten und -siedlungen, leisten Entwicklungstendenzen in der Richtung auf eine kriegerische Hegemonie Vorschub. Aber das Netzwerk der Menschheit ist zu weit gespannt und die Zahl der an Unabhängigkeit gewöhnten Staaten, groß und klein, zu beträchtlich, um einem einzelnen Staat oder auch einer einzelnen Staatengruppe eine gute Chance für eine einigermaßen dauerhafte militärisch-ökonomische Hegemonie über die ganze Menschheit zu geben. Die Bedeutung der nationalen Verschiedenheiten für das Identitätsgefühl der Menschen, die alle diese Staaten bilden, ist zu tief verwurzelt, als daß sie insgesamt auf die Dauer die Oberherrschaft eines einzelnen Staates, und so auch einer einzelnen Kultur, ohne immer von neuem einsetzende Widerstandsbewegungen ertragen könnten.

Wohlverstanden, ich spreche hier nicht davon, ob eine

Befriedung der Menschheit aufgrund der militärisch-ökonomischen Hegemonie eines einzelnen Staates wünschenswert sei. Ich beschränke mich lediglich auf die Untersuchung der tatsächlichen Machtpotentiale der Staaten und finde, daß die Chance für dasjenige Übergewicht der Machtmittel, dessen ein einzelner Staat zur Errichtung einer dauerhaften Hegemonie über alle anderen Staaten bedürfte, gering ist. Auch in dieser Hinsicht befinden wir uns gegenwärtig in einer einzigartigen Situation.

16

Die Dynamik der Konstellation, die die jeweils stärksten Militärmächte einer Staatengruppe gegeneinander treibt und die also dem Sieger in diesem Ausscheidungskampfe eine Hegemonialstellung innerhalb der ganzen Staatengruppe verspricht, ist heute nicht geringer, und das Hegemonialfieber, die berauschende Vorstellung, daß das eigene Volk das stärkste, reichste, angesehenste Volk der ganzen Staatengruppe werden könne, ist für die beiden Hegemoniekandidaten der gegenwärtigen Entwicklungsstufe offenbar nicht weniger verlockend, als das bei analogen Hegemonialkämpfen auf früheren Entwicklungsstufen der Menschheit der Fall war. Ich habe vom Hegemonialrausch Alexanders des Großen gesprochen. Ich habe auf die Serie von Kriegen verwiesen, in deren Verlauf sich die Römer zur Hegemonialmacht der Mittelmeerländer heraufarbeiteten. Ich hätte auf die Serie von Kämpfen hinweisen können, in deren Verlauf sich die kleinen Könige von Paris langsam zu Herren der mannigfachen, zuvor selbständigen Gebiete heraufarbeiteten, die heute das geeinte und im Inneren pazifizierte Frankreich bilden; oder auf den Aufstieg Englands zur Vormacht über die gesamten britischen Inseln, zeitweilig mit Einschluß des heute unabhängigen Staates Irland. Es liegt nahe, an den Vormachtkampf der spät geeinten Deutschen und an den Hegemonialrausch der Kaiser- und der Hitlerzeit zu denken. Wie gesagt, die Dynamik der Figuration, die heute die Sowjetunion und die Vereinigten Staaten, jeden zur Wahrung der eigenen Sicherheit, gegeneinander und so, ob sie es wissen oder nicht, zum kriegerischen Entscheidungskampf um eine monopolistische Vormachtstellung unter den Staaten der Welt hin drängt, ist nicht weniger stark als in den vielen analogen Hegemonialkämpfen früherer Zeiten.

Sicherlich ist das Bewußtsein, daß dem Sieger in einem solchen Ausscheidungskampfe der hohe Preis einer Hegemonialstellung über die Staaten der Welt winken würde, in beiden Fällen durch das Wissen um das furchtbare Risiko eines Kernwaffenkrieges ein wenig getrübt. Aber das Verlangen beider Seiten, militärisch stärker zu sein als der Rivale und damit de facto, militärisch und sozial, der führende, der modellsetzende Staat der Erde zu werden, ist doch in beiden Fällen deutlich spürbar.

Wie in anderen Fällen findet dieses Verlangen seinen Ausdruck in dem Glauben an die eigene weltweite Mission. Auf früheren Stufen, auch davon war oben schon die Rede, war es oft der Glaube an die eigene Mission für die Ausbreitung oder Vorherrschaft einer übernatürlichen Religion, der sich mit dem Drang zur Ausbreitung der eigenen Herrschaft verband. Napoleons Antritt zum Hegemonialkampf vollzog sich unter der Flagge der Ausbreitung der Revolutionsziele, dann später auch im Namen des französischen Vaterlandes, seiner zivilisatorischen Aufgabe und seines Ruhmes. Im Falle Hitlers vollzog er sich im Namen der eigenen Rasse. Die Hegemonialmächte des späten 20. Jahrhunderts legitimieren ihren Kampf um die Vormacht über die Menschheit durch ihre Mission für die Ausbreitung einer bestimmten Gesellschaftsordnung, der kapitalistischen auf der einen, der kommunistischen auf der anderen Seite.

Als in Rußland nach einer Revolution eine Gruppe von Parteipolitikern ans Ruder kam, der die Gesellschaftslehre von Marx als Orientierungsmittel diente, änderte diese

Lehre ihre Funktion. Die Lehre von Marx sagte voraus, daß die sozialen Konflikte zwischen industriellen Unternehmern und Industriearbeitern früher oder später in der ganzen Welt mit dem Sieg und der zeitweiligen Diktatur der Arbeiterschaft enden würden. Die Lehre erweckte die Hoffnung auf das unausweichliche Kommen einer klassenlosen Gesellschaft und schließlich einer Menschheit ohne Reiche und Arme, ohne Ausbeuter und Ausgebeutete. Marx' Doktrin von dem Endsieg des Kommunismus in aller Welt, genau wie die gegnerische Doktrin des klassischen ökonomischen Liberalismus, zeigte eine eigentümliche theoretische Blindheit gegenüber der Eigenfunktion des Staates und den spezifischen Machtquellen einer Staatsregierung. Diese Gemeinsamkeit der beiden industriellen Klassen im 19. Jahrhundert, und vielleicht auch noch im 20., läßt sich leicht verstehen. Vom Gesichtspunkt der Arbeiter aus war im 19. Jahrhundert der Staat nichts anderes als ein Bundesgenosse der Unternehmer; vom Gesichtspunkt der Unternehmer aus griff der Staat, also vor allem die Regierung durch ihre Verordnungen, oft nur störend und ohne Verständnis in den Ablauf der ökonomischen Prozesse ein.

Im Zuge der russischen Revolution fanden sich Parteipolitiker, deren hauptsächliches theoretisches Orientierungsmittel eine Theorie ohne Verständnis für die Eigenfunktion eines Staates und seiner Regierung war, in die Position von Regierungsmitgliedern und Staatsvertretern versetzt. Sie bekamen am eigenen Leibe die Eigengesetzlichkeiten der staatlichen und besonders der Regierungsfunktionen zu spüren – Eigengesetzlichkeiten, die sich nicht auf ökonomische Funktionen reduzieren ließen – und lernten in der Praxis schnell genug, die innen- und außenpolitischen Instrumente der Staatsgewalt zu gebrauchen. Aber sie konnten die Grundstrukturen der ihre Revolution legitimierenden Gesellschaftslehre, die von Marx entworfen, von Lenin weitergebildet worden war, nicht ändern.

Diese Grundstrukturen waren ökonomistisch, auf Klassenbeziehungen abgestellt. Während in der Praxis die Staatsregierung und besonders die Handhabung des Monopols der physischen Gewalt, verkörpert durch Militär und Polizei, einen bestimmenden Einfluß auf die Entwicklung des kommunistischen Staates hatten, hielt man zugleich an dem orthodoxen Glauben fest, daß die Regierung nur eine Überbaufunktion besitze, also vor allem eine Schutzfunktion für eine ausbeutende Klasse. Während der von den revolutionären Parteipolitikern eroberte Staat unvermeidlicherweise in die Strudel der zwischenstaatlichen Machtpolitik hineingeriet, erschien das entsprechend der theoretischen Orientierung lediglich als eine Fortsetzung des Klassenkampfes. Während in der Praxis aus der zunächst vielleicht angestrebten Diktatur der Arbeiterklasse längst eine Diktatur der kommunistischen Partei geworden war, blieben die theoretischen Orientierungsmittel weitgehend unverändert auf der von Marx und Lenin repräsentierten Entwicklungsstufe stehen. Die Diktatur des Proletariats, so war auf dieser Stufe vorgesehen, werde verschwinden, wenn der Kapitalismus endgültig, also in allen Ländern besiegt sei. Und so verteidigte man die Diktatur der Partei, und vor allem der Parteispitze, mit dem Hinweis auf die Notwendigkeit, den sowjetischen Staat gegen die Angriffe der Länder zu sichern, in denen der Kapitalismus noch fortbestand, in denen die zu erwartende Revolution sich noch nicht vollzogen hatte.

Die Marxsche Lehre wurde so, wie man sieht, auf eigentümliche Weise umfunktioniert. Die Vorstellung vom innerstaatlichen Übergang zu einer kommunistischen Gesellschaftsordnung, der nach Marx aufgrund einer inneren Gesetzmäßigkeit des Kapitalismus in allen kapitalistischen Ländern zu erwarten war, wurde nun zu einer in hohem Maße von dem Interesse des eigenen Staates bestimmten Waffe der sowjetischen Außenpolitik. Wie andere Staaten zuvor, wurde auch der kommunistische Staat in den Hegemonialkampf hineingerissen. Die Marxsche Prophezeiung von der Weltrevolution kam ihm dabei zustatten. Aber auch sie wurde umfunktioniert, wahrscheinlich ohne daß man sich dessen ganz bewußt war. Sie bedeutete in der Praxis nun die Ausdehnung der Vorherrschaft eines Staates – der Sowjetunion.

Die Tatsache, daß die Marxsche Verheißung einer erfolgreichen Revolution für die Arbeiterklasse aller Länder eine Zeitlang eine neue Funktion gewann – die Funktion der Verheißung für die revolutionäre Sowjetunion und besonders für deren Hegemonialland, die russische Sowjetrepublik, daß sie zur Vormacht aller revolutionären Staaten der Welt bestimmt sei –, spielte ganz gewiß bei dem schwelenden Konflikt zwischen Rußland und Amerika eine gewichtige Rolle. Sie erweckte den Eindruck, und sie erweckt ihn bis zu einem gewissen Grad noch heute, daß der Führung der russischen kommunistischen Partei die Idee von einer Vormachtstellung der Sowjetunion unter den Staaten der Welt nicht ganz fremd sei. Gegenwärtig betonen die Sprecher der Sowjetunion wieder und wieder ihren Wunsch nach Gleichheit und Koexistenz mit den Vereinigten Staaten. Das ist hoffnungsvoll. Es ist der richtige Weg. Aber es läßt sich nicht so schnell vergessen, daß die Sowjetunion bis vor kurzem nicht Gleichheit und Koexistenz mit der kapitalistischen Welt propagierte, sondern deren Untergang. Die Verheißung von der kommenden Revolution in allen kapitalistischen Staaten, und so von deren Gleichschaltung mit Rußland, war gewiß nicht die Ursache für die oft erbitterte Gegnerschaft zwischen den beiden Supermächten und für die Eskalation der Rüstungen, für das Wettrüsten. Aber die offensive Propaganda, die aggressive sowjetische Glaubensdoktrin trug ohne Zweifel sehr viel zur Verschärfung des Hegemonialkampfes mit den Vereinigten Staaten bei.

Eine amerikanische Regierung versucht nun, Gleiches mit Gleichem zu vergelten. Sie bedient sich nun ebenfalls einer offensiven Glaubensdoktrin, die für das etwas verschönte wirtschaftliche und politische System der Vereinigten Staaten Weltgeltung fordert. Bis vor kurzem fehlte es den kapitalistischen Staaten unter Führung Amerikas an einer universellen menschlichen Note. In jüngster Zeit hat das menschlich etwas dürre kapitalistische Glaubensbekenntnis durch den Einsatz seiner Vertreter für die Menschenrechte in aller Welt ein wenig an Menschlichkeit und Schlagkraft gewonnen.

Es ist schön, daß die Forderung nach Beachtung der elementaren Menschenrechte heute mehr Gehör findet. Das bedeutet eine Stärkung des menschlichen Gewissens, des Mitgefühls der Menschen mit anderen Menschen, das in Deutschland unter der Naziherrschaft zeitweilig ganz verschwunden war. Auch heute ist von diesem elementaren menschlichen Mitgefühl mit anderen Menschen, und gewiß auch mit den Gegnern, in den Folterkammern und Arbeitslagern der vielen Diktaturen nichts zu spüren. Es ist ermutigend, daß die Regierung eines so starken Militärstaates, wie es die USA sind, sich mit großer Entschiedenheit für die Menschenrechte einsetzt. Aber ähnlich wie die Parole des Kampfes für die menschliche Gleichheit und gegen Unterdrückung in der sowjetischen Propaganda im wesentlichen für den Export bestimmt ist, so ist wohl auch der Einsatz der amerikanischen Regierung für die Menschenrechte vor allem für den Export bestimmt. So ernst diese Zielsetzung auch zu nehmen ist, man kann sich des Verdachtes nicht erwehren, daß sie von dieser Regierung vor allem zur Festigung ihres Anspruchs auf eine Vormachtstellung unter den Staaten der Erde gebraucht wird.

17

Zwei Mächte kämpfen also gegenwärtig miteinander um die Vormacht auf globaler Ebene, und zwar zunächst noch mit relativ friedlichen Mitteln. Ich glaube aus guten Gründen, daß diese Anstalten, für eine einzelne Macht eine Hegemonialstellung unter den Staaten der Erde zu erringen, zwar vorübergehend, aber nie auf die Dauer erfolgreich sein können. Versuche, einen von Rußland, von Amerika, von China oder von wem auch immer beherrschten Weltstaat, also ein Imperium Romanum auf globaler Ebene zu begründen, können vielleicht kurzfristig gelingen, aber sie sind langfristig ohne jeden Zweifel zum Scheitern verurteilt. Es ist wichtig, das deutlich auszusprechen, denn es wäre sehr unheilvoll, wenn irgendeine Macht den Versuch zu einer solchen Weltherrschaft unternehmen wollte. Gegenwärtig, so scheint es, sind weder die führenden Männer der Sowjetunion noch die führenden Männer der Vereinigten Staaten immun gegenüber Attacken des Hegemonialfiebers. Sie sind nicht gefeit gegen die Verlockung durch das Hochgefühl: »Wir wollen, wir müssen die stärkste Macht der Erde werden!« oder gar: »Wir sind die stärkste Macht der Menschheit.«

Ich bitte Sie noch einmal, mich nicht mißzuverstehen. Ich rede hier nicht von meinen Wünschen. Es ist richtig, daß ich selbst mich in einer Welt, in der ein Staat oder eine Staatengruppe die ganze Menschheit beherrschte, nicht wohl fühlen würde. Immerhin könnte man erwägen, ob die Vorherrschaft eines Staates, der mächtiger ist als alle anderen, ein zu hoher Preis für die Befriedung der Menschheit, also für die Abschaffung der Kriege als einer stehenden Einrichtung im zwischenstaatlichen Verkehr wäre. Man könnte ja sagen, wenn ein einzelner Staat ein solches militärisches Übergewicht über alle anderen Staaten gewänne, daß er auf globaler Ebene de facto ein Monopol der physischen Gewalt besäße, daß sein Heer als eine Art von Weltpolizei jeden weiteren Staat daran hindern könnte, seine eigene militärische Organisation bei Konflikten mit anderen einzusetzen, wenn dieser Staat also so stark würde, daß er in der Tat die Pazifizierung der Menschheit, ihre Befreiung von Kriegen, zustande brächte, dann lohnte es sich, dafür den Preis der Unterordnung unter einen Hegemonialstaat und des Ertragens der in solchen Fällen immer wieder auftretenden Hoffart des Hegemonialvolkes wenigstens eine Zeitlang zu bezahlen. Es ist ja ganz üblich, daß ein Volk, das militärisch und wirtschaftlich mächtiger ist als andere, ein Selbstbild des Hochmuts entwickelt. Es erscheint seinen Angehörigen dann gewöhnlich so, als ob sie gleichsam von Natur besser, also höherwertig seien als alle anderen Völker. Noch einmal, ich wünsche mir nicht, und ich wünsche Ihnen nicht, in einer Welt mit einer so gearteten Menschheitsstruktur zu leben.

Aber wenn ich zuvor sagte, ich hielte es für sehr unwahrscheinlich, daß ein einzelner Staat eine effektive Hegemonie über alle anderen Staaten der Welt für sich gewinnen könne, dann sagte ich das nicht, weil ich es nicht wünsche. Ich sprach und ich spreche zu Ihnen als Soziologe, der Probleme der menschlichen Gesellschaft untersucht in der gleichen Art und mit der gleichen Haltung, mit der ein Arzt Diagnosen über den Gesundheitszustand eines Menschen zu stellen sucht. Wenn sich der Arzt bei einer solchen Diagnose von seinen Wünschen beeinflussen läßt, ist die Diagnose nichts wert, eine Fehldiagnose wahrscheinlich. Das gleiche gilt von einer soziologischen Diagnose.

Ich habe in diesem Sinne, also rein diagnostisch, bereits darauf hingewiesen, daß die gesellschaftliche Figuration der Menschheit, vor allem deren Aufteilung in mehr als 150 größere und kleinere Staaten, von denen viele eine ausgeprägte nationale Eigentradition, einen persönlichen nationalen Habitus besitzen, die permanente Hegemonie eines einzelnen Staates unwahrscheinlich macht. Schon die beiden Weltkriege, in denen Deutschland seinen Anspruch auf eine Vormachtstellung in Europa durch einen militärischen Sieg zu realisieren suchte, scheiterten letzten Endes daran, daß die Machtpotentiale Deutschlands nicht ausreichten, um den vereinten Machtmitteln Frankreichs, Englands und Amerikas, und im Zweiten Weltkrieg auch der Sowjetunion, Paroli zu bieten. Ich sehe keinen einzelnen Staat in der Welt, dessen Machtmittel ausreichen, um ihm auch gegenüber einem Bündnis einer beträchtlichen Anzahl weniger starker Staaten die Vorherrschaft zu sichern. Überdies führt der Weg zu der Hegemonialstellung einer einzelnen Macht, wie die Dinge nun einmal liegen, ganz sicher über einen Kernwaffenkrieg und vielleicht zu einem Zyklus von Gewalttätigkeiten in dessen Gefolge.

Um diese Situation zu verstehen, ist es durchaus nicht nötig zu unterstellen, daß die Regierungen der gegenwärtigen Aspiranten für eine Welthegemonie sich unverhohlen und ganz ausdrücklich das Ziel setzen, sei es durch nicht-kriegerische Strategien, sei es durch einen Krieg eine globale Vormachtstellung zu gewinnen. Ich konstatiere lediglich, daß die Situation, in der sie sich befinden, beide in diese Richtung drängt. Um Sicherheit zu gewinnen, erhöht jede der beiden Hegemonialmächte ständig ihr militärisches Potential. Das Wachstum dieses Potentials entfernt sie mehr und mehr aus dem Konkurrenzbereich aller anderen Staaten, die damit ins Hintertreffen geraten. Zugleich suchen die beiden Hegemonialmächte selbst einander im Wettrüsten zu übertrumpfen. Das ist es, was ich meine, wenn ich sage, sie werden beide durch die Zwangsläufigkeit ihrer Position auf eine Hegemonialstellung hingedrängt. Ich versuche, die volle Paradoxie dieser Situation sichtbar zu machen und auch deren Gefährlichkeit, wenn ich feststelle, daß beide Staaten durch eine Zwangssituation zur Übernahme einer globalen Hegemonie gedrängt werden, während die Chance, daß ein einzelner Staat eine effektive und dauernde Hegemonie über alle anderen Staaten auszuüben vermag, sehr gering ist.

Auf früheren Stufen der Staatenentwicklung verhielt es sich damit, wie erwähnt, manchmal anders. Die Briten zum Beispiel haben im Laufe von vier oder fünf Jahrhunderten eine von England ausgehende Integration der auf den britischen Inseln lebenden Völker erreicht. England wurde zur Hegemonialmacht, Englisch zur Einheitssprache der Inseln. Keltische Dialekte überlebten hier und da. Das schottische, das walisische Eigenbewußtsein aber schwächte sich, nicht zuletzt im Zusammenhang mit der Beteiligung an den Belohnungen des britischen Weltreiches. Die eigene Tradition der Iren, zum Teil unter dem Einfluß der eigenen Religion, setzte der englischen Integrationsbewegung auch nach mehreren Jahrhunderten eine Grenze. Das ist eines von vielen Beispielen für langdauernde Assimilations- und Integrationsprozesse.

Der kurze Blick auf den fast gelungenen Prozeß der Integration durch ein älteres Hegemonialland macht den Integrationsprozeß unter der Ägide einer gegenwärtig aufsteigenden Hegemonialmacht, der noch nicht gelungen ist, aber vielleicht gelingen kann, verständlicher. Ich beobachte mit gespannter Aufmerksamkeit die Bemühungen Sowjetrußlands um Integration, man könnte vielleicht sagen: um Russifizierung der verschiedenen Völker der Sowjetunion und darüber hinaus – noch zögernd – des östlichen Staatenblocks. Damit ist durchaus nicht impliziert, daß die Führer der Sowjetunion selbst diesen Vorgang als einen Assimilations- und Integrationsprozeß verstehen. Unter dem Einfluß einer Theorie Stalins, die die Eigenständigkeit der Nationen betont, mögen sie selbst sich der langfristigen Dynamik solcher Staatsbildungsprozesse nicht bewußt sein. Eine Integration der Völker der Sowjetunion, die im Laufe der Jahrhunderte fortschreitet, bis sie unwiderruflich wird, liegt jedenfalls im Bereich des Möglichen. Auch die Russifizierung Bulgariens ist vorstellbar, schwerer vorstellbar allerdings die Rumäniens, Ungarns oder Polens.

Aber kann man sich vorstellen, daß die Sowjetunion – wenn man einmal die illusorische Annahme macht, einer der Kriegsbeteiligten könne als Sieger aus einem möglichen Kriege der Zukunft hervorgehen – als Sieger nun in der Lage wäre, in allen Ländern der Erde kommunistische Parteien zur Herrschaft zu bringen? Wäre es wahrscheinlich, daß die Sowjetunion dann auch imstande wäre, das Eigenbewußtsein der von ihr beherrschten Völker über die ganze Erde hin, der Inder und Chinesen, der Senegalesen und der Nigerianer, der Engländer, Italiener und Franzosen, der Brasilianer und Argentinier, in absehbarer Zeit so durch Assimilation zu schwächen, daß sie aufhören würden, die russische Vormachtstellung in der Welt als Fremdherrschaft zu empfinden? Kann man sich denken, daß selbst eine indirekte Vorherrschaft der Sowjetunion über die Staaten der Welt durch die Vermittlung einheimischer Parteivorsitzender an der Spitze einer das ganze Land durchziehenden Parteihierarchie für die vielen Staaten mit ihrem ausgeprägten nationalen Profil auf die Dauer erträglich wäre, ohne immer von neuem den heftigsten Widerstand zu erregen? Aber wenn die Möglichkeit einer kommunistischen Parteiherrschaft in allen Staaten der Welt, selbst unter der Vorherrschaft eines das ganze Europa mitumfassenden Sowjetreiches, unwahrscheinlich ist und in der Tat immer erneute Gegenbewegungen der unterdrückten Völker wahrscheinlich macht, wozu der Sieg? Und wozu dann überhaupt der Krieg? Könnte die Sowjetunion von derart erweiterten Grenzen wirklich größere Sicherheit erwarten? Wäre nicht zu erwarten, daß für Jahrhunderte hin immer von neuem Widerstandskämpfe unassimilierbarer Völker aufflackern und die Kräfte des Hegemoniallandes aufzehren würden?

Und das gleiche gilt für eine weltweite Vorherrschaft der Vereinigten Staaten von Amerika. Eine erhebliche Assimilationsarbeit steht ihnen bereits heute bevor, wo es lediglich darum geht, die vielen Einwanderergruppen im Innern des Staates zu absorbieren. Es ist noch nicht einmal vorauszusehen, ob die englisch sprechende Bevölkerung der Vereinigten Staaten in der Lage sein wird, die spanisch sprechende Bevölkerung zu absorbieren, oder ob sich die spanische Sprache in den USA als zweite Sprache etablieren wird, im Verein mit Elementen der lateinamerikanischen Kulturtradition. Gehen wir auch in diesem Fall einmal von der illusorischen Vorstellung aus, einer der beiden feindlichen Vormachtstaaten der gegenwärtigen Welt, die Vereinigten

Staaten, könnte nach einem Kernwaffenkrieg als Sieger dastehen. Dann wäre auch dieser Staat in der Lage, durch Beispiel oder durch Druck dafür zu sorgen, daß in allen Staaten der Welt politische und ökonomische Einrichtungen geschaffen würden, die den Idealen der herrschenden amerikanischen Gruppen entsprechen, also vor allem parlamentarische Regierungsformen und eine freie Marktwirtschaft. Wenn es der diktatorischen Sowjetunion zur Not vielleicht für kurze Zeit gelingen könnte, alle Staaten der Welt unter polizeilich-militärischer Überwachung zu halten und damit vorübergehend ein Gewaltmonopol, einen Einheitsstaat über die Erde hin zu begründen, so ist doch für ein parlamentarisch regiertes Land eine solche Aufgabe kaum lösbar. Man kann die Möglichkeit nicht ausschließen, daß sich die Vereinigten Staaten, wie einst Rom, unter dem Druck einer weltherrschaftlichen Aufgabe aus einer oligarchisch regierten Republik in ein diktatorisch regiertes Land, möglicherweise in eine Präsidialdiktatur verwandeln würden. Aber wie immer auch ihre Regierungsform sein mag, das militärische, ökonomische und Bevölkerungspotential der USA reicht noch weniger als das der Sowjetunion dazu aus, eine effektive Pax Americana, einen von einem einzigen Zentrum her regierten globalen Einheitsstaat zu schaffen, der die ganze vielgestaltige Menschheit umfaßt, und die Rolle des Polizisten der Menschheit zu übernehmen.

18

Was ich durch solche Gedankenexperimente zu veranschaulichen suche, ist dies: Auf allen früheren Stufen der Menschheitsentwicklung war es möglich, daß der Sieger in einem Hegemonialkampf die effektive Integration von kleineren, zuvor autonomen Überlebenseinheiten im Rahmen einer umfassenderen Herrschaftsorganisation herbeiführte, und das war in der Tat in zahlreichen Fällen der Weg, auf dem eine Vielheit kleinerer Stämme sich in größere Stämme oder auch in Staaten, eine Vielheit kleinerer Staaten sich in einen größeren Staat verwandelte. Aber der Zusammenschluß und so auch die Befriedung der Menschheit läßt sich nicht auf diese Weise – durch einen Krieg – bewerkstelligen. Viele vergangene Kriege waren Hegemonialkriege. Was immer die kurzfristigen Ziele der Kriegführenden selber waren, diese Kriege hatten oft die Integration und so auch die Befriedung jeweils größerer Gebiete zur Folge. Die Menschen in ihrer unvermeidlichen Blindheit kannten bislang nur selten einen anderen Weg als den der kriegerischen Auseinandersetzung, um den Frieden über größere Gebiete hin herbeizuführen. Diese lange Tradition lebt bis heute. Einrichtungen wie etwa die der stehenden Heere und ein ganzer Komplex herkömmlicher Orientierungsmittel, die immer von neuem zu kriegerischen Auseinandersetzungen zwischen Staaten drängen, weisen darauf hin.

Aber nun stehen wir, die Menschheit – ich wiederhole es –, vor einem einzigartigen Problem. Es ist von den Problemen, die sich den Menschen auf früheren Entwicklungsstufen stellten, in bestimmter Hinsicht verschieden. Früher ging es immer um den Zusammenschluß und gewöhnlich auch die Befriedung von Teilverbänden der Menschheit. Nun haben wir eine Stufe erreicht, auf der es um den Zusammenschluß und die Befriedung auf globaler Ebene, also der ganzen Menschheit geht. Diese Aufgabe aber läßt sich nicht mehr in der herkömmlichen Weise, mit den traditionellen Institutionen und Denkweisen bewältigen, die zum guten Teil aus der Epoche der Fürstenstaaten stammen. Die Paradoxie dieser neuen Lage beruht darauf, daß die Menschheit aufgrund der Entfernungen früherer Tage außerordentlich vielgestaltig geworden ist und daß sie zugleich aufgrund des gegenwärtigen Schrumpfens der Entfernungen, und der immer länger werdenden, immer dichter und fester gespannten Interdependenzketten, in allen ihren Teilen bis in die entferntesten Winkel der Erde ganz eng geworden, ganz nahe aneinandergerückt ist. Die beiden Großmächte der heutigen Menschheit rüsten um die Wette, als ob es für sie, wie für Großmächte früherer Zeiten, noch die Möglichkeit eines Sieges und so durch Einverleibung von Gebieten oder Bevölkerungsgruppen des besiegten Gegners noch die Möglichkeit gäbe, größere Sicherheit für ihr Kerngebiet zu erlangen. Aber die Vorstellung, man könne, wie manchmal in früheren Perioden, durch einen Krieg größere Sicherheit erlangen, ist illusorisch. Wenn man so denkt und dementsprechend auch so handelt, dann sucht man ganz einfach eine neue Situation mit veralteten Denkmitteln zu bewältigen.

Es klingt vielleicht wie eine Trivialität, wenn ich sage, daß Sicherheit eines Staates in der gegenwärtigen Situation nicht mehr durch das Mittel der Kriegsrüstungen oder gar der Kriege selbst zu erzielen ist. Was also ist zu tun? Was ist das Problem? Es ist fast unlösbar, wenigstens zur Zeit. Da der Zwang von außen in der Form einer Hegemonialmacht nicht mehr sehr vielversprechend erscheint, um weltweit den Frieden zu sichern, stehen die Völker der Erde heute vor der alternativen Aufgabe, durch freiwillige Selbstbeschränkung, und gegebenenfalls auch durch freiwillige Unterordnung unter den Schiedsspruch der Menschheit, allmählich zum Verzicht auf die herkömmlichen kriegerischen Einrichtungen beizutragen. Zu dieser Zivilisationsstufe kann sich die Masse der Menschen, können sich insbesondere die Führungsschichten der Staaten vielleicht ganz allmählich vorarbeiten. Aber bei der bitteren Feindseligkeit, der zähen und wilden Abneigung, der bodenlosen Verachtung, die heute häufig genug, offen oder versteckt, das Tun und Lassen von Angehörigen verschiedener Staaten im Verkehr miteinander bestimmen, bleibt die Aufgabe einer nicht von außen erzwungenen, einer auf freiwilligen Entschlüssen beruhenden Befriedung der Menschheit zunächst unlösbar. Man kann sie nur aussprechen als die einzig mögliche Alternative zur Katastrophe – aber gewiß ohne große Hoffnung.

Es ist denkbar, daß die Menschen erst durch die Heimsuchung eines neuen Krieges zu einem Bruch mit der bisherigen Tradition, zu einem freiwilligen Verzicht auch der mächtigsten Staaten auf gewalttätige Mittel der Sicherung ihres eigenen Gebietes veranlaßt werden können. Und dann mag es wohl zu spät sein.

Ich habe hier manchmal auf die Eigentümlichkeiten des Hegemonialrausches hingewiesen. Die Politik der beiden gegenwärtigen Großmächte läßt sich eigentlich nur in diesem Sinne erklären, nur durch die geheime Erwartung ihrer führenden Männer, sie könnten sich auf die eine oder die andere Weise des Gegners entledigen, ohne im Kern des eigenen Machtpotentials getroffen zu werden, so daß der eigene Großstaat dann in ungetrübter Sicherheit zur beherrschenden Macht der Menschheit würde. Nur bei gemindertem Realitätssinn lassen sich solche Hoffnungen aufrechterhalten. Es ist nicht so schwer zu erkennen, daß in der gegenwärtigen Situation weder Angriffswaffen noch Verteidigungswaffen einem Lande genügend Sicherheit gewähren können, um es ihm zu ermöglichen, aus einem Krieg ohne schwerste Schädigung seines Machtpotentials hervorzugehen, also ohne für geraume Zeit, vielleicht für immer, seine führende Rolle unter den Staaten der Welt einzubüßen. In dieser Situation können allein Vereinbarungen den Staaten Sicherheit gewähren. Der Abschluß von bindenden Vereinbarungen zwischen Staaten aber setzt ein erhebliches Maß von gegenseitigem Vertrauen der vereinbarenden Seiten voraus. Und damit steht es schlecht. Höchstes gegenseitiges Mißtrauen, das durch eine Propagandaflut immer von neuem genährt wird, bestimmt heute die Beziehungen vieler Staaten und besonders der beiden Großmächte zueinander.

Damit tritt eine Aufgabe ins Zentrum des Blickfeldes, die vielleicht nicht ganz hoffnungslos ist, an der sich jedenfalls arbeiten läßt: der Abbau des Mißtrauens. Wenn man die Oberherrschaft eines einzelnen Volkes, also den Zwang von außen vermeiden will, dann wird es nötig, größere Anforderungen an sich selbst, an das eigene Toleranzvermögen zu stellen. Der Abbau des Mißtrauens zwischen den Staaten läßt sich gewiß nicht von heute auf morgen bewerkstelligen. Er verlangt das geduldige, gemeinsame Bemühen vieler Menschen, in ihren Ländern dafür zu arbeiten, daß die Bereitschaft wächst, Konflikte zwischen Staaten, sei es durch gewaltlose Kompromisse, sei es durch den Schiedsspruch überstaatlicher Organe zu lösen. Die allseitige, nicht einseitige Verminderung absoluter Feindschaften zwischen Menschengruppen ist ohne Zweifel eine der Aufgaben, die der drohende Krieg den noch lebenden Menschen stellt.

Letzten Endes arbeitet man mit alledem auf eine weltweit befriedete Konföderation der Staaten hin, die auf deren freiwilligem Zusammenschluß beruht und die effektive Organe der zwischenstaatlichen Konfliktlösung und der Bestrafung von Friedensbrechern besitzt. Sie ist die Alternative zum Wettrüsten zweier Hegemonialmächte, zu deren Dominierung und oft genug zur Lahmlegung der gegenwärtigen Vorformen einer solchen Konföderation und ganz gewiß auch die Alternative zur Hegemonie einer einzelnen Großmacht über die Staaten der Welt.

Eine solche arbeitsfähige Konföderation der Staaten ist sicherlich zunächst nur ein großes Wort. Viel Wasser wird durch die Flüsse den Meeren zufließen, ehe sich das Wort in die Tat umsetzen läßt. Aber vielleicht ist es nicht unnütz, dieses Ziel im Auge zu behalten als etwas, auf das man mit viel Geduld und viel Vorsicht hinarbeiten kann, selbst wenn es in der eigenen Lebenszeit nicht zu verwirklichen ist. Das ist ja ein Irrtum, den heute viele Menschen begehen. Sie sind im Grunde nur in der Lage, sich für kurzfristige Ziele einzusetzen. Sie interessieren sich nur für etwas, von dem sie glauben, es werde sich morgen, übermorgen oder jedenfalls in ihrer eigenen Lebenszeit realisieren lassen. »Nach uns die Sintflut«, so sagen sie, »was geht mich das an, was erst nach meinem Tode eintritt.« Aber das ist es eben – für den Frieden unter Menschen zu arbeiten, ist nun einmal eine langfristige Aufgabe.

19

Diese Aufgabe ist überdies nicht zu bewältigen ohne ein verständnisvolles Bewußtsein für die sehr labilen Balanceverhältnisse der Staatenhierarchie. Nehmen Sie zum Beispiel den gegenwärtigen Fall der westeuropäischen Staaten. Sie sind Bundesgenossen der Vereinigten Staaten. Eine solche Position verlangt ein sehr hohes Verständnis für die Fragen des politischen Gleichgewichts. Manche Gruppen in den europäischen Ländern fordern völlige Loslösung von der amerikanischen Allianz. Wenn diese Forderung verwirklicht würde, dann bedeutete das automatisch eine sehr erhebliche Verschiebung der Machtgewichte zugunsten der Sowjetunion. Aber zugleich besteht eine nicht geringe Gefahr für europäische Staaten, aus der Rolle eines Bundesgenossen in die eines Vasallenstaates abzusinken. Diese Gefahr wäre gewiß geringer, wenn die westeuropäischen Staaten, oder wenigstens eine Reihe von ihnen, zusammenstünden. Die gegenwärtige Weltsituation, mit anderen Worten, bringt europäische Staaten, und vielleicht ganz besonders die Bundesrepublik, in die Gefahr, de facto Vasallenstaaten Rußlands oder Vasallenstaaten der Vereinigten Staaten zu werden. Die rechte Balance zwischen diesen beiden Möglichkeiten aufrechtzuerhalten, ist wahrscheinlich nur im Verein mit anderen europäischen Ländern möglich.

Aber dieser Hinweis zeigt zugleich, wie unrealistisch es ist, in absoluten Alternativen und so auch in absoluten Feindschaften zu denken. Bei dem heutigen Stande der Parteiungen ist das häufig der Fall. Man denkt Schwarz oder Weiß, alles oder nichts, weg von den Vereinigten Staaten oder bedingungslose Hingabe an sie. In solchen Fällen die rechte Balance zu wahren, ist eine weit schwierigere politische

Aufgabe als das Betreiben einer »Alles-oder-nichts«-Politik.

Nicht weniger schwierig ist für die europäischen Länder, und in besonderem Maße für die Bundesrepublik, die Einsicht, daß die Entscheidung über den Nuklearkrieg kaum noch in ihrer Hand liegt, sondern so gut wie ausschließlich in der Hand der Supermächte und ihrer Regierungen. Ich will im Augenblick hier die Probleme anderer europäischer Länder, die, wie England und Frankreich, dank ihrer Verfügung über eigene Kernwaffen ein gewisses Maß an Selbständigkeit besitzen, außer acht lassen. Für Bürger der Bundesrepublik ist es nicht unwichtig, sich klar zu machen, daß die Entscheidung darüber, ob sie in Krieg oder Frieden leben werden, nur noch in sehr geringem Maße von ihnen selbst abhängt. Eine Mitsprache über ihr eigenes Schicksal haben sie nur insofern, als sie die Entschlüsse der beiden Hegemonialstaaten und die Machtbalance zwischen ihnen beeinflussen können. Es ist schwer für ein Volk, das an Selbständigkeit gewöhnt war, sich der Erkenntnis nicht zu verschließen, daß ihr Staat nach zwei verlorenen Kriegen einen guten Teil seiner Selbständigkeit verloren hat. Es ist vielleicht noch schwieriger, die praktischen Konsequenzen aus dieser Einsicht zu ziehen. Zu diesen Konsequenzen gehört die Tatsache, daß es für Bundesdeutsche kaum noch möglich ist, eine Friedenspolitik auf eigene Faust zu betreiben. Was immer sie tun oder nicht tun, die entscheidende Frage ist, welche Bedeutung es für die Machtbalance zwischen den beiden Hegemonialmächten hat. Wenn sich die Bundesrepublik zum Beispiel durch den Versuch einer Neutralisierung etwas von ihren bisherigen amerikanischen Bundesgenossen distanziert, so bedeutet das automatisch eine Schwächung der USA und dementsprechend eine Stärkung der Sowjetunion.

Gewiß, es ist nicht jedermanns Sache, solche politischen Probleme als Probleme von Machtbalancen zu sehen. Aber dies ist nun einmal die wirkliche Struktur der zwischenstaatlichen Beziehungen; man kommt dem Kern der Dinge am nächsten, wenn man ein Verständnis für die Labilität der Machtbalancen zwischen den Staaten hat.

Bei dem Wettrüsten geht es ständig um Balanceprobleme. Beide Hegemonialmächte fürchten ständig, in bezug auf Bündnisse oder Waffensysteme hinter der gegnerischen Macht zurückzubleiben. Es ist noch gar nicht so lange her, daß die Russen die Initiative im Wettrüsten hatten. Gegenwärtig liegt sie bei den Amerikanern. Aber der Versuch der amerikanischen Regierung, durch die Entwicklung neuer Waffensysteme die ökonomisch schwächeren Russen zum Gleichziehen zu zwingen – also zu einem Niveau der Rüstungsausgaben, das die Russen offenbar schwer erschwingen können –, ist nicht ungefährlich. Die Amerikaner würden damit vorübergehend die Stellung einer Hegemonialmacht ohnegleichen, also der stärksten Militärmacht der Erde erwerben. Aber durch diese Verlagerung der Machtbalance zu ihren Ungunsten könnten sich die Führer der Sowjetunion aufs schwerste bedroht fühlen; sie könnten fühlen, daß sie damit in eine Position der permanenten Unterlegenheit im Verhältnis zu den Vereinigten Staaten geraten. Man kann nicht voraussehen, wie die leitenden Männer der Sowjetunion reagieren würden, wenn sie zu der Überzeugung kämen, sie seien in Gefahr, beim Wettrüsten nicht mehr mithalten zu können, wenn sie erkennen müßten, daß sie im Begriff seien, durch eine wachsende Ungleichheit der militärischen und ökonomischen Machtpotentiale im Verhältnis zu den Vereinigten Staaten ins Hintertreffen zu geraten. Es wäre durchaus denkbar, daß die regierenden Männer Rußlands sich in einem solchen Falle, und vielleicht in einer Art von Panik, zu einem Präventivkrieg entschließen würden, auch wenn sie wüßten, daß dieser Entschluß einem Akt der Selbstvernichtung gleichkäme.

Dasselbe gilt natürlich auch umgekehrt. Auch die Spitzengruppen der Vereinigten Staaten könnten in einer Paniksituation, etwa durch die plötzliche Entdeckung bisher geheimgehaltener russischer Waffen, den Entschluß fassen, dem erwarteten Angriff der Russen durch einen eigenen Angriff zuvorzukommen.

Solche Erwägungen, das vorwegnehmende Ausmalen möglicher Zukünfte, sind keine müßigen Gedankenspiele. Wenn man solche Situationen vor Augen hat, ist man besser in der Lage, darüber nachzudenken, was sich tun läßt und was sich nicht tun läßt. Es ist nicht unüblich, daß man im Angesicht solcher Gefahren, wie der des Entschlusses zum selbstmörderischen Präventivkrieg, im Gefühl, von der anderen Seite an die Wand gedrückt zu werden, auf die Notwendigkeit der militärischen Balance zwischen beiden Seiten hinweist. Das ständige Bemühen, durch Verhandlungen zwischen Vertretern der beiden großen Militärmächte das Rüstungsgleichgewicht aufrechtzuerhalten, ist sicherlich unentbehrlich, unausweichlich daher auch die Furcht vor dem Ungleichgewicht. Wenn Vertreter der beiden Mächte bei diesem Bemühen nicht weiterkommen, dann sollte vielleicht die Forderung anderer Länder auf allen Seiten lauter und dringlicher werden, daß die beiden Großmächte neutrale Berater und beratende Schiedsrichter zu Hilfe ziehen. Ich bin nicht sicher, ob man den führenden Politikern der beiden Hegemonialstaaten wirklich zumuten kann, allein und ohne die Hilfe von weniger direkt engagierten Ratgebern über das Wohl und Wehe der Menschheit zu entscheiden.

20

Ganz sicher bin ich freilich, daß sich das Problem der Rüstungseskalation nicht lösen läßt, wenn man die Verhandlungen auf Abmachungen über die Rüstungen beschränkt.

Die Furcht vor der möglichen militärischen Überlegenheit des Gegenspielers wird heute in hohem Maße verstärkt durch die Ausbrüche einer tiefempfundenen emotionalen

Feindseligkeit der Repräsentanten beider Staaten gegeneinander. Diese Feindseligkeit hat, wie Sie alle wissen, ihre Wurzel nicht allein in der gegenseitigen militärischen Bedrohung, sie hat ihre Wurzel auch in der Tatsache, daß die beiden größten Militärmächte der Welt Vertreter verschiedener und in der Tat gegensätzlicher sozialer Glaubensbekenntnisse sind. Auf der einen Seite stehen Vertreter eines kommunistischen Gesellschaftssystems, die inspiriert sind von dem Glauben an den unvergleichlichen Wert dieses Systems für die ganze Menschheit. Auf der anderen Seite stehen Vertreter einer kapitalistischen Gesellschaftsordnung. Sie sind ebenfalls inspiriert von der Vorstellung, ihr ökonomisches System, die Einrichtung einer relativ freien Unternehmerkonkurrenz, sei die beste, die ideale Einrichtung, sie allein könne den wachsenden Wohlstand und den Fortschritt der Menschheit sichern. Diese Gegensätzlichkeit der sozialen Institutionen und Ideale wird dann noch dadurch verstärkt, daß aus der russischen Revolution eine sich selbst perpetuierende Parteidiktatur hervorging, während sich die wirtschaftliche Institution der mehr oder weniger freien Unternehmerkonkurrenz in den meisten entwickelteren Industriestaaten, und vor allem auch in den Vereinigten Staaten von Amerika selbst, mit der politischen Institution individueller, geheimer Wahlen und der relativ freien und gewaltlosen Konkurrenz von mindestens zwei Parteien verband, also mit einem Wettbewerb der Parteien um die Stimmen der Staatsbürger und durch sie um den Zugang zu Regierungsstellen.

Bei dem Konflikt der beiden Großmächte wirken also ständig zwei Antriebe und daher auch zwei elementare Befürchtungen ineinander, die in enger Verbindung miteinander stehen, die aber in Praxis und Theorie klar unterschieden werden können. Da ist erstens die Besorgnis des amerikanischen und des russischen Volkes und der jeweils verbündeten Völker um ihre physische Sicherheit, die uralte Furcht einer Menschengruppe vor der Vernichtung durch eine andere. Sie ist eine bisher unabänderliche Lebensbedingung der Menschen, eine Conditio humana. Wenn die Sowjetunion und ihre Verbündeten militärisch die Oberhand gewinnen würden, dann wären sie in der Lage, Millionen von Staatsbürgern Amerikas und seiner Verbündeten in Westeuropa und Asien zu töten; sie könnten diese Länder auf die Knie zwingen. Das gleiche wäre der Fall, wenn die Rüstungsbalance sich entschieden zugunsten der Amerikaner verändern würde. Die Vereinigten Staaten und ihre Bundesgenossen könnten dann Tod und Zerstörung über die Völker der Sowjetunion und deren Verbündete bringen.

Aber das ist nicht alles. Zu der Furcht vor der physischen Bedrohung gesellt sich auf beiden Seiten eine andere, die Furcht vor der Bedrohung der eigenen sozialen Einrichtungen und vor dem Sinn- und Wertverlust im Gefolge ihrer Zerstörung. Als treibender Kraft der Feindseligkeit, der unablässigen gegenseitigen Verteufelung, kommt dieser Furcht keine geringere Bedeutung zu als der Furcht vor der physischen Vernichtung und Zerstörung.

Mit Hilfe einer überlegenen Waffengewalt könnten die Russen den Amerikanern und deren Verbündeten ihre eigenen politischen und sozialen Einrichtungen aufzwingen. Sie könnten aufgrund einer überlegenen Militärmacht in den USA und in jedem der mit ihnen verbündeten Staaten eine Diktatur der kommunistischen Partei einrichten, könnten alle Privatunternehmen in Staatsunternehmen verwandeln – also, mit einem Wort, die vorhandenen Herrschafts- und Lebensformen abschaffen und andere nach ihrem eigenen Modell an deren Stelle setzen.

Die autoritativen Bücher des kommunistischen Glaubenssystems, ganz besonders auch die Werke von Karl Marx, die zur Legitimierung der kommunistischen Parteidiktatur unentbehrlich sind, enthalten zahlreiche Ausdrücke der Verachtung und des Hasses gegen alle diejenigen, die sich weigern, in die Parole des unerbittlichen Klassenkampfes einzustimmen oder den Glauben an die Notwendigkeit einer blutigen Revolution und einer Diktatur an deren Ende zu teilen. Im Sinne der auf Marx und Lenin zurückgehenden Tradition erscheint eine Revolution, also praktisch betrachtet der Gebrauch von physischer Gewalt, als der einzige Weg zur Lösung der Konflikte zwischen Arbeitern und Unternehmern. Das kommunistische Glaubenssystem stellt den Untergang des Kapitalismus gleichsam als eine immanente Notwendigkeit der Menschheitsentwicklung dar. Das ist der Grund, aus dem sich in den kapitalistischen Ländern mit der Furcht vor der physischen Zerstörung durch die kommunistische Militärmacht die Furcht vor der Zerstörung der herkömmlichen Herrschafts- und Lebensformen und vor deren Ersetzung durch Einrichtungen nach sowjetischem Modell verbindet. Besonders die führenden Schichten des von den Vereinigten Staaten geleiteten Staatenbundes fühlen sich von dieser Gefahr bedroht. Ein militärischer Sieg des kommunistischen Staatenbundes – angenommen, er ließe sich allein durch die Anwendung konventioneller Waffen und ohne Verseuchung durch Kernwaffen erreichen – würde eine völlige soziale Degradierung der zuvor führenden Menschengruppen mit sich bringen und in vielen Fällen deren Gefangensetzung oder Verbannung in ferne Internierungslager.

Die verschiedenen Glaubenssysteme der kapitalistischen Gesellschaften sind weniger scharf umrissen als das der kommunistischen Gesellschaften in einer Reihe von autoritativen Büchern niedergelegte, von denen der einzelne Mensch Auszüge bereits auf der Schule zu lesen vermag und die entsprechend der diktatorischen Regierungsform zu einer relativ hohen Vereinheitlichung der individuellen Wissens- und Denkformen beitragen. Aber obgleich in den kapitalistischen Gesellschaften Bücher fehlen, die eine ähnlich zentrale Rolle als Repräsentanten eines gemeinsamen sozialen Glaubenssystems spielen wie die Werke von Marx, Engels und Lenin in der Sowjetunion, so fehlt es dort dennoch nicht an einem ziemlich weitgehenden ideologischen

Konsens, der sich gewiß nicht in der Ablehnung erschöpft, der aber seinen vielleicht prägnantesten gemeinsamen Ausdruck in der Ablehnung der für kommunistische Länder charakteristischen Glaubensdoktrin findet. In Verbindung mit diesen gemeinsamen Äußerungen der Ablehnung des kommunistischen Glaubenssystems, die sich nuancenreich über ein ganzes Spektrum nicht-kommunistischer Glaubensideale hin erstreckt, findet man dann Gegenstücke zu der in höherem Maße zentralisierten ideologischen Stigmatisierung und Verteufelung des Kapitalismus, für die Marx selbst die kaum übertroffenen Modelle schuf und die in Rußland unversehens von der innerstaatlichen auf die zwischenstaatliche Ebene hinübergespielt wurden. Man findet, eingebettet in die verschiedenen Glaubenssysteme der kapitalistischen Länder, zahlreiche Gegenstücke zu der von Marx eingeführten Form der Argumentation, die den Gegner schlechthin als vernichtenswert, gleichsam als absolutes Übel verteufelt.

So gilt auch für die Furcht auf russischer das gleiche wie für die auf amerikanischer Seite. Es handelt sich auch in diesem Falle nicht allein um die Furcht vor der physischen, sondern zugleich um die vor der sozialen Vernichtung. Eine unwiderstehliche militärische Überlegenheit der Vereinigten Staaten und ihrer Bundesgenossen bedroht mit der physischen Existenz der Völker des östlichen Blocks zugleich auch deren gegenwärtig existierende Herrschafts- und Lebensformen. Und auch in diesem Falle ist die Gefahr für die soziale Existenz der führenden Schichten besonders groß. Vor allem die Angehörigen der in diesen Ländern maßgebenden kommunistischen Parteien würden bei einer militärischen Niederlage Gefahr laufen, ihre privilegierte Position zu verlieren. Ganze Gruppen würden vielleicht, wie im Falle eines kommunistischen Sieges herrschende Gruppen der kapitalistischen Länder, durch die Gerichte eines neuen Regimes zu einem Leben in Gefängnissen oder Internierungslagern verurteilt werden. Auch in diesem Falle bedeutet die

Kriegsgefahr nicht nur eine Bedrohung des nackten Lebens, sondern für viele Menschen auch die Bedrohung ihrer sozialen Existenz durch die andere Seite, also eine schwere Gefahr für etwas, das dem Leben dieser Menschen für ihr eigenes Empfinden Sinn und Wert gibt.

21

Diese zwei Wurzeln der gegenseitigen Bedrohung und der beiderseitigen Furcht voreinander, ihre physische und ihre soziale Seite, etwas deutlicher vorzustellen, als das gewöhnlich geschieht, ist nicht ganz ohne Nutzen, wenn man zum Nachdenken über mögliche Strategien der Entspannung auffordert. Man hat manchmal den Eindruck, daß es Menschen oft so erscheint, als sei es ganz einfach und offensichtlich, was man tun könne, um die Führungsgruppen der beiden ineinander verhakten Supermächte aus dem eingefrorenen Clinch zu lösen und so auch aus dem fatalen Zwang zum Wettrüsten. Manchen Menschen scheint es zu genügen, aller Welt zu zeigen, daß sie selbst guten Willens, also für den Frieden sind. Das allein sei schon ein bedeutsamer Beitrag zur Vermeidung der Kriegsgefahr. Viele Menschen scheinen heute ihre Hoffnung auf Abmachungen der beiden großen Militärmächte über Rüstungsbeschränkungen zu setzen. Solche Abmachungen sind ohne Zweifel von höchstem Nutzen. Aber gerade wenn man sich der doppelten Wurzeln der gegenseitigen Bedrohung bewußt ist, dann muß man sich die Frage vorlegen, ob Abmachungen über militärische Rüstungen allein jemals genügen können, ob sie überhaupt möglich sind, solange die andere Wurzel der bitteren gegenseitigen Feindschaft der zwei Hegemonialmächte nicht ebenfalls in Betracht gezogen wird.

Damit will ich sagen: Abmachungen über Rüstungsbeschränkungen, so nützlich und unentbehrlich sie sind, haben nur eine geringe Chance, auf die Dauer ein Anhalten des

Rüstungswettlaufs herbeizuführen; denn dessen selbsteskalierender Fortgang wird immer von neuem durch die gegenseitige Furcht, das beiderseitige Mißtrauen und durch die bittere Feindschaft vor allem der beiden Führungsschichten gespeist, die in der fortlaufenden ideologischen Verteufelung beider Seiten einen Ausdruck findet und die ja auch, wie gesagt, recht gute Gründe hat. Ich glaube, daß die Chance, den Prozeß des Rüstungswettlaufs zu stoppen, gering ist, solange man sich nicht zu gleicher Zeit auch um eine ideologische Abrüstung bemüht. Das aber ist eine Aufgabe, die eine zum Teil recht andere Strategie verlangt als das Vorgehen, das im Mittelpunkt von Rüstungsabkommen steht. Ganz gewiß können auch bei dem Bemühen um eine ideologische Abrüstung zwischen den beiden großen einander gefährdenden Völkergruppen Verhandlungen zwischen Experten eine zentrale Rolle spielen. Aber an dieser Aufgabe können und müssen zugleich auch weitere Kreise der gefährdeten Völker selbst mitarbeiten.

Es ist ziemlich unrealistisch zu hoffen, daß die beiden Seiten in der Lage sind, die Dynamik des selbsteskalierenden Wettrüstens effektiv und auf die Dauer anzuhalten, wenn sie fortfahren, sich in ihren Propagandareden ihre unerbittliche Feindseligkeit zu zeigen, die sich vor allem in dem beiderseitigen Glauben ausdrückt, daß die andere Seite früher oder später von der Erde verschwinden müsse.

Wenn man die Entwicklung dieses kalten Krieges genauer betrachtet, dann erkennt man, daß die Stärke und Schlagkraft der gegenseitigen Beschimpfungen Schwankungen unterworfen ist. Eine Zeitlang waren die Kommunisten allenthalben mit der Beschimpfung der Kapitalisten in der Offensive. In jeder Krise der kapitalistischen Länder, die ja zu deren normalen Struktureigentümlichkeiten gehört, sahen sie die Endkrise. Jede kommunistische Generation erwartete immer von neuem, daß die Marxsche Prophezeiung vom Untergang des Kapitalismus sich in ihrer Lebenszeit erfüllen werde. Triumphierend prophezeiten sie, hinter der jeweils nächsten Straßenecke, die Revolution. Marx hatte es fertiggebracht, den Vorgang einer Revolution theoretisch einigermaßen zu entgiften. Man konnte daher leicht vergessen, daß Revolutionen genauso gewalttätige, blutige und mörderische soziale Geschehnisse sind wie Kriege. Früher sprach man oft von einem gerechten und ungerechten Krieg; mag sein, daß in den Augen vieler Kommunisten eine Revolution als gerechte Gewalttätigkeit, ein Krieg als ungerechte Gewalttätigkeit erscheint. Jedenfalls ist dies ein Beispiel für die Schwierigkeit der Waffenabrüstung ohne ideologische Abrüstung. Man kann sich schlecht vorstellen, daß die parlamentarisch regierten Staaten zu einer dauernden Verständigung über das Wettrüsten fähig sind, wenn ihr Verhandlungspartner gleichzeitig den Glauben an das unausweichliche Kommen einer blutigen Revolution in diesen Staaten propagiert. Inzwischen hat gewiß die Vorstellung, daß die kapitalistischen Staaten mit Hilfe einer Revolution noch in der eigenen Lebenszeit der Gläubigen ganz von selbst verschwinden werden, viel von ihrer Überzeugungskraft verloren. Aber die Propagandamühlen laufen mit den gleichen Schlagzeilen auf vollen Touren weiter. Es ist schwierig, die Möglichkeit einer relativ friedlichen Koexistenz mit anderen Menschengruppen zu erwarten, die man ideologisch ständig als wertlos mit dem Untergang bedroht.

Und das gleiche gilt von der anderen Seite. Als Russen und als Kommunisten haben die führenden Männer der Sowjetunion oft eine merkliche Empfindlichkeit gegenüber Maßnahmen oder Äußerungen gezeigt, die ihnen die Anerkennung als gleichwertige Großmacht unter den entwickelteren Staaten der Erde zu versagen schienen. Im Gegenschlag gegen die traditionelle ideologische Offensive der kommunistischen Länder verstärkt sich heute die ideologische Offensive der kapitalistischen Länder, insbesondere der Vereinigten Staaten. Man spricht von der zivilisierten Welt des Westens im Hinblick auf die Parteidiktaturen der kommunistischen Länder, die im Westen als Ausdruck der institutionalisierten Unfreiheit und Ungleichheit erscheinen. Ähnlich, wie man sich in kommunistischen Ländern oft von der magischen Erwartung betrügen läßt, daß der Kapitalismus mit Hilfe der freudig erwarteten Revolution gleichsam von selbst verschwinden werde, gibt man sich anscheinend in vielen Kreisen des Westens hoffnungsvoll der magischen Erwartung hin, das kommunistische Regime werde früher oder später in der Sowjetunion und ihren Bündnisstaaten gleichsam von selbst verschwinden, sei es aufgrund der hemmenden Trägheit ihrer Bürokratie, sei es, weil man dort mit der Weiterentwicklung der parlamentarischen Staaten nicht Schritt halten könne. Auch hier mehren sich nun die Ausdrücke der ideologischen Verachtung für die Gegenseite.

Es ist diese Situation, die eine ideologische Abrüstung erforderlich macht. Ich verstehe darunter nicht ein Aufgeben der eigenen sozialen Ziele und Überzeugungen. Es gibt keinen Grund, warum Kommunisten nicht an ihrer Werthaltung und Kapitalisten nicht an der ihren festhalten sollten. Ich befürworte auch nicht einen Neutralismus. Alles das liegt mir fern. Was ich befürworte, ist eine große und allgemeine Politik der Mäßigung – eine erhebliche Mäßigung der Feindseligkeit gegenüber Menschengruppen oder Individuen, die die eigene Überzeugung nicht teilen. Im Angesicht einer Atomkriegsgefahr sind leidenschaftliche und intolerante Auseinandersetzungen zwischen Menschen verschiedenen Parteiglaubens gefährlich. Ich denke also, daß es nötig sein wird, mehr und deutlicher zu sagen, was uns alle betrifft; denn unser eigener Eifer und unsere eigene Leidenschaftlichkeit im Haß oder in der Verachtung für die andere Seite fördern die Leidenschaftlichkeit der Auseinandersetzung, die heute noch die beiden Regierungen, die Hauptregierungen, die letztlich für Krieg und Frieden verantwortlich sind, treibt.

Die Gefahr eines Kernwaffenkrieges ist zu groß, und die

Folgen eines solchen Krieges für die betroffenen Völker der Erde sind zu entsetzlich, als daß man sich den Luxus der bitteren, unversöhnlichen Feindschaft, der unaufhörlichen gegenseitigen Beschimpfung und Verteufelung, kurzum: den Luxus der ideologischen Intoleranz in unserem Zeitalter noch weiterhin leisten könnte. Das hat, wie gesagt, nichts mit dem Aufgeben der eigenen Überzeugung zu tun, das bezieht sich zunächst einmal auf die Tonart, mit der man sie vertritt. Mehr als das. Es verlangt die Erkenntnis im Lager der kapitalistisch orientierten Länder, daß das kommunistische Regime der Ostblockländer zu stark und zu mächtig ist, um auf andere Weise beseitigt zu werden als durch einen unzweideutigen Sieg im Gefolge eines Kernwaffenkrieges. Es verlangt die Erkenntnis im Lager der kommunistisch orientierten Länder, daß die kapitalistisch regierten Länder zu stark und zu mächtig sind, daß überdies die marktwirtschaftliche und parlamentarische Orientierung der Menschen dort zu stark Wurzel gefaßt hat, um auf andere Weise als durch nackte Gewalt von außen, also durch einen kommunistischen Sieg im Kernwaffenkrieg, beseitigt zu werden. In beiden Fällen ist es mehr als zweifelhaft, ob ein Sieg in einem Kriege dieser Art überhaupt möglich ist, ob ein solcher Krieg nicht letzten Endes die Besiedelung der zunächst verseuchten Gebiete durch eine neue Bevölkerung und damit eine völlige Veränderung der Landkarte zur Folge hätte.

Führende Menschen beider Lager geben sich offenbar der Hoffnung hin, das gegnerische Regime werde in Kürze aufgrund seiner inneren Widersprüche oder seiner bürokratischen Unfähigkeit ganz von selbst zusammenbrechen, so daß man ihm am Ende vielleicht nur noch den Gnadenstoß zu geben braucht. Beide Seiten unterschätzen die Widerstandskraft und den Widerstandswillen der Gegenseite. Was aber geschieht, wenn die gewünschte und magisch erwartete Selbsterledigung des Gegners nicht in absehbarer Zeit eintritt? Die Wahrscheinlichkeit, daß sich die aufgespeicherten

Gefühle der gegenseitigen Feindschaft, die überdies auf beiden Seiten durch ein in sich geschlossenes Argumentiersystem immer von neuem gestärkt werden, unversehens einmal in kriegerischen Handlungen entladen und damit den Zyklus der Gewalttätigkeiten eröffnen, ist dann recht groß. Ist es nicht eigentümlich, daß man sich zwar der Gefahr der grobschlächtigen physischen Waffen bewußt ist, aber nicht der Gefahr der gedanklichen Waffen, der Denkmittel, die falsche Hoffnungen wecken und durch das Schüren der gegenseitigen Feindschaft zum Kriege hintreiben? Wie kann man dem vorbeugen, wenn man nur über Waffenabrüstung verhandelt und reflektiert und nicht zugleich über das, was die Menschen voneinander denken, die die Herstellung dieser Waffen anordnen und möglicherweise deren Gebrauch? Ich habe zuvor von dem Abbauen des Mißtrauens gesprochen. Das ist unerläßlich, aber es ist ein schwieriger und langwieriger Prozeß. Er fordert nicht nur größere Zurückhaltung der zunächst in den kalten Krieg – den Vorkrieg – verwickelten Sprecher der beiden Großmächte, er verlangt darüber hinaus etwas weit Schwierigeres, den Verzicht auf bestimmte gefährliche Axiome der Weltanschauung beider Parteien, also zum Beispiel den Verzicht auf die Hoffnung, daß die jeweils gegnerische Seite mit ihrer Regierungs- und Wirtschaftsform nun bald vom Erdboden verschwinden und durch die jeweils eigene Regierungs- und Wirtschaftsform ersetzt werde.

Es wäre schön, und es wäre auch zur Minderung der Kriegsgefahr sehr nützlich, wenn die Amerikaner und ihre Verbündeten die Propaganda, die den Kommunismus als etwas ganz Verteufeltes hinstellt, herabmindern würden. Vielleicht ist man sich in diesem Lager noch nicht völlig bewußt, daß sie, die Mehrparteienstaaten, in der voraussehbaren Zukunft mit den Ländern des kommunistisch und diktatorisch regierten Staatenblocks als Nachbarn zusammenleben müssen, wenn es nicht zu einem Kriege kommt, der die ganze Landkarte der Erde verändert. Gewalt ist unteilbar. Man kann nicht den Aufruf zur innerstaatlichen Gewalttätigkeit der Revolution verabscheuen und stigmatisieren und gleichzeitig den Gebrauch von Gewalt im zwischenstaatlichen Verkehr vorbereiten und loben.

Und auf der anderen Seite wäre es schön, wenn die Führer des Sowjetblocks ebenfalls ihre revolutionäre Propaganda allmählich herabschrauben könnten. Auch für den Sowjetblock gilt, daß die Menschen, die ihn bilden, in der vorhersehbaren Zukunft nachbarlich mit parlamentarisch regierten Staaten, die in verschiedenem Ausmaß mit einer freien Marktwirtschaft ausgestattet sind, zusammenleben müssen. Man kann nicht erwarten, daß ein friedliches Zusammenleben möglich ist, daß sich die Kriegsgefahr mindert, solange im Sowjetblock schon die Kinder in den Schulen und erst recht die Studenten auf den Universitäten lernen müssen, daß sich die Länder des kapitalistisch-parlamentarischen Staatenblocks früher oder später durch eine blutige Revolution in kommunistische Parteidiktaturen des Proletariats nach dem Muster der Sowjetunion verwandeln werden. Wie gesagt, Gewalttätigkeit ist unteilbar. Man kann nicht eine Verminderung der Gefahr kriegerischer Gewalttätigkeiten im zwischenstaatlichen Verkehr erwarten und gleichzeitig den gewalttätigen Umsturz, eine Revolution innerhalb anderer Staaten prophezeien und als hochgepriesene Kampfparole propagieren.

Das Abbauen des Mißtrauens ist gewiß eine Aufgabe von einiger Dringlichkeit. Aber man braucht sich darüber nicht zu täuschen: es ist eine schwierige Aufgabe. Die beiden Großmächte im Clinch können sicherlich nur versuchen, über einen längeren Zeitraum hin ganz allmählich und Schritt für Schritt die tiefe Feindseligkeit zwischen ihnen zu mindern und etwas mehr Vertrauen ineinander zu gewinnen.

Vielleicht hilft es dabei ein wenig, daß sie nicht durch einen jener Interessenkonflikte gegeneinander und zum Kriege hin getrieben werden, die ein Nebeneinanderleben als autonome Völker unmöglich machen. Die Völker des Sowjetblocks brauchen, um relativ autonom existieren zu können, nicht das Land, auf dem die Amerikaner wohnen, die Amerikaner zu ihrer unabhängigen Existenz als Volk nicht Gebiete der Sowjetunion. Wenn der Interessengegensatz von dieser Art wäre, dann wäre es noch erheblich schwieriger, die Menschheit an einem Krieg vorbeizusteuern. Die Interessenkonflikte der beiden Großmächte aber beruhen nicht auf Gebietsforderungen; sie beruhen in erster Linie darauf, daß sie sich gegenseitig in ihrer Sicherheit bedrohen und daß sie zugleich ungewollt zu Rivalen um die Position an der Spitze der Staatenhierarchie, um die Position der stärksten Macht der Menschheit geworden sind. Jede der beiden Großmächte, die Sowjetunion oder die Vereinigten Staaten, wäre in der Tat heute möglicherweise die stärkste Macht der Erde, wenn ihr die andere Großmacht nicht störend im Wege stünde. Hinzu kommt ganz gewiß noch die Verschiedenheit ihrer gesellschaftlichen Institutionen und Ideale, die beide nun über die ganze Menschheit auszubreiten suchen. Nicht wegen unversöhnlicher territorialer Forderungen, sondern als die Rivalen um die Vormacht unter den Staaten der Welt und als Vertreter gegensätzlicher sozialer Glaubenssysteme, die sich wechselseitig bedrohen, stehen also die Führungsgruppen der beiden Großmächte einander mit höchstem Mißtrauen gegenüber. Jede von ihnen glaubt, daß ihr die Zukunft gehört. Die, die sich selbst als Befreier von der Unterdrückung einer ausbeutenden Klasse sehen, erscheinen der anderen Seite als diktatorische Volksunterdrücker. Diese Verzahnung grundfeindlicher Haltungen und Gefühle durchsetzt alle Verhandlungen, erschwert alles Bemühen um Kompromisse.

Von den breiteren Schichten der beiden Völkergruppen werden solche Gefühle der Feindseligkeit wahrscheinlich bis zu einem gewissen Grade geteilt. Es kann für die soziale Existenz von Menschen schädlich, vielleicht gar für ihre physische Existenz gefährlich sein, wenn ihre Loyalität als Anhänger der in ihrer Gesellschaft jeweils offiziell sanktionierten sozialen Glaubensdoktrinen in Zweifel steht. Mit einer gewissen Toleranzmarge in den parlamentarisch regierten Gesellschaften, fast ohne sie in den diktatorisch regierten, gilt noch heute weithin der alte Satz: *Cujus regio, ejus religio.* Anders ausgedrückt: Es ist ratsam, sich als Anhänger eines der in der eigenen Staatsgesellschaft gebilligten sozialen Glaubensbekenntnisse zu erweisen und den Verdacht zu vermeiden, daß man einen sozialen Glauben bejahe, der in der eigenen Gesellschaft verneint, verfemt und oft auch verhaßt ist.

Wenn man die Situation des »kalten Krieges«, die bisher mit einigen Schwankungen für die zweite Hälfte des 20. Jahrhunderts charakteristisch ist, aus einiger Distanz betrachtet, dann erkennt man unschwer, daß der »heiße Krieg«, auf den die führenden Personen der beiden Lager als Treibende und zugleich als hilflos Getriebene hinsteuern, in mancher Hinsicht den Charakter eines Religionskrieges hat. Es ist noch nicht ganz so lange her, da standen sich in vielen Gegenden Europas katholische und protestantische Gruppen in unversöhnlicher Feindschaft gegenüber und kämpften miteinander auf Tod und Leben in mehreren Kriegen um die Vorherrschaft. Verhältnisse, in denen sich Menschen um ihres verschiedenen religiösen Glaubens willen hassen und töten, ragen in manchen Teilen Europas, etwa in Nordirland, in das späte 20. Jahrhundert hinein. Aber im großen und ganzen ist die Hitze der unversöhnlichen Feindschaft einem weit milderen Klima der Beziehungen zwischen Protestanten und Katholiken gewichen.

Schon im 16. Jahrhundert gab es Menschen, denen es vor den Exzessen der Intoleranz und der Feindschaft zwischen verschiedenen Menschengruppen graute. Aber Fürsprecher der Mäßigung und Toleranz, wie Montaigne und Erasmus, fanden als solche wenig Gehör, auch wenn man sie achtete. Haß und Bedrohung zwischen den Menschen, die der alten Kirche anhingen, und denen, die sich den neuen Kirchen und Sekten zugewandt hatten, waren zu groß, die Wunden zu frisch, als daß man den Gewalttaten und dem sinnlosen Leiden, das sich die Anhänger verschiedener Religionen gegenseitig zufügten, hätte Einhalt gebieten können. Es dauerte viele Jahrhunderte, ehe sich die unerbittliche Feindseligkeit zwischen den verschiedenen Religionsgruppen mäßigte und der Zwang zum Angriff mit Wort und Tat gegen die Menschen anderen Glaubens und, wenn möglich, zu ihrer Bekehrung zum rechten Glauben sich minderte. Heute, nach drei- oder vierhundert Jahren, ist das, was ehemals unrealisierbar schien, was seinerzeit der junge Thomas Morus als ein Wunschbild beschrieb, das allenfalls im Land der Utopier verwirklichbar schien: die Duldsamkeit der zwei Religionsgruppen füreinander, erheblich größer geworden. An Nachklängen der alten Stigmatisierung zwischen Protestanten und Katholiken fehlt es nicht. Die tiefempfundene Feindschaft aber hat sich weithin gelegt. Angehörige der beiden Religionsgruppen können oft genug in Frieden und Freundschaft leben. Es scheint beinahe unerfindlich, warum sie sich in früheren Zeiten so haßten, daß sie Kriege gegeneinander führen konnten.

Daß sich die ähnlich tief verwurzelte, und ganz gewiß von greifbaren Interessengegensätzen besonders der Führungsgruppen gespeiste, Feindseligkeit zwischen den Staaten legen könne, in denen kommunistische und kapitalistische Glaubensdoktrinen vorherrschen, mag gegenwärtig wohl als utopisch erscheinen. Die Schwierigkeit ist, daß die Zeit drängt. Wir haben nicht mehr drei- bis vierhundert Jahre Zeit, um darauf zu warten, daß sich die Gemüter abkühlen.

Heute gehört es zu den dringlichsten Aufgaben, sowohl auf eine Verminderung der Rüstungen wie auf eine Dämpfung der bitteren Feindschaftsgefühle und der entsprechenden Furcht voreinander hinzuarbeiten, die zwei Staatengruppen mit unterschiedlichen sozialen Einrichtungen und Glaubensdoktrinen zu dem Wettrüsten ohne Ende und so schließlich zur möglichen Vernichtung des Gegners und ihrer selbst antreiben. Das ist der Grund, aus dem es mir wichtig zu sein scheint, mit dem Bemühen um eine militärische Abrüstung das Bemühen um eine ideologische Abrüstung zu verbinden. Auch bei der Bewältigung dieser Aufgabe spielt ganz gewiß die Bereitschaft der Staatsrepräsentanten auf beiden Seiten zur Dämpfung der Stimme, zur Mäßigung ihrer Wortangriffe aufeinander, kurzum: zu gegenseitiger Toleranz, eine entscheidende Rolle. Aber an dieser Aufgabe können, wie bereits angedeutet, die Regierten in sehr hohem Maße mitarbeiten. Denn vergessen wir es nicht: der Krieg ist ja letzten Endes eine gesellschaftliche Institution, ein von Menschen immer von neuem reproduziertes Herkommen, das auch deswegen nicht aufgehoben werden kann, weil die Gewohnheit zu tief in die Persönlichkeitsstrukturen eingebaut ist – die Gewohnheit des Hasses wie die der Entscheidung zwischenstaatlicher Konflikte durch den Gebrauch militärischer Gewalt.

In einem Zeitalter, in dem die Entwicklung der Waffentechnik und darüber hinaus der Technik überhaupt Menschen Machtmittel in die Hand gegeben hat, mit denen sie große Teile der Menschheit zerstören und vielleicht gar die Erde unbewohnbar machen können, wird es nötig, die überkommenen Formen des Zusammenlebens, und besonders auch die Standarde des Verhaltens, auf allen Ebenen einer Prüfung zu unterziehen. Das Ausmaß der Zerstörungen, die Menschen mit den technischen Mitteln unserer Tage anzurichten vermögen, ist größer als je zuvor. Man könnte wohl sagen, daß der Aufstieg zu einem bisher unerreichten Niveau der Gefahren, die Menschen in ihren Überlebenseinheiten, also vor allem in Staaten, füreinander bedeuten, den Übergang zu einer neuen Ära darstellt. Wir stehen vor der Wahl zwischen der weitgehenden Selbstzerstörung der Menschheit und der Abschaffung der Haltungen, die zu Kriegen als Mitteln der Lösung zwischenstaatlicher Konflikte führen. Die zweite Alternative verlangt eine weitere Zivilisierung. Sie verlangt insbesondere eine größere Mäßigung als je zuvor in der Handhabung sozialer Konflikte von seiten aller Beteiligten.

Es gehört zu den Problemen, vor die man sich damit gestellt findet, daß sich die Entwicklung zwischenmenschlicher Beziehungen und der sie einklammernden Institutionen gegenwärtig weit langsamer vollzieht und auch noch weit schwieriger ist als die Entwicklung der Beziehungen von Menschen und nicht-menschlicher Natur, also als die des naturwissenschaftlichen und des technologischen Wissens. Die Schwierigkeiten, die sich daraus ergeben, werden noch verstärkt durch eine Wissenstradition, die sich trotz ihrer offensichtlichen Fragwürdigkeit mit unverminderter Stärke aufrechterhält: durch die überlieferte Gewohnheit, die Beziehungen der Menschen zur nicht-menschlichen Natur und die der Menschen zueinander in ihrer Entwicklung beim Sprechen und Denken als völlig unabhängige Prozesse hinzustellen. Es ist nur ein kleines Beispiel für diese Tendenz, die Ereignisse, denen man begegnet, in getrennte Schubfächer einzuordnen, daß die Vertreter der gegenwärtig größten Militärstaaten glauben, sie könnten zu effektiven Abmachungen über den Umfang ihrer Waffenlager und die Art der dort lagernden Waffen kommen, ohne zugleich ihrer Feindseligkeit gegeneinander Zügel anzulegen und mit großer Sorgfalt die Natur der Konflikte und ihrer eigenen Haltungen zu überprüfen, die dem Wettrüsten immer von neuem Antrieb geben.

Die schwelende Feindschaft zwischen den beiden militärischen Spitzenstaaten unserer Tage drängt beide Seiten ständig zu einer charakteristischen Entstellung der Tatsachen. Die Regierenden geben gewöhnlich beim Lancieren dieser Entstellungen den Ton an; ein beträchtlicher Teil der Regierten nimmt sie für bare Münze und glaubt an sie, denn sie schmeicheln dem Selbstgefühl.

Zu den sozialen Glaubensbekenntnissen beider Seiten gehört als Kernstück ein idealisiertes Bild der eigenen und ein herabsetzendes Bild der gegnerischen Gesellschaft. Wie in vielen anderen Fällen, wie ehedem etwa im Falle von Protestanten und Katholiken, so stellt sich auch heute wieder den beteiligten Menschen der Unterschied zwischen den sozialen Institutionen und den Glaubensdoktrinen der kapitalistischen und der kommunistischen Staaten als Gegensatz zwischen dem absolut Guten und dem absolut Bösen dar. Es erscheint so, als ob es sich um einen Gegensatz handelte, der als etwas Endgültiges in der Existenz der Menschheit begründet ist. Er würde, so zeigt sich der Mythos offenbar für das Empfinden vieler Menschen, ewig dauern, es sei denn, daß es der eigenen, der guten Seite gelänge, den Sieg über das absolut Böse der anderen Seite zu erringen. Der siegreiche Kommunismus, der siegreiche Kapitalismus stellt sich in diesem Sinne als Endzustand der Menschheitsentwicklung dar, als das Wirklichkeit gewordene Ideal. In der Hitze des Gefechts, blindlings getrieben von der Dynamik dieser Vorkriegssituation, vermögen viele Angehörige der beiden Lager nicht über den Endsieg des eigenen sozialen Glaubens und die Einrichtung der ganzen Menschheit nach dessen Muster hinauszudenken, selbst wenn sie zugleich in einem anderen Schubfach dessen gewahr sind, daß die Schwächung aller Beteiligten am Ende eines dritten Weltkrieges wahrscheinlich groß genug sein würde, um die führende Rolle der Vereinigten Staaten und der Sowjetunion unter den Staaten der Menschheit endgültig in andere Hände übergehen zu lassen.

Wie die Dinge nun einmal liegen, können, so scheint es, die beiden ineinander verstrickten Hegemonialmächte, trotz der veränderten Kampfbedingungen, nur im gewohnten Geleise weiterdenken. So stark ist die Dynamik der Figuration, die sie miteinander bilden. Der siegreiche Kommunismus, der siegreiche Kapitalismus erscheint als Endzustand. Man denkt nicht darüber hinaus. Die Regierenden beider Seiten fühlen die Notwendigkeit, ihre Bürger auf einen möglichen Krieg vorzubereiten. Wenn dieser Krieg kommt, dann hängt für beide Seiten sehr viel von der Moral der Soldaten ab, von der Bereitschaft aller Angehörigen der eigenen Gruppe, ihr Leben für die gute Sache der eigenen Seite einzusetzen. Das zwingt zu dem vorbereitenden Bemühen, den Glauben an das absolut Gute der eigenen Sache, an das absolut Böse der Gegner tief im Gefühl der Menschen der eigenen Partei zu verankern.

Man kann unterstellen, daß die Führungsschichten der beiden Staatengruppen in aller Aufrichtigkeit handeln. Sie mögen selbst von dem tiefempfundenen Glauben an das absolut Gute des eigenen, das absolut Böse des gegnerischen Gesellschaftsideals durchdrungen sein. Diesen Glauben, jeweils mit umgekehrtem Vorzeichen, scheinen die führenden Gruppen und vielleicht auch breitere Schichten der beiden gegnerischen Staatenblöcke miteinander zu teilen. Und er ist offenbar einer der entscheidenden Antriebe des unauslöschlichen Mißtrauens beider Seiten gegeneinander, das als Motor des schwer zu stoppenden Wettrüstens eine gewichtige Rolle spielt.

Die gegenwärtige Argumentationsstrategie zur Verteidigung des Kommunismus oder des Kapitalismus ist freilich, wie man sehen kann, etwas eigenartig. Sie verleitet zu einer eigentümlichen Vermischung von Ideal und Wirklichkeit. So wird es zum Beispiel nicht immer deutlich, ob in den Augen ihrer Repräsentanten die vorhandene sowjetische

Gesellschaftsordnung bereits die Verwirklichung des kommunistischen Ideals darstellt, also eine kommunistische Gesellschaftsordnung ist, oder ob sie sich erst auf dem Wege dahin befindet; und im letzteren Falle wäre es interessant zu wissen, wie lang der Weg zur Verwirklichung dieses Ideals noch ist. Mit dem kapitalistisch-parlamentarischen Gesellschaftssystem verhält es sich nicht viel anders. Man hat sich daran gewöhnt, von der freien Welt zu sprechen. Es ließe sich gewiß rechtfertigen, wenn man sagen würde, daß die Menschen in den parlamentarischen Staaten im großen und ganzen ein individuell freieres Leben, mit all seinen Risiken, führen können als in den diktatorischen Staaten. Aber einfach von einer freien Gesellschaft im absoluten Sinne zu sprechen, bedeutet, den Mund etwas voll zu nehmen. Was ich damit meine, ist dies: Durch die ständige Idealisierung der eigenen Gesellschaftsordnung, die das Gegenstück zur Verteufelung der gegnerischen Gesellschaftsordnung ist, erweckt man den Eindruck, daß die tatsächlich bestehende Gesellschaftsordnung der eigenen Seite ein Endzustand sei, das verwirklichte Ideal.

Es mag für eine Entspannung von Nutzen sein, wenn man deutlicher, als es gewöhnlich geschieht, zwischen dem Idealbild einer kommunistischen Gesellschaft und der realen Gesellschaft der Sowjetunion, zwischen dem Idealbild einer kapitalistisch-parlamentarischen Gesellschaft und der tatsächlich existierenden Gesellschaft der Vereinigten Staaten unterscheidet. Dann wird es leichter, sich klarzumachen, daß weder der Kommunismus noch der Kapitalismus ein Endzustand in der Entwicklung menschlicher Gesellschaften sind. Beide sind Phasen einer Entwicklung, die mit hoher Wahrscheinlichkeit, wenn nicht der Krieg dazwischenkommt, über die gegenwärtigen Gesellschaftsformen, also über Kapitalismus und Kommunismus im heutigen Sinne der Worte, hinaus zu anderen Gesellschaftsformen führen wird. So, wie sie heute in Wirklichkeit vor uns stehen, sind beide, kommunistische und kapitalistische Gesellschaften, voll von offensichtlichen Mängeln, die der Reform bedürftig und fähig sind. Es lohnt sich ganz und gar nicht, um des Gegensatzes zwischen zwei Gesellschaftsformen willen, von denen jede ihre Vorzüge und ihre Nachteile hat, die aber beide im Verhältnis zu den Bedürfnissen der sie bildenden Menschen noch recht unvollkommene und vorübergehende Formen des Zusammenlebens sind, die Gefahr eines Krieges heraufzubeschwören, in dem die gesamte Zukunft der Menschheit auf dem Spiele steht.

Eine ganz andere Frage ist es, ob man beim Vergleich zwischen einer realen kommunistischen und einer realen kapitalistischen Gesellschaft, und in voller Kenntnis ihrer Mängel hier und jetzt, die eine dieser Gesellschaften der anderen vorzieht. Ich persönlich bin der Überzeugung, daß das westliche Gesellschaftssystem dem östlichen weit vorzuziehen ist. Meine Fähigkeiten, was immer sie sein mögen, hätten verkümmern müssen, wenn das Schicksal es gewollt hätte, daß ich im Osten Deutschlands, wo ich geboren wurde, hätte bleiben müssen. Aber die Frage, die sich alle Menschen, welchem Lager sie auch immer angehören, vorlegen sollten, ist die: Lohnt es sich, aufgrund der Parteinahme, besonders der emotionalen Parteinahme, für eines von zwei so unvollkommenen Gesellschaftssystemen einander die Köpfe einzuschlagen, genauer gesagt: durch ständige, bittere Angriffe auf die Gegenseite das Risiko eines Kernwaffenkrieges heraufzubeschwören? Erfordert nicht allein schon diese Gefahr, in der wir uns alle befinden, eine Politik der Toleranz?

Hier spreche ich also, ich wiederhole es noch einmal, von etwas, zu dem alle Menschen, die ein aktives Interesse an solchen Problemen haben, das Ihre beitragen können. Die Gefahr eines neuen Religionskrieges, eines Krieges zwischen Parteigängern gegensätzlicher sozialer Glaubensbekenntnisse, ist groß. Das Problem, das sich uns stellt, ist, wie man dem gegenseitigen Höherschrauben nicht nur der Rüstungen, sondern auch der Feindschaft der Menschengruppen, die sich da gegenüberstehen, Einhalt zu gebieten vermag; denn die Rüstungen schrauben sich ja nicht von selbst in die Höhe. Es ist die Angst, die Furcht, die offene oder unausgesprochene Feindseligkeit von Menschengruppen, die sie vorwärts treibt. Da also muß man einsetzen.

Wie wäre es, wenn man die leitenden Männer der beiden Staatengruppen dazu bringen könnte, durch die Praxis zu beweisen, daß die eine von ihnen als von Menschen für Menschen geschaffene Gesellschaftsform besser ist als die andere? Mag sein, daß das, was sich jetzt dazu sagen läßt, utopisch ist, eine Art von Gedankenexperiment. Wie wäre es, wenn die beiden gegnerischen Gruppen einen Pakt schlössen, auf die kriegerische Austragung ihrer Konflikte zu verzichten, und statt dessen in einen Wettbewerb miteinander einträten, welche der beiden Staatengruppen im Laufe der nächsten fünfzig Jahre am besten für die Wohlfahrt, die Freiheit, die Gleichheit der sie bildenden Menschen zu sorgen imstande sei? Ich halte es für sehr wahrscheinlich, daß sich in einer langen Friedenszeit, der wir ja möglicherweise wirklich entgegengehen, die heutigen Gesellschaftssysteme erheblich verändern werden. Es scheint mir zum Beispiel recht wahrscheinlich, daß sich in einem solchen Falle, bei wachsendem Wohlstand und wachsender Bildung der Bevölkerung, die Diktatur der kommunistischen Parteien sehr erheblich modifizieren würde, im Sinne größerer Reziprozität der Kontrolle von Regierenden und Regierten, und daß sich auch in den Vereinigten Staaten die durch die Eigenart des Wahlsystems noch relativ beschränkte Reziprozität der Kontrolle von Regierenden und Regierten in einer langen Friedenszeit, bei wachsendem Wohlstand und wachsender Bildung der Bevölkerung, mehr zugunsten der letzteren entwickeln würde.

Ich habe schon hervorgehoben, daß keine der beiden Gesellschaftsformen, deren Vertreter gegenwärtig um die Vormacht ringen, vollkommen ist. In beiden Fällen handelt es sich um Phasen in der Entwicklung der Menschheit, die möglicherweise weitergeht oder rückläufig wird. Persönlich mag man die westlichen Gesellschafts- und Regierungsformen denen des Sowjetblocks vorziehen. Aber es ist nicht unerläßlich, daß sich die Entscheidung für die Lebensformen der westlichen Welt mit einer Note der Feindseligkeit und Geringschätzung in bezug auf die Lebensformen des Ostblocks verbindet. Das Wohl und Wehe der Menschheit macht es erforderlich, auch im Falle einer solchen Entscheidung für größte Toleranz gegenüber der anderen Seite zu plädieren, für das Recht der kommunistisch regierten Länder, ihre eigenen Wege zu gehen, ohne sich bedroht zu fühlen – mit einer Einschränkung: diese Haltung kann auf der Seite der westlichen Länder nur Wurzel fassen, wenn sie auf Gegenseitigkeit beruht, wenn allmählich auch die Menschen des kommunistischen Blocks dafür arbeiten, die Bedrohung, ganz besonders auch durch die Revolutionspropaganda, der westlichen Länder abzubauen. Es gehört zu den Thesen der kommunistischen Ideologie, daß die Schwierigkeiten der Sowjetländer, und vor allem auch der Weiterbestand einer Parteidiktatur, wegen der Feindschaft der kapitalistischen Staaten und der Bedrohung der kommunistischen Staaten durch sie nicht verschwinden können. Aber dies ist ja eben das Gefährliche an jedem größeren Zyklus der Gewalttätigkeit, daß es sich stets um eine beiderseitige Feindseligkeit handelt und daß sich die feindseligen Gefühle und Handlungen beider Seiten gegenseitig hochschrauben. Die Gewalttätigkeit des zaristischen Regimes fand ihr Gegenstück in den Gewalttätigkeiten der russischen Revolution, diese ihr Gegenstück in den Gewalttätigkeiten gegenrevolutionärer Truppen zum Teil aus kapitalistischen Ländern.

Nun aber hat diese Verzahnung der gegenseitigen Feindseligkeiten, der gegenseitigen Drohung zweier Staatengruppen, einander mit Hilfe militärischer Gewalttätigkeiten auszulöschen, zu einer Zwangslage der Menschheit geführt. Es ist nicht die erste zwischenstaatliche Zwangslage dieser

Art, nicht die erste Eskalation der Feindseligkeiten im Hegemonialkampf, aber vielleicht die letzte. Ganz gewiß empfinden gegenwärtig viele Menschen die Gefährlichkeit dieser Eskalation. Die Bedrohung durch einen neuen Krieg ist in aller Munde. Besonders junge Menschen leiden unter der Aussicht, zeitlebens im Schatten des Kernwaffenkrieges existieren zu müssen. Ich mache mich nicht anheischig, einen Ausweg zu wissen. Alles, was man zunächst einmal tun kann, ist, den Doppelbinder der Großmächte, die Zange, in der sie sich gegenseitig festhalten, zu erklären. Was man tun kann, ist, Gedankenmittel bereitzustellen, die zeigen, wo der Schlüssel liegt, mit dessen Hilfe man allmählich, mit Zähigkeit und Geduld, den Griff der Zange lockern könnte.

Dieser Schlüssel liegt nicht in den Waffen – so nützlich und wünschenswert eine Verminderung der Waffen ist, sie beseitigt nicht die Gefahr. Er liegt, das versteht sich, in den Menschen selbst, die die Waffen gebrauchen. Aber wenn sich das auch von selbst versteht, es wird nicht immer klar und deutlich gesagt. Die Gefahr beruht einzig und allein auf der Haltung der Menschen zueinander. Wenn es möglich wäre, die Feindseligkeit und das Mißtrauen der beiden Staatengruppen und besonders ihrer Führungsschichten abzubauen, würde die Gefahr sich mindern.

Allerdings hätte das nur einen Sinn, wenn es gleichzeitig auf beiden Seiten geschähe, und das wäre sicherlich ein langsamer Vorgang. Er würde erhebliche Zeit brauchen. Man müßte im Westen sagen: »Laßt doch die Sowjets zeigen, was sie können. Sie behaupten immer, daß ihre Gesellschaftsordnung besser ist. Läßt sich das aufrechterhalten, wenn die Bedrohung des Krieges verschwindet?« Und in den östlichen Ländern müßte man sagen: »Laßt die kapitalistischen Länder zeigen, was sie können. Auch sie behaupten immer, daß ihre Gesellschaftsordnung besser als die kommunistische ist. Wird sich das auch bei einer langen Friedenszeit und bei gewaltlosem Wettbewerb der verschiedenen Staatensysteme aufrechterhalten lassen?« Das ist es, was ich unter ideologischer Abrüstung verstehe. Sie verlangt in der Tat einen weiteren Zivilisationsschub, eine größere Mäßigung und Toleranz der verschiedenen Staatengruppen im Verkehr miteinander.

Ich sage nicht, daß diese Verhaltensänderung, und besonders die gleichzeitige Änderung des Verhaltens auf beiden Seiten der Mauer, realisierbar ist. Ich stelle nur eine Diagnose. Ich sage nur, daß die Gefahr eines Kernwaffenkrieges nicht unausweichlich ist, daß die kommenden Generationen nicht bedingungslos dazu verurteilt sind, in ständiger Gefahr eines verheerenden Krieges zu leben. Gewiß ist es schwierig für die Führungsschichten der Großmächte, die Herren und Meister großer Waffenarsenale sind, die Krallen einzuziehen. Ich sehe keinen anderen Weg. Die Frage ist eigentlich nur, ob eine solche Veränderung des Verhaltens, eine Zähmung der Staaten im Verkehr miteinander ohne die erschütternde Erfahrung eines Krieges erreichbar ist.

24

Man kann die Probleme, von denen ich hier gesprochen habe, nur recht unscharf sehen, wenn man sie in einer ganz kurzfristigen, ganz auf die Gegenwart beschränkten Perspektive betrachtet. Ich habe versucht, etwas von dem zu zeigen, was an diesen Problemen sichtbar wird, wenn man sie in einen langfristigen Zusammenhang eingliedert. Lassen Sie mich zum Schluß noch einmal auf die Probleme der Bundesrepublik zurückkommen. Auch sie, hoffe ich, sieht man besser, wenn man über die Tagesfragen hinausblickt und, wie ausgeführt, mit einer gewissen Mäßigung an sie herantritt. Und vielleicht erkennt man dann auch besser, daß gerade in der Bundesrepublik viel getan werden kann, um der Wildheit, um dem Hegemonialrausch, der sich oft auf der einen oder der anderen Seite bemerkbar macht, entgegenzuwirken.

Die heutige Lage der Bundesrepublik erinnert mich manchmal an eine Geschichte, die ich vor langer Zeit einmal hörte und die mir nur in Umrissen im Gedächtnis geblieben ist. Die Geschichte handelt von einer Gruppe von Menschen, die in einem großen Palast zu Hause waren. In einem Krieg wurde der Palast niedergebrannt. Die Gruppe der ehemaligen Bewohner mußte von nun an in Zelten leben. Sie richteten sich in ihrer Zeltstadt recht und schlecht ein und waren es zunächst zufrieden, denn die Ältesten sagten ihnen, die Zelte seien ja nur eine provisorische Behausung; man müsse darauf warten, daß man die Gelegenheit finde, den durch den Krieg zerstörten Palast wieder aufzubauen. So lebte man in den Zelten. Die Jüngeren wurden älter. Eine neue Generation wuchs heran und fragte die Ältesten: »Warum müssen wir in Zelten leben? Wir können uns doch statt ihrer hier ein neues Haus bauen.« »Nein«, sagten die Ältesten, »wenn wir uns hier ein neues, bescheidenes Haus bauen, dann geht uns die Chance verloren, den schönen, alten Palast wieder aufzubauen.« Und so lebte man in der Zeltstadt von einer Generation zur anderen. Man feierte den 40. Jahrestag der Errichtung der Zeltstadt, dann den 50., den 60., den 75. Immer wieder fragten die Jüngeren: »Warum können wir nicht anstelle der Zeltstadt ein neues, festes Haus bauen?« Und die Alten sagten immer wieder: »Nein. Wenn wir hier etwas Neues aufbauen, geht uns das Recht verloren, aus den abgebrannten Ruinen den alten Palast wiederherzustellen.« Und so warteten sie eine Generation nach der anderen immer von neuem auf den Tag, an dem sie den alten, herrlichen Palast wiederherstellen könnten.

Ich habe manchmal das Gefühl, es wäre gut für die Zukunft der Bundesrepublik, wenn man sich dessen bewußt würde, daß man sich de facto langsam zu einem Nationalstaat mit seinen eigenen Traditionen, mit seiner eigenen Identität entwickelt hat. Dann könnte man sich an eine ganze Reihe von Aufgaben machen, die schwer zu bewältigen sind, solange man in der Bundesrepublik nur wie in einem provisorischen Zeltlager lebt. Es gibt so viel zu tun.

Gegenwärtig beruht das Eigenbewußtsein der Bundesrepublik, wie es scheint, vor allem auf dem Erstarken der Wirtschaft. Es könnte auch an der Tatsache Genugtuung finden, daß es in der Bundesrepublik Deutschen zum ersten Mal gelungen ist, auf lange Sicht hin ein funktionierendes Vielparteiensystem zu schaffen. Das ist kein ideales System. Aber vielleicht sieht man es mit anderen Augen als die meisten von Ihnen, wenn man so lange gelebt hat wie ich. Ich weiß noch genau, mit welchem Abscheu einst meine deutschnationalen Bekannten von dem parlamentarischen Regime der Weimarer Republik sprachen, mit welchem Haß gegen diese Schwatzbude. »Wir können«, so sagten sie, »keinen Parlamentarismus in Deutschland haben. Das ist undeutsch, das ist etwas vom Westen Aufgezwungenes, das nicht in der deutschen Tradition steht.« Ich erinnere mich noch sehr genau daran. Es stand wirklich nicht in der deutschen Tradition. Und nun ist es eines der großen, neuen Verdienste dieses neuen Staates, der deutschen Bundesrepublik, daß sie eine wirklich funktionierende parlamentarische Regierung hat; nun ist es also nach einem Kriege, nach der bitteren Erfahrung eines solchen Krieges gelungen, mit bestimmten Gewohnheiten zu brechen. Wenn man nun endlich aufhörte, diese Bundesrepublik nur als etwas Provisorisches zu betrachten, wenn man sie sehen könnte als das, was sie wirklich ist: als einen neuen deutschen Staat, der, wie man hoffen kann, noch viele Jahrzehnte in Frieden und Wohlstand leben wird, dann könnte man sich bewußter daranmachen, eine Tradition der Menschlichkeit in der Bundesrepublik aufzubauen, für die es ebenfalls heute schon Ansätze gibt. Denn die zivilisatorische Änderung der Haltungen, von der ich zuvor sprach, ist vielleicht wirklich bereits im Gange.

Dann wäre es auch leichter, das zu erreichen, was man zuweilen die Bewältigung der Vergangenheit nennt. Ich habe es schon gesagt: Hitler und die Erinnerung an all das Schreckliche, was dieser Name bedeutet, werden aus der deutschen Geschichte nicht verschwinden. Es ist schwer, besonders für junge Menschen, mit diesem Problem zu Rande zu kommen, solange sich die Bundesrepublik nur als ein Provisorium auffaßt und nicht als einen eigenen deutschen Staat mit seiner Kultur und seinen Traditionen. Es ist ganz merkwürdig, daß man sich vorstellt, man gebe damit die Möglichkeit eines Zusammentreffens mit dem anderen deutschen Staat preis. Wenn sich die Gelegenheit dazu ergibt, wenn beide Seiten es wollen und können, dann steht einer solchen Annäherung ganz gewiß nicht im Wege, daß auch die Bundesrepublik das tut, was die DDR längst getan hat: nämlich sich selbst als deutschen Staat mit seiner eigenen Kultur, seiner eigenen Tradition und zugleich auch mit der gemeinsamen, alten deutschen Tradition zu begreifen. Dann würde man vielleicht auch besser verstehen, welche Bedeutung in einem solchen Staate der Herausbildung einer eigenständigen Kultur, der Pflege der individuellen Kreativität und, wie gesagt, der Menschlichkeit zukommt, also unter anderem auch der Ausbildung freundlicher und hilfreicher Haltungen gegenüber andersartigen Menschengruppen im eigenen Lande und in anderen Ländern.

Denn wenn sich auch die europäischen Länder, unter ihnen das westdeutsche Land, weder als einzelne noch insgesamt an militärischer Macht mit den beiden gegenwärtigen Großmächten messen können, so gibt es doch keinen Grund, warum die Angehörigen kleinerer Länder nicht Großes leisten sollten. Die noch heute weitverbreitete Vorstellung, daß die jeweils militärisch mächtigsten Staaten auch in nichtmilitärischer Hinsicht, und besonders in ihrer Menschlichkeit oder in ihrer künstlerischen, wissenschaftlichen und technischen Schöpferkraft, an der Spitze der Menschheit stehen müssen, ist eine bedrückende Legende. Die Legende selbst und die Last der Zweitrangigkeit, die sie allzu leicht den Angehörigen weniger mächtiger Staaten aufbürdet, können erheblich dazu beitragen, deren Leistungskraft zu lähmen oder gar zu zerstören.

Diese Gefahr ist besonders groß im Falle der vielen europäischen Staaten, die einst Hegemonial- und Militärstaaten ersten Ranges waren. Nicht nur die Bundesrepublik, fast alle westeuropäischen Staaten leben heute im Schatten der größeren Vergangenheit. Auch sie müssen sich ein neues Haus bauen. Als Erben vergangener Größe haben sie alle eine Vergangenheit zu bewältigen, die sie mit dem Gefühl bedrängt, als Nation in der Welt abgestiegen zu sein. Die Vergangenheit, die sie zu bewältigen haben, ist in einzelnen Fällen recht verschieden. Sie stellt die gegenwärtig Lebenden im Falle der Italiener und der Niederländer vor eine andere Aufgabe als im Falle der Spanier oder der Schweden. Die Nachfahren der langjährigen Vormächte Europas, Franzosen und Engländer, stehen in vieler Hinsicht vor einer ganz anderen, wenn auch kaum weniger schwierigen Aufgabe bei der Bewältigung ihrer Vergangenheit als die Bundesdeutschen. Aber wenn man Europa aus einiger Distanz betrachtet, dann wird die Gemeinsamkeit des Geschicks der Europäer deutlich genug. Dann sieht man, daß der Zweite Weltkrieg eine einschneidendere Veränderung in der Lage der europäischen Nationen mit sich brachte als die vorangehenden Kriege. Nicht nur ein einzelnes europäisches Land, die Gesamtheit der europäischen Länder hat ihre Position als führende Gruppe der Menschheit, die sie für drei oder vier Jahrhunderte eingenommen hatte, zum guten Teil verloren.

Das ist, wie erwähnt, eine nicht ungefährliche Situation. Ich könnte an Staaten erinnern, die selbst im Laufe von mehreren Jahrhunderten einen solchen Verlust nicht ganz verwunden haben und dadurch in ihrer gegenwärtigen Leistungsfähigkeit, wie mir scheint, schwer beeinträchtigt wurden. Aber der Hinweis auf das Problem muß in diesem Zusammenhang genügen. Man weist damit auf einen der gemeinsamen Züge des europäischen Schicksals hin.

Ich habe das Gefühl, daß in dieser Hinsicht die Bundesrepublik auf gutem Wege ist. Man braucht die Vergangenheit nicht zu vergessen und auch die Aufgabe ihrer Bewältigung nicht, wenn man die Augen mit aller Entschiedenheit auf die Zukunft richtet. Wenn das geschieht, dann wird deutlicher, welche Bedeutung es hat, daß in der Bundesrepublik mit der Zeit das Bewußtsein sich stärkt: Hier ist ein neuer deutscher Staat entstanden, ein menschlicher Staat, dessen Angehörige in der Lage sind, ein Gefühl der Zusammengehörigkeit mit dem der Zugehörigkeit zur Gruppe der europäischen Staaten zu verbinden. Wenn dieses Bewußtsein erstarkt und mit ihm das Gefühl der eigenen Leistungsfähigkeit nicht nur auf wirtschaftlichem Gebiet, sondern auch in allen anderen Sektoren des menschlichen Zusammenlebens, dann, so scheint mir, wird es auch leichter möglich, daß die jungen Generationen der Bundesrepublik, wenn sie im Ausland auf Hitler angesprochen werden, mit einer gewissen Gelassenheit sagen können: »Hitler? Ja gewiß, das war einmal. Aber heute sind wir anders.«

Editorischer Bericht

Band 6 der Gesammelten Schriften von Norbert Elias umfaßt den Essay »Über die Einsamkeit der Sterbenden in unseren Tagen« sowie die Schrift »Humana conditio«. Beide Texte wurden durch dazugehörige Veröffentlichungen ergänzt.

Über die Einsamkeit der Sterbenden in unseren Tagen
Der Essay »Über die Einsamkeit der Sterbenden in unseren Tagen« wurde erstmalig 1979 in der Zeitschrift ***werkundzeit*** (Heft 3, S. 4-16) abgedruckt. Dieser Text ist fast identisch mit dem 1982 in der Bibliothek Suhrkamp (Band 772) erschienenen Text »Über die Einsamkeit der Sterbenden in unseren Tagen«. In der Suhrkamp-Edition wurden Komma- und Druckfehler korrigiert, geringfügige sprachliche und stilistische Veränderungen vorgenommen sowie die Absätze z.T. anders organisiert. Zudem wurden Abschnitt 7 und 8 zusammengefaßt; das Buch enthält dementsprechend nicht mehr 17, sondern nur noch 16 Abschnitte. Außerdem wurde Abschnitt 4 im Suhrkamp-Text durch einige wenige Absätze ergänzt (»Sicher ist, daß man im Mittelalter unverhohlener ... Es hängt alles von den Menschen ab.«).

Druckvorlage für den hier veröffentlichten Text ist der 1982 in der Bibliothek Suhrkamp erschienene Band »Über die Einsamkeit der Sterbenden in unseren Tagen«. Druckfehler und Zitatnachweise wurden stillschweigend ergänzt bzw. korrigiert. Die Veränderungen der jüngsten Ausgabe des Textes, der englischen Übersetzung von 1985,[1] wurden in einem Variantenverzeichnis als Anhang gesondert aufgenommen. Dort sind auch die wenigen editorischen Eingriffe verzeichnet.

Ergänzt wird dieser Text durch das 1985 in der englischen Ausgabe von »Über die Einsamkeit der Sterbenden« erst-

1 Norbert Elias: *The Loneliness of the Dying*. Translated by Edmund Jephcott. Oxford: Basil Blackwell 1985.

mals abgedruckte Nachwort »Altern und Sterben. Einige soziologische Probleme«.[2] Dieses Nachwort basiert auf einem Vortrag, den Elias im Oktober 1983 auf der Tagung eines Ärzteverbandes in Bad Salzuflen gehalten hat.[3] Die überarbeitete Fassung des Vortrags, die auch als Vorlage für die Übersetzung gedient haben muß, liegt als Manuskript auf deutsch vor. Die abgedruckte Fassung beruht auf diesem deutschen Manuskript, das um die im englischen Text eingearbeiteten Veränderungen ergänzt wurde.

Das Stichwortverzeichnis der englischen Ausgabe wurde übernommen, jedoch erweitert und in ein Gesamtregister für Band 6 überführt.

Die Zitatnachweise wurden anhand folgender Ausgaben überprüft:[4]

Ariès, Philippe: *Studien zur Geschichte des Todes im Abendland*. München/Wien: Carl Hanser 1976

Friedrich der Große und Wilhelmine von Baireuth. Bd. II: Briefe der Königszeit. 1740-1758, herausgegeben und eingeleitet von Gustav Berthold Volz. Berlin und Leipzig: K. F. Koehler 1926, S. 448

Glaser, Barney G./Anselm L. Strauss: *Time for dying*. Chicago: Aldine 1968

Hofmann von Hofmannswaldau, Christian: *Gedichte*. Auswahl und Nachwort von Manfred Windfuhr. Stuttgart: Philipp Reclam jun. 1964, S. 95

Marvell, Andrew: »To His Coy Mistress«, in: *The Poems and Letters of Andrew Marvell*, ed. by H. M. Margoliouth. Vol. I: Poems. Oxford: Clarendon Press 1971 (3. Aufl.), S. 27f.

2 Norbert Elias, »Aging and Dying: Some Sociological Problems«, in: ders., *The Loneliness of the Dying*, a. a. O., S. 68-91.

3 Vgl. den Textnachweis, der dem Text »The Loneliness of the Dying« vorangestellt wurde.

4 Mein besonderer Dank gilt Paul Martini für seine engagierte Materialbeschaffung in süddeutschen Bibliotheken.

Opitz, Martin: »Oden oder Gesänge XVIII«, in: *Weltliche Poemata*. Zum Viertenmal vermehret und übersehen. Frankfurt am Mayn: Thomas Matthias Götzen 1644, S. 351

Religion: Bilder und Wörter. Ein Unterrichtswerk für das Fach Religion. Bd. 2 für Klasse 3 und 4 der Primarstufe, hg. von Hans-Dieter Bastian, Hana Rauschenberger, Dieter Stoodt und Klaus Wegenast. Stuttgart: J.B. Metzlersche Verlagsbuchhandlung 1979

Roper, William: *The Lyfe of Sir Thomas Moore, knighte*. Hg. von Elsie Vaughan Hitchcock. London: Oxford University Press 1935 (Early English Text Society): S. 44 (deutsch: Roper, William: *Das Leben des Thomas Morus*. Heidelberg: Lambert Schneider 1986, S. 43)

Tolstoi, Leo: »Der Herr und sein Knecht«, in: ders.: *Herr und Knecht*. Jena: Eugen Diederichs 1906 (Leo Tolstoi, *Sämtliche Werke*. Von dem Verfasser genehmigte Ausgabe von Raphael Löwenfeld [III. Serie: Dichterische Schriften, Bd. 7]), S. 214-306

Humana conditio

Druckvorlage für den Text »Humana conditio. Beobachtungen zur Entwicklung der Menschheit am 40. Jahrestag eines Kriegsendes (8. Mai 1985)« ist die 1985 erschienene gleichnamige Veröffentlichung in der »edition suhrkamp« (Neue Folge Band 384).

Das Buch »entstand bei der Arbeit an einem Vortrag über das gleiche Thema«,[5] den Elias am 8. Mai 1985 an der Universität Bielefeld hielt. Dieser Vortrag wurde als Tonbandnachschrift in den Bielefelder Universitätsgesprächen, Nr. 2, hg. von der Universität Bielefeld 1986, unter dem Titel »Conditio humana: Beobachtungen über die Entwicklung der Menschheit« (S. 4-10) abgedruckt.

Der Vortrag kann als »Kern« des Buches betrachtet wer-

5 Norbert Elias, *Humana conditio*, Frankfurt/M.: Suhrkamp 1985, Fn. S. 7.

den: Er liefert die Grundideen zum Buch, wurde allerdings von Elias beträchtlich erweitert, umfassend umgearbeitet und durch neue Teile ergänzt. Hier sind insbesondere die Abschnitte 2 und 3 zum Verhältnis zwischen der Kontrolle der Natur und der Kontrolle über zwischenmenschliche Beziehungen sowie zur Bedeutung von Mythen und die Abschnitte 8 und 9 zur nationalen Identität und der Vergangenheitsbewältigung der Deutschen zu nennen.

Aufgrund der engen inhaltlichen Verbindung und des Entstehungszusammenhangs wurde der in den Bielefelder Universitätsgesprächen abgedruckte Vortrag in diese Ausgabe übernommen und dem Text »Humana conditio« vorangestellt. Auf Glättungen des mündlichen Vortrags wurde verzichtet, Druckfehler wurden jedoch stillschweigend korrigiert. Letzteres gilt auch für die Druckvorlage von »Humana conditio«.

Das Personen- und Sachregister wurde für diese Ausgabe neu erstellt.

Heike Hammer

10 Sie zeugt von einer noch allzu begrenzten Identifizierung der Menschen miteinander.] Sie zeugt von den Schwierigkeiten, die viele Menschen damit haben, sich mit den Alternden und Sterbenden zu identifizieren.
(Norbert Elias, *The Loneliness of the Dying*, Oxford: Basil Blackwell, 1985, p. 2: It bears witness to the difficulties that many people have of identifying with the ageing and dying.)

11 zu schützen. Das] zu schützen. [Absatz] Das (p. 4)

11 von Menschen, ihr Zusammenleben in Gruppen, ein Janushaupt:] von Menschen ein Janushaupt. (p. 4)

12 Nirgends …, es ist erlernt.] In ihrem Falle aber beruht die Anpassung an das Gruppenleben weitestgehend auf genetisch festgelegten Verhaltensformen oder höchstens auf geringen erlernten Abwandlungen angeborenen Verhaltens. Im Falle der Menschen hat sich die Balance zwischen angeborener und erlernter Anpassung an das Gruppenleben umgekehrt. Angeborene Anlagen für ein Leben mit anderen müssen durch Lernen aktiviert werden – so zum Beispiel die Anlage, zu sprechen, durch das Erlernen einer Sprache. Menschen können nicht nur, sondern müssen lernen, ihr Verhalten zueinander mit gruppenspezifischen Regeln und Zwängen zu regulieren. Ohne Lernen sind sie nicht in der Lage, als Individuen und Gruppenmitglieder zu funktionieren. Nirgendwo hat diese Abstimmung auf das Leben in Gruppen einen so tiefgreifenden Einfluß auf die Gestalt und die Entwicklung des Einzelnen wie in der Gattung der Menschen. Nicht nur die Kommunikationsmittel oder Muster der Zwänge, sondern auch das Erleben des Todes können von Gesellschaft zu Gesellschaft unterschiedlich sein. Es ist variabel und gruppenspezifisch; ganz gleich wie natürlich und unveränderlich es den Mitgliedern jeder einzelnen Gesellschaft erscheint, es ist erlernt.
(p. 4-5: But in their case, the adjustment to group-life is based largely on genetically predetermined forms of conduct or, at the most, on small learned variations of innate behaviour. In the case of human beings the balance between unlearned and learned adjustment to group-life has been reversed. Innate dispositions to a life with others require activation through learning – the disposition to speak, for instance, through learning a language. Human beings not only can, but must, learn to regulate conduct with each other in terms of group-specific con-

straints or rules. Without learning they are not able to function as individuals and group-members. Nowhere has this attunement to life in groups had such a profound influence on the form and the development of the individual as in the human species. Not only means of communication or patterns of constraint, but the experience of death, too, can differ from society to society. It is variable and group-specific; no matter how natural and immutable it seems to the members of each particular society, it has been learned.)

15 übersteigt. Gewiß] übersteigt. [Absatz] Gewiß (p. 7)

15 wie sehr die Sicherheit gegen den Einbruch unvorhersehbarer physischer Gefahren, der Schutz gegenüber der unkalkulierbaren Bedrohung der eigenen Existenz gewachsen sind.] wie sehr die Sicherheit vor unvorhersehbaren physischen Gefahren und der unkalkulierbaren Bedrohung der eigenen Existenz gewachsen sind.
(p. 8: how much our security against unforeseeable physical dangers and incalculable threats to our existence has increased.)

19 Gedanke] Erinnerungsbild (p. 12: memory-image)

22 Auf einem italienischen Friedhof – ist es Genua oder Pisa? – zeigt ein solches Bild aus dem späten Mittelalter höchst anschaulich die Schrecken] Ein Beispiel dafür findet sich auf einem berühmten spätmittelalterlichen Friedhof in Pisa. Dort zeigt ein Bild höchst anschaulich die Schrecken,
(p. 28: An example can still be found in a famous cemetery from the late Middle Ages at Pisa. There a picture vividly depicts the terrors)

22-3 sein. Alles in allem war in dieser mittelalterlichen Gesellschaft das Leben kürzer, die Unkontrollierbarkeit der Gefahren größer, das Sterben oft schmerzhafter, die Schuldangst vor der Strafe nach dem Tode unverdeckter, aber die Mitbeteiligung anderer am Sterben des Einzelnen war weitaus eher die Regel. Heute weiß man die Qualen des Sterbens in manchen Fällen zu lindern; Schuldängste werden in höherem Maße verdrängt. Aber] verdrängt. [Absatz] Alles in allem war in dieser mittelalterlichen Gesellschaft das Leben kürzer, die Unkontrollierbarkeit der Gefahren größer, das Sterben oft schmerzhafter, die Schuldangst vor der Strafe nach dem Tode offizielle Doktrin. Aber so oder so war die Mitbeteiligung anderer am Sterben des Einzelnen größer. Heute weiß man die Qualen des Sterbens in manchen Fällen zu lindern; Schuldängste werden in höherem Maße verdrängt, vielleicht sogar bewältigt. Religiösen Körper-

schaften gelingt es weniger, ihre Herrschaft durch die Höllenangst zu stützen. Aber
(p. 16: Easy. [Absatz]All in all, life in this medieval society was shorter, the dangers less controllable, dying often more painful, the sense of guilt and the fear of punishment after death an official doctrine; but for better or for worse, the participation of others in an individual's death was far more normal. Today we know how to alleviate the pains of death in some cases; guilt-anxieties are more fully repressed, perhaps even mastered. Religious bodies are less able to butress their rule by the fear of hell. But)

23 so ein relativ hohes Maß an Kontrolle über sie zu gewinnen.] und bis zu einem gewissen Grade zu kontrollieren. (p. 17: and to some extent controlling)

23 ist in hohem Maße mitverantwortlich für] ist teilweise verantwortlich für (p. 30: is partly responsible for)

24 Wachstumshemmungen, ihren apokalyptischen Reitern: Pest] Wachstumshemmungen: Pest (p. 17)

28 Auf der Palette zeitgenössischer Empfindungen – und Gedichte – gibt] Auf der Palette zeitgenössischer Empfindungen gibt (p. 21)

30 Zärtlichkeit. In allen] Zärtlichkeit. [Absatz] In allen (p. 24)

30 im Oktober] im späten Oktober (Norbert Elias, *Über die Einsamkeit der Sterbenden*, Frankfurt am Main: Suhrkamp, 1982, S. 41)

31 vom 20. Oktober] vom 12. Oktober (1982, S. 41)

32 hört. Damit] hört. [Absatz] Damit (p. 26)

33 schwieriger und seltener] schwierig und selten (p. 27)

33 fällt also, wie gesagt, auf] fällt also auf (p. 27)

33 Dieser Aufgabe sind Menschen derzeit gerade im Zusammenhang mit einer Eigentümlichkeit der gegenwärtigen Zivilisationsstufe oft nicht recht gewachsen.] Dieser Aufgabe sind Menschen der gegenwärtigen Zivilisationsstufe jedoch oft nicht recht gewachsen.
(p. 27: This task, however, is often beyond people at the current stage of civilization.)

33 Emotionen bei den so miteinander verbundenen Menschen. Oft] Emotionen. Oft (p. 27)

37 Jedenfalls rückt man die Erinnerung an den Tod und an alles, was damit zusammenhängt, so weit wie möglich aus dem Gesichtskreis.] Jedenfalls unternimmt man das Menschenmögliche, um potentielle Kunden davor zu schützen, daß sie an den Tod und an alles, was mit ihm zusammenhängt, erinnert werden.

(p. 31: At any rate, potential clients are sheltered from the recollection of death and anything pertaining to it as far as is humanly possible.)

38 dient] dienen (p. 32)

39 voneinander. Das] voneinander, der Abhängigkeit der zukünftigen von den vergangenen und der Abhängigkeit der vergangenen von den zukünftigen Menschen. Das
(p. 33: human mutual dependences, those of future on past, of past on future, human beings.)

40 Lebenslaufs, auch des eigenen, zu erkennen.] Lebenslaufs zu erkennen. (p. 35)

40 Stunde] Stufe (p. 35: stage)

40 Lügen] Träume (p. 35: dreams)

45 blickt vom] blickt jetzt vom Himmel (1982, S. 63)

46 Die funktionslose, allenfalls nur machtpolitisch begründete Verheimlichung und Verdeckung des geschlechtlichen Tuns und Lassens der Erwachsenen ist in Maßen einer offeneren und nüchterneren Verhaltens- und Sprechweise gewichen.] Die Verheimlichung und Verdeckung der geschlechtlichen Praktiken und die vielen Verbote, mit denen sie umgeben sind, haben staatlichen bzw. kirchlichen Institutionen als Herrschaftsinstrumente gedient. Sie sind in einem zu viktorianischen Zeiten nicht vorstellbaren Maße einer offeneren und pragmatischeren Verhaltens- und Sprechweise gewichen.
(p. 41: The secrecy about sexual practices and many prohibitions surrounding them which served state or clerical institutions as instruments of rule have given way, to a degree unimaginable in Victorian times, to a more open and pragmatic way of behaving and speaking.)

47 verbarg, für diese Außenseiter beinahe undurchdringlich.] verbarg, beinahe undurchdringlich. (p. 42)

48-9 wenn auch gewiß Todesgefahr und Triebgefahr in der Verarbeitung durch die erlebende Person des einzelnen Menschen jeweils ganz unabtrennbar sind.] wenn auch im Erleben der Menschen Todesgefahr und Triebgefahr eng miteinander verbunden sein können.
(p. 43: even though in people's experience dangers from death and from instincts may be intimately connected.)

49 Vergewaltiger oder Frustrierte mögen eine Bedrohung für andere wie für sich selbst darstellen – das Leben geht weiter.] Vergewaltiger oder sexuell Frustrierte mögen eine Bedrohung für andere wie für sich selbst darstellen, aber in der Regel sterben sie nicht daran – das Leben geht weiter.

(p. 44: Rapists or sexually frustrated people may pose a threat to others and themselves, but as a rule they do not die from it – life goes on.)

50 Da ist erstens die bereits erwähnte Länge] Zu diesen Eigentümlichkeiten gehört, erstens, die bereits erwähnte Länge (p. 45: These special features include)

51 Da ist zweitens die Vorstellung von dem Tode als] Die zweite Eigentümlichkeit gegenwärtiger Gesellschaften, die hier von Bedeutung ist, ist das Erleben des Todes als
(p. 46: The second special feature of contemporary societies that is relevant here is the experience of death as)

51-2 Der Gedanke an die Unerbittlichkeit der Naturabläufe wird durch den ihrer Kontrollierbarkeit gemildert.] Das Wissen um die Unerbittlichkeit der Naturabläufe wird durch das Wissen um ihre, wenn auch begrenzte, Kontrollierbarkeit gemildert.
(p. 47: The knowledge of the implacability of natural processes is alleviated by the knowledge that, within limits, they are controllable.)

53 die Behandlung von Gewalttätigkeiten] die Behandlung eines gewaltsamen Todes
(p. 48: the treatment of death by violence)

55 und die gewöhnlich bereits in den kollektiven Handlungsprogrammen offen oder verschleiert als gewalttätige Konflikte auf Tod und Leben angelegt sind.] die gewöhnlich bereits in Friedenszeiten als gewalttätige Konflikte auf Tod und Leben angelegt sind.
(p. 50: and which are usually planned, even in peacetime, as violent life-and-death struggles.)

55 In den Kriegen] In den zwei Weltkriegen (p. 51: In the two world wars)

57 müsse. Wenn] müsse. Ihre Suche nach Sinn ist die Suche nach dem Sinn eines vereinzelten Menschen. Wenn
(p. 53: Their quest for meaning is a quest for the meaning of an individual person in isolation.)

58 gemeinsamen Sinn. Jeder einzelne Mensch mag ihn – in Maßen – individuell abwandeln; aber wenn er in dieser Abwandlung zu weit geht, verliert sich – in Gegenwart oder Zukunft – die Kommunizierbarkeit seiner Zeichen und damit ihr Sinn. [Absatz] Auch der Versuch] gemeinsamen Sinn. [Absatz] Menschengruppen, die eine gemeinsame Sprache sprechen, können als Grundmodell, als Ausgangspunkt für jede Diskussion über Probleme des Sinns dienen. Die Kommunikation mittels Sprachen zeichnet Menschen ebenso aus wie

ihr Verlangen nach Sinn. Kein anderes Lebewesen kann so kommunizieren; kein anderes verknüpft erlernte und gruppenspezifische Bedeutungen mit ebenso erlernten und gruppenspezifischen sinnlichen Mustern, die als hauptsächliches Kommunikationsmittel dienen. In allen anderen Fällen wird die Kommunikation durch angeborene und artspezifische Signale beherrscht. Gewiß können bei den Menschen Lautmuster, die eine Person produziert, einen Sinn für andere haben. Aber sie haben diesen Sinn nur, wenn – und weil – der Sender und der Empfänger gelernt haben, mit spezifischen Lautmustern die gleichen Erinnerungsbilder zu verbinden, oder, mit anderen Worten, die gleiche Bedeutung. In dieser seiner elementarsten Form zeigt sich der soziale Charakter des Sinnes sehr deutlich.

Produziert eine englisch sprechende Person das Lautmuster »What time is it?«, so kann sie erwarten, daß eine andere englisch sprechende Person mit dem Lautmuster das gleiche Bild verbindet wie der Sprecher und mit einem entsprechenden, ein bestimmtes Bild vermittelnden Lautmuster wie »Precisely four-fifteen« antwortet. Wird dieses Lautmuster »What is the time?« in den Straßen von Paris erzeugt, so mag es darauf keine Antwort geben oder nur einen verständnislosen Blick. In einer anderen sozialen Umgebung wären die Laute sinnlos. Jeder Mensch wird von frühester Kindheit an dadurch an andere gebunden, daß er einen gruppenspezifischen Code von Symbolen als Mittel zum Empfangen und Senden von Botschaften, mit anderen Worten eine Sprache, lernt. Jede Person mag diese, in Maßen, abwandeln; wenn er oder sie damit aber zu weit geht, verwirkt er oder sie – in Gegenwart oder Zukunft – die Kommunizierbarkeit der Zeichen und somit ihren Sinn. Die Gemeinsamkeit zwischen dem Sinn, den die Wörter einer Person haben, und dem Sinn, den das Leben dieser Person hat, besteht darin, daß in beiden Fällen der Sinn, den die betreffende Person selbst damit verbindet, nicht von dem Sinn getrennt werden kann, den andere Menschen jeweils damit verbinden. Der Versuch,

(p. 54-5: communal meaning. [Absatz] Human groups that speak a common language can serve as a basic model, a point of departure for any discussion about problems of meaning. Communication by means of languages is a uniquely human characteristic, unique like a request for meaning. No other living thing can communicate in this manner; no others attach learned and group-specific meanings to equally learned and group-specific sensory patterns, used as the dominant means of communication. In all other cases unlearned and species-specific signals dominate communication. To be sure, among humans sound patterns produced by one person can have a ›meaning‹ for others. But they have a meaning only if – and because – the sender and the receiver have learned to associate with sets of specific sound patterns the same memory images, or in other words the same meaning. In this, the most elementary, form of ›meaning‹ its social character shows itself very clearly. Thus an English-speaking person can expect that, by producing the sound pattern. ›What time is it‹, another English-speaking person will associate with this sensory pattern the same memory image as the speaker does and will respond with an appropriate image-carrying sound pattern such as ›Precisely four-fifteen‹. Produced in the streets of Paris the sound pattern ›What is the time?‹ may elicit no response or a blank stare. The sounds would be meaningless in a different social setting. Every human being becomes bonded to others from early childhood on by learning to use, as a means of sending and receiving messages, a group-specific code of symbols, or in other words a language. Each person may – within limits – vary individually; but if he or she goes too far in this he/she forfeits – in the present or the future – the communicability of the science (sic) and so their meaning.[Absatz] The meaning of a person's words and the meaning of a person's life have in common that the meaning associated with them by that person cannot be separated from that associated with them by other persons.)

59 Die klassische Philosophie hat diese Art der sozialen und individuellen Verdrängung dessen, was in der Praxis jedermann weiß, gleichsam legitimiert.] Eine mächtige philosophische Tradition hat diese illusorische Dichotomie gleichsam legitimiert und Diskussionen über Sinn grundlegend beeinflußt. ›Sinn‹ wird vielfach als ein Botschafter aus der ›Innenwelt‹ eines abgeschlossenen Individuums betrachtet.
(p. 56: A powerful philosophical tradition has, as it were, legitimized this illusory dichotomy. Discussions about meaning have been profoundly affected by it. ›Meaning‹ is widely treated as a messenger from an immured individual's ›inner world‹.)

60 die mit] die alle mit (p. 58: all of which)

65 hatte diese Gruppierung] hatte dieses soziale Gefüge, diese Gruppierung von Menschen (p. 63: this social setting, this human grouping)

67 wie fundamental die Bedeutung der Menschen für Menschen ist.] wie fundamental und unvergleichlich die Bedeutung der Menschen für Menschen ist.
(p. 66: how fundamental and how incomparable is the meaning of people for people.)

68 stirbt. Schrecklich sind oft die kollektiven und individuellen Phantasien, die den Tod umgeben. Sie zu entgiften,] stirbt. Es ist kein Heilmittel bekannt. Wir sind Teil voneinander. Die kollektiven und individuellen Phantasien, die den Tod umgeben, sind oft schrecklich. Deshalb leben viele Menschen, vor allem wenn sie älter werden, insgeheim oder ganz offen in großer Angst vor dem Tode. Die Phantasien und die Todesangst, die sie erzeugen, können genau soviel Leiden verursachen wie die physischen Schmerzen eines verfallenden Körpers. Diese Ängste zu entgiften,
(p. 66: dies. There is no known cure. We are part of each other. Collective and individual fantasies surrounding death are often appalling. As a result, many people, especially when they get older, secretly or openly live in terror of death. As much suffering may be caused by these fantasies and the fear of death they engender as by the physical pain of a deteriorating body. To calm these fears)

68 bleibt. Das Ethos des »homo clausus«, des sich allein fühlenden Menschen, wird schnell hinfällig, wenn man das Sterben nicht mehr verdrängt, wenn man es als einen integralen Bestandteil des Lebens in das Bild von den Menschen mit einbezieht. Wenn] bleibt. Wenn (p. 67)

Personen- und Sachregister

Suhrkamp Verlag GmbH
Torstraße 44, 10119 Berlin
info@suhrkamp.de
www.suhrkamp.de